ちくま新書

女の氏名誕生

――人名へのこだわりはいかにして生まれたのか

尾脇秀和
Owaki Hidekazu

1818

女の氏名誕生——人名へのこだわりはいかにして生まれたのか【目次】

第五章　明治の「氏」をどう扱うか？　189

プロローグ――愛着の始まりを探して

†「お」の付かない現代

江戸時代の女性名には、おとみ、おたけ、おりん――などと、やたらと「お」が付いていた。それは時代劇や落語などを通じて、今なおよく知られている事実である。それはそうするのが常識だと考える当時の慣習であり、いわば無自覚なこだわりであった。

「昔の人たちは、何故そんなことにこだわっていたのか？」

――と、現代人なら不思議に思う。しかしこの慣習こそ今はないが、現代人の氏名にだって色々なこだわりがある。例えば真由美か麻由美か、拓也か拓哉か、島田か嶋田か――という、文字の表記に強く執着する。「アイ」と発音する女性名には、平仮名のあい、片仮名のアイ、漢字の愛、藍、亜衣などと様々な表記があり、それで個人を識別するのを当然としている。

現代日本の個人名は、両親など自分以外の誰かが文字と音声の両方にこだわり、誕生時に思いを込めて名付けている。これに代々継承される苗字が付き、この組み合わせを「氏名」や「姓名」などと呼ぶ。氏名は親たちの思いはもちろん、先祖や家族との関係を背負った、かけがえのない大切な個性であり、自分のアイデンティティそのもの——そう認識して愛着を抱いたり、他者の氏名を尊重したりする文化が定着している。

そこにはこだわらねばならない事情もある。氏名には戸籍に登録された正しい表記が一つだけ存在し、一般にこれを本名という。「高田何次郎」が本名なら「高田何治郎」という表記は正しくないとされ、役所で書類が受理されなかったり、別人として扱われたりと、何かしら支障も出かねない。そんな現実的事情もあって、現代日本では戸籍名に強くこだわる。あるいはこだわらざるを得なくなっている、ともいえる。

しかし江戸時代にこのような人名の文化はない。男女共通の「氏名」なるものが、そもそも近代以降の産物だからである。

†女性からみた「氏名」

現在の「氏名」——すなわち氏（苗字）＋名（唯一の個人名）という人名の形は、明治政府が人為的に創出したものである。「氏名」という形式や改姓名禁止などの原則が一通り出揃うのは明治五年（一八七二）のことであり、同八年からは必ず氏を称することが強制され、おしん、おきよ、源兵衛、寅蔵などのように、名のみで生きることは禁じられた。以来現在に至るまで、「氏名」（近代氏名）以外の形を本名とすることは認められていない。

近代氏名の誕生は、慣習で推移してきた人名の形を政府が一方的に規定するという、日本史上、前代未聞の大きな画期であった。その形成過程については、前著『氏名の誕生――江戸時代の名前はなぜ消えたのか』（ちくま新書）で詳しく説明した通りである。しかし「氏名」の誕生は、王政復古に伴う男性名をめぐる混乱を政府が収拾した結果であったから、女性一般には関係がなかった。そもそも江戸時代の女性名は、男性名とは全く異なるものだったのである。

変な譬《たと》えかもしれないが、それはペンギンとアホウドリぐらいは違う。両者は祖先を同じくする鳥類という点こそ共通するが、別々の進化の道を歩み、大きく異なる生態を得た。それと同じく男女の名も、人名という共通点こそあれ、長らく別々の歴史を歩み、江戸時代には形も構造も本質も慣習も、何もかもが異なる全くの別物《べつもの》になっていたのである。

しかし近代氏名の誕生は、それほど違っていた男女の名を、突然同じ「氏名」に統合する結果をもたらした。いわばペンギン用に整理した枠の中に、容赦なくアホウドリを放り込んだに等しい。「氏名」は当初から、女性名に無理を強いることから始まったのである。

そんな女の氏名誕生は、江戸時代には考えられない混乱を引き起こした。明治後期、政府はこの問題に決着をつけて、男女共通の「氏名」という形式も次第に定着していったが、その後は社会の変化とともに、「氏名」は新たな問題を次々に抱え込んでいく——。

その変化に満ちた物語を繙《ひもと》くには、まず「氏名」誕生の直前、江戸時代の女性名がどんなものだったのかを知らねば始まらない。その上で明治から現代まで、何がどう変わって今の人名文化があるのか。女の氏名誕生とは何だったのか。時代による社会の変化、特に人名の表記に関わる文字や識字文化の変化を重視しながら、「氏名」の歴史的変遷を整理したい。現代人の常識からではなく江戸時代の常識を出発点にして、順を追って「氏名」の変遷をみていこう。すると、江戸時代女性名に付けた「お」はどこに消えたのか。明治以降に増える「子」の付く女性名とは何なのか。近代女性の氏はどう処理され、何が今日の「夫婦別姓」議論を生み出したのか。氏名の文字表記に執着する現代の常識は、どのように生まれてきたのか——。江戸時代の女性名や今の氏名にまつわる様々な疑問が、次第に氷解していくことになるだろう。

†本書の構成

本書は女性名を主題にして、江戸時代の女性名とはどんなものだったのか、現代の「氏名」の文化がどのように形成されたのか、その歴史的事実を整理して概要を明らかにするものである。

まず前半（第一章〜第四章）において、江戸時代後期における女性名の実態と、その重要な社会的前提を理解することから始める。その上で後半（第五章〜第八章）では、「氏名」誕生後、女性名をめぐる混乱と実態、そして男女共通となった「氏名」が、明治期から現在までどのような社会的な変化により新たな執着・愛着を形成したのかを整理する。

後半は「氏名」誕生から現代までが対象となり、時系列でいえば、前著『氏名の誕生』の続篇にあたる。また前著の前半を江戸時代の男性名篇とすれば、本書の前半はその女性名篇でもある。本書は前著と一対をなしているので、是非併せてお読みいただきたい。

以下、本書各章の構成をごく簡単に示しておきたい。

第一章では、江戸時代後期における一般的な女性の名前について、まず表面的な特徴・類型を明らかにする。特に女性名の「お」とは何か。その重要性を理解しておきたい。

第二章では、江戸時代後期の文字と識字率、及び記名捺印の慣習に着目して、女性名はもちろん、江戸時代の人名を理解する上で、根本に関わる重要な背景を確認する。

第三章では、江戸時代後期における女性名の慣習について、名付け・改名・通《とお》り名《な》を検討しながら解説する。遊女や奥女中、朝廷の女官らの用いた名前についても取り扱う。

第四章では、古代から江戸時代までの人名について、特にその構造と修飾の歴史を整理し、男女の人名が何故全くの別物になったのか、その経緯と本質的差異を説明する。その上で江戸時代後期における女性と苗字の関係についても確認する。

第五章では、「氏名」誕生直後、明治政府の事情から女性の「氏」が問題となり、それが混乱の末に決着するまでを扱う。同時に地方では女性の「氏名」がどのように表記されていたのか、主に明治一〇年代、滋賀県下の種痘《しゅとう》に関する史料から実態を明らかにする。

第六章では、明治以降、女性名に「お」の字を付ける慣習が衰退し、「子」を付ける名が流行したこと、及びその用途の実態と変遷をみる。

第七章では、明治から昭和初期まで、文字の変化と識字層の増加が「氏名」に及ぼした影響をみる。とりわけ人名を表記する文字への執着が、徐々に膨張していく経過をみる。

第八章では、戦後の社会変化に伴い、「氏名」への執着が愛着へと変化し、それと同時に戦後ならではの新たな問題を抱え始め、現在に至るまでの経過を整理する。

なお本書は、第一章から順を追って説明する手法を採っている。気になった章だけ先に拾い読みしても正しく理解できないので、必ず順に読み進めていただきたい。

※本書での史料引用は原則原文通りとし、適宜読み方を付した。ただし読点は適宜加除し、明らかな誤字誤植は改めた（「オ」を「才」と印刷した箇所など）。また主に第七章以降、活字と手書きの字形差を説明する必要があるため、手書きの字形を示す場合には「与」「会」「宮澤」「尾﨑」などのフォント（教科書体）を使用した。

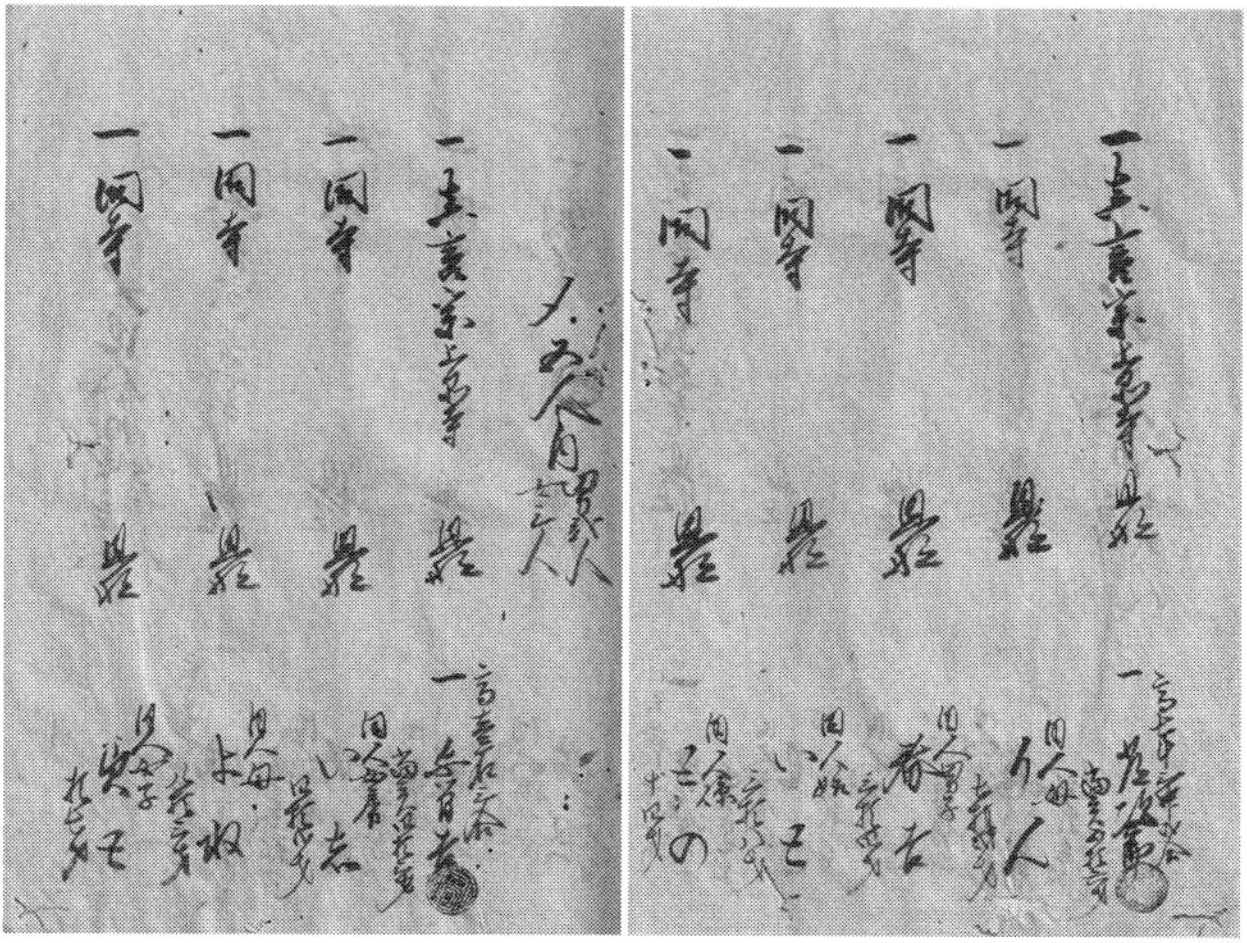

第一章
江戸時代の女性名

天保10年3月「宗門人別帳（武州秩父郡安戸村）」（個人蔵）、部分。宗門人別帳の典型的書式の一例。

1 「お」の字とは何か？

†圧倒的な二音節型

りん、れん、みく、みゆ、りさ、りな、りの、ちの、さな、もえ……。

若い現代女性の名前のようだが、すべて江戸時代後期に実在した女性名である。江戸時代の女性というと、きよ、かめ、たけ、つね、きん、じゅん……などの名前をイメージしがちだが、実際はかなり多様である。

ただし平仮名二字ないし三字で表記される二音節であること――それが江戸時代女性名一般の基本形であった。角田文衞《つのだぶんえい》氏による女性名の研究に基づき、この類型を二音節型と呼んでおこう。ちなみに、つる、そめ、などは平仮名二字で二音節、りやう《（リョウ）》、じゆん《（ジュン）》、などは二字で一音節を表記する拗音《ようおん》（シャ・シュ・ショの類）を含むため三字で二音節である。文芸作品や私信の記名では「染《そめ》」や「お順《じゅん》」などの漢字表記も通用するが、この事情は追々説明する。

二音節型は、およそ江戸時代を通じて女性名の圧倒的多数を占め続けた。それは多くの人名を列記した当時の史料――村や町で戸籍のような役割をも果たした宗門人別帳《しゅうもんにんべつちょう》などを繙《ひもと》けば、否応なく目《ま》の当たりにできる（本章扉写真も参照）。

例えば天保一〇年（一八三九）の武蔵国秩父郡安戸《やすど》村の宗門人別帳をみると、いし、うた、かね、とよ、はる、みよ……などと平仮名・二音節ばかりであるし（図表1-1）、元治元年（一八六四）の京都冷泉町《れいせんちょう》の場合も、あい、あさ、いく、うの、ちせ、とみ……など同様の傾向が

名前（[　]の数字は同名者の人数）
いし、いせ[2]、いそ、いと、いぬ、いま、うた[2]、うら、かく、かつ、かね[2]、かよ、かん、きく、きた、きの、きよ[3]、くに、くの、くめ、くろ、こと、こよ、さと、さわ、しけ、しち、しま、すき、せき、せん、そめ、たと、たの、たみ、つね、てう、でん、とき、との[3]、とよ[2]、とわ、なみ、ぬい、のよ、はる[2]、ふみ、ふん、まさ、ます、まち、まつ[2]、まり、みつ、みと[2]、みよ[4]、みゑ、もと、もよ、もん、やす、やを、ゆわ、よつ[2]、よね、よの、りく、里宮、りさ、りせ、りよ、りん[2]、ろく[2]、わき、わさ[3]、わし、ゑろ

図表1-1　天保10年（1839）・武蔵国秩父郡安戸村の女性名（96名／40軒）

出典：天保10年3月「宗門人別帳（武州秩父郡安戸村）」（個人蔵）。
註：同史料記載の女性名（母・妻・嫁・娘など）をすべて抽出。安戸村は相給村落で、本表は代官山本大膳支配の幕領（102石余）に帰属する40軒分の女性名。なお例外的な「里宮」は第二章参照。

名前（[　]の数字は同名者の人数）
あい[3]、あさ[2]、いく[3]、いし、いと[2]、いま、いわ、いを、歌、うの[3]、かめ、きく[4]、きさ、きし、きそ、きの、くに、こう、こま、さよ、しう、しけ、しつ、しな、すき、すみ[2]、晴心、たか、たき、たね、たみ[2]、ちう、ぢう、ちか、ちせ[2]、ちよ[2]、つい、つね[2]、つる[2]、てい[2]、てる[2]、とく、とみ[2]、とめ、とも、なか、はる[4]、ひさ、へん、まさ[2]、まつ[4]、みそ、みつ、むめ、もと[2]、八重、やす[3]、ゆう[2]、らく、ゑい、ゑん

図表1-2　元治元年（1864）・京都冷泉町の女性名（92名／31軒）

出典：元治元年3月「人別調書」（『京都冷泉町文書　第六巻』、思文閣出版、1998年）
註：上記史料記載の女性名（母・妻・娘など当主の家族と下女）をすべて抽出したもの。晴心は田原屋定次郎（16歳）の祖母（69歳）「尼晴心」（法名。第三章）。その他漢字表記はママとした。

	年	国郡町村名 ［該当する現府県名］	二音節型	その他
①	弘化 2	陸奥国北郡蛇浦村 ［青森県］	100%（73）	0%（0）
②	天保 3	陸奥国伊達郡貝田村 ［福島県］	100%（123）	0%（0）
③	元治元	越後国魚沼郡木落村 ［新潟県］	100%（110）	0%（0）
④	文化 3	遠江国豊田郡小川村 ［静岡県］	100%（123）	0%（0）
⑤	嘉永 4	三河国宝飯郡為当村 ［愛知県］	100%（120）	0%（0）
⑥	安政 4	越前国坂井郡舟寄村 ［福井県］	98%（203）	2%（5）
⑦	文政 10	摂津国大坂菊屋町 ［大阪府］	100%（310）	0%（1）
⑧	弘化 2	因幡国高草郡倭文村 ［鳥取県］	100%（130）	0%（0）
⑨	天保 9	備中国川上郡東油野村 ［岡山県］	98%（245）	2%（6）
⑩	文化 8	阿波国那賀郡沢谷村 ［徳島県］	100%（86）	0%（0）
⑪	慶応 3	豊前国宇佐郡山口村 ［大分県］	99%（165）	1%（2）

図表 1-3　二音節型女性名が多数派の町村（江戸時代後期）

註：（　）は女性の人数。%は小数点以下を四捨五入。おおむね日本の北東部より順に記載した。「その他」については後述。

出典：いずれも宗門人別帳などの史料に拠るが、個別史料名は割愛し、文書群名・所収する書名のみを記しておく。①風間浦村鈴木家文書（青森県史デジタルアーカイブスシステム）、②『国見町史 第2巻』（1973年）、③越後国魚沼郡木落村文書（個人蔵）、④『天竜市史　史料編 4』（1977年）、⑤『宝飯地方史資料 11』（1961年）、⑥佐久高士編『越前国宗門人別御改帳 第1巻』（吉川弘文館、1967年）、⑦阪本平一郎・宮本又次編『大坂菊屋町宗旨人別帳　第六巻』（吉川弘文館、1976年）、⑧『鳥取県史 第8巻』（1977年）、⑨『備中町史　史料編』（1974年）、⑩『木沢村誌』（1976年）、⑪『宇佐近世史料集 山口家史料 1』（1976年）。

みてとれる（図表1-2）。

　全国的にみても、その村や町の女性全員、ないしほぼ一〇〇%が二音節型であるという状況は、江戸時代後期において最もありふれた光景であった（図表1-3）。それは誰かが強制した結果ではなく、江戸時代を通じて定着した慣習である。

†おの字名の「お」

　二音節型にはもれなく「お」の字が付く。宗門人別帳に「あい」や「いく」と載っていても、日常の口語では「おあい」とか「おいく」と呼ばれた。そのため江戸時代の人々は、一般女性名を「おの字名《じな》」や「おの字の名」とも総称したのである。

武士や庶民の記した私的な日記や記録の文章中でも、女性名は自らの妻や娘も含め、「おぎん」「おこう」などの「お」付きで記述されるのが普通である。江戸時代に刊行された小説類でも「九右衛門《くえもん》妹におなつといへる有《あり》ける」（『好色五人女』）とか、「真向目《まっこう》がけて打込む太刀《たち》を、お綾《あや》ははつしと受けとゞめ」（『伊呂波《いろは》文庫』）などと、地の文でも「お」付きで叙述される。浄《じょう》瑠《る》璃《り》の題名も『おそめ久松袂《たもと》の白《しら》しぼり』『源五兵衛おまん薩摩《さつま》歌《うた》』などといって〝そめ・久松《ひさまつ》〟〝源五兵衛《げんごべえ》・まん〟などと、女性を通例「お」なしで呼ぶことはない。

当時の浄瑠璃や小説類の台詞でも、女は「おはつ」や「おはなさん」などと呼ばれており、親が娘を、夫が妻を、男が恋人を呼ぶ場合も、「お」が省かれることはまずない。心中《しんじゅう》の最中《さなか》でも男は女を「おかめ〳〵」とその名を呼び（『卯月紅葉《うづきのもみじ》』）、妻を殺された男も犯人に向かってこう迫る――「ヤイ与兵衛、女房お吉《きち》をよふ殺したな」（『女殺油地獄《おんなごろしあぶらのじごく》』）。

「お」の字は女性名の一部のようだが、適宜着脱される特徴もある。手紙や証文などで女性が差出人となる場合、その名は「みほ」などと「お」なしで記されるが、宛名の女性には「おせい殿」などと、「お」と敬称の様や殿を付けた（写真1-1、1-2）。つまり自分の名前に「お」は付けず、自分以外の女性には付ける――という作法があった。いわば「お礼」とか「お菓

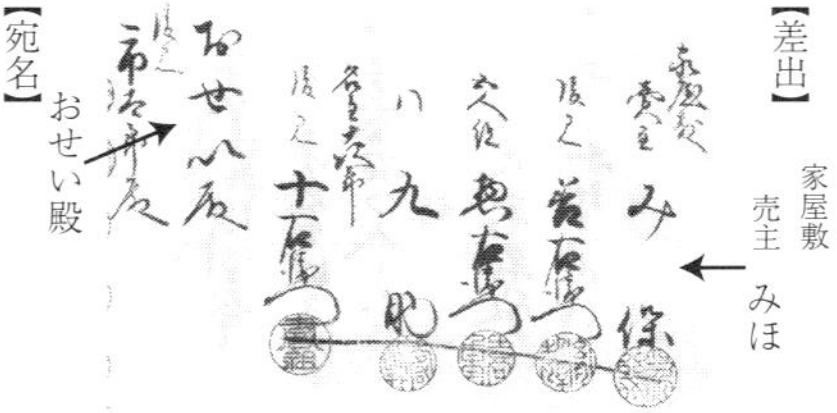

写真１−１　証文の差出・宛名にみる女性名

出典：「永代沽券証文留（南小田原町）」（国立国会図書館所蔵）。天保９年（1838）８月、「みほ」が江戸南小田原町に所有する家屋敷を「おせい殿」に売り渡した時の証文「永代売渡申家屋敷之事」の差出・宛名部分。

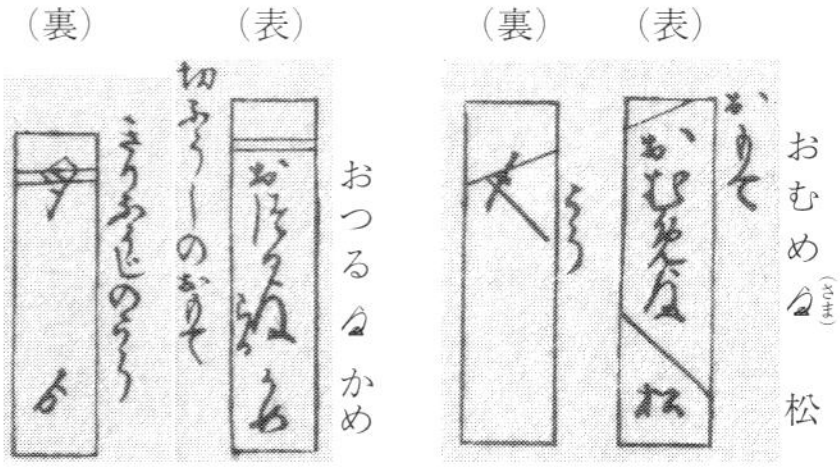

写真１−２　女性私信（封状）の手本

出典：江戸時代後期刊『女文章大全』より「封じやう雛形」（一部）。差出人の女性は「お」を付けない。「⊿」は女性名に限って付ける「さま」である。

子」の「お」と同じく、「お」を少し丁寧の意を含む接頭語として扱うわけである。

　そのため女性が名乗る場面では「私は備中《びっちゅう》の玉島《たましま》に居《お》りまする辰《たつ》と申して、徳兵衛女房でござんする」（『夏祭浪花鑑《なつまつりなにわかがみ》』）とか、「私は播磨《はりま》の飾磨《しかま》にて、成田武右衛門娘さつと申《もうす》者」（『心《しん》中万年草《じゅうまんねんそう》』）などといっている。あるいは「おまい名は何《なん》といふてじゃ」と問われて「ハイ、きんといふわいな」と答える場面もある（『東海道中膝栗毛』）。

他人《ひと》から「おさつ」と呼ばれても、「さつ」が名前で「お」は名前の一部ではない――ようにみえるが、これがそう単純でもない。実際には「私はおみつでござんすわいの」（『傾城壬生《けいせいみぶ》大念仏《だいねんぶつ》』）とか「私はお里《さと》と申《もうし》て此家《このや》の娘」（『義経千本桜』）などと、自分の名に「お」を付けて名乗る台詞もみられるし、時には男の「庄三郎」や「武吉《ぶきち》」と並んで、「おなを」「おひで」という記名捺印が確認される文書もある（写真1‐3）。

実は江戸時代初期以降、「とみ」などの二音節と「お」の字とが不可分に癒着・結合し、「お」を含めた「おとみ」などを名前と捉える認識も定着していた。かつて角田氏も指摘したこの癒着現象は、江戸時代の女性名を理解する上で必要不可欠な大前提である。

写真1-3　「お」付き女性名の記名捺印

出典：明治2年2月17日「名東郡府中村御制禁人別御請帳」（鳴門教育大学附属図書館所蔵後藤家文書）阿波国名東郡府中村百姓85名連印（うち女性8名）の一部。写真では右から三人目に「おなを」、七人目に「おひで」がみえる。「おひで」の左隣の「常蔵後家」も女性である（「後家」については第四章参照）。

†「お」なしの作法

つまり江戸時代女性名の「お」には、接頭語と名前の一部という相容れない見解が併存していた。しかしいずれにせよ、口語ではすべての女性には「お」を付けて呼ぶ。それが一般の慣習といえるのだが、ここで「お」なしで呼び捨てられる女性にも登場してもらおう。結論からいえば、それは下《げ》女《じょ》など女性の奉公人（使用人）である。

式亭三馬《しきていさんば》の『浮世風呂』は、江戸市《し》井《せい》における身分や出身地による言葉遣いの差異をよく描き分けている。そこから口語における女性名の呼び方を簡単に整理すると、①通常の娘さんは「おくにさん」などと呼ばれ（さんは「様」）、②他家の下女などは「おきくどん」（どんは「殿」）、③自分の娘などは「おきく」と呼び捨て、④主人が自家の下女を呼ぶ場合は「やす」などと「お」なしで呼び捨てている。この時代における人の呼び方には身分——つまり社会集団との帰属関係とそこでの地位——を明示する役割があるため、「さん」と「どん」で差を付けて区別し、「お」なしは自家の下女などに対してのみ行われたのである。

ゆえに自家の下女を呼ぶ場合、「コレ、よし。そこにある蕗《ふき》のすじ、取つておきや」（『臍《へそ》の宿替《がえ》』）と呼び捨てたり、間投助詞の「や」や「よ」を付けて呼んだ。例えば『浮世風呂』では、おかみさんが下女に「コレ／＼喜代《きよ》や、おのし《おぬし》はの、お茶の支度をさつせ《しなさい》へよ」と命じる場面があり、他の文芸作品でも下女りんに「りんや、今朝もらつた肴《さかな》をこしらえろ」（『江戸嬉笑《ぎしょう》』）とか「コリヤ、りんよ」（『花《はな》笑顔』）などという台詞がみえる。なお「やすか」などと、下女に「か」を添えて呼ぶことは「御屋敷《おやしき》言葉」——江戸の武家屋敷で女性が用いる特有の言葉遣い——として知られていた（『浮世風呂』）。

ただし茶屋のおかみさんが「おきよ、此御《このお》文《ふみ》をもつて行ツて」（『客衆肝照子《きやくしゆきもかがみ》』）とか「コレ、おさんや」（『恋の花染《はなぞめ》』）などと、下女が「お」付きで呼び捨てられている台詞も見出せる。「お」が名前の一部として癒着しているためか、どちらの呼び方もされていたのが実態らしい。

日記などの文語文では、主従関係にある目下の女性だけ「お」なしで記述されることが広くみられる。例えば旗本川路左衛門尉《かわじさえもんのじょう》（聖謨《としあきら》）の日記では、「おさとよりおはなへ申聞け候《もうしきけそうろう》」などと、自分の妻（おさと）も孫の妻（おはな）も「お」つきで記述するが、下女や乳母の名は「やす」「梅」などと常に「お」なしで記述している（『東洋金鴻』・『下田日記』）。これは庶民や女性の日記・随筆でも、概ね同じ傾向が認められる。

江戸時代の社会は上下の差別《しゃべつ》をあるべき秩序として重視する。それぞれが身分を弁《わきま》え、言葉遣いも待遇も外見も呼び方も、身分に応じて変えることを当然とする。結婚した女は必ず鉄漿《おはぐろ》を付けて眉を剃り、既婚者だと示す服や髪型に変えていたように、身分の別は日常的に表示するのが当時の常識であった。ゆえに女性一般を「お」なしで呼んだり、逆に主人が自家の下女に「さん」付けしたりするのは、秩序を乱す行為として原則許容され得ない。

†おやすがやすか、やすがおやすか？

もっとも下女であれ、同輩や近所の人にまで「やす」呼ばわりされはしない。咄本《はなしぼん》の『無事《ぶじ》志有意《しゆうい》』では、丁稚《でっち》の太郎吉《たろきち》が下女のりんを「コレおりんどん」と呼ぶ描写があり、佐渡の医師柴田収蔵の日記では「仁右衛門様下女おとめ」などと、他家の下女には「お」を付けている（『柴田収蔵日記』）。『浮世風呂』に登場する下女やすも、他家の女房からは「ヲヤ、おやすどん」と話しかけられている。あくまで主従という関係がある場合に「お」は省《はぶ》かれたのである。

「当浦米（屋）や武兵衛姉おたき」

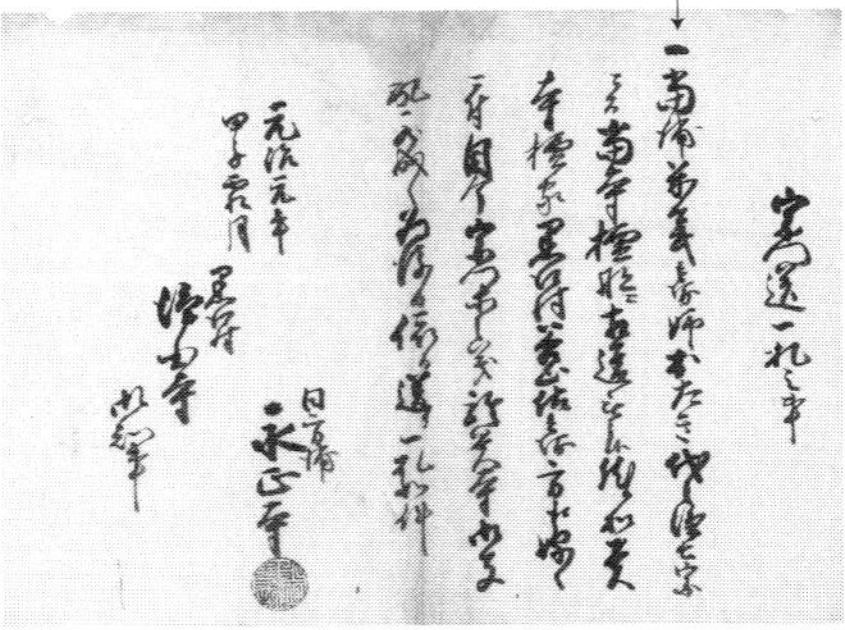

写真1-4　「おたき」の送り状（寺送り状）
出典：元治元年11月「宗門送一札之事」（紀伊国名草郡黒江村浄国寺文書、個人蔵）。日方浦に住む米屋武兵衛の姉「おたき」が「黒江村谷山佐兵衛方」へ嫁ぐ際に作成された寺送り状。日方浦永正寺から黒江村浄国寺宛。

ただし公儀《こうぎ》が裁判の判決を申し渡す場合は、どんな身分の女性に対しても一貫して「お」を付けず「南八町（丁）堀三丁目　次兵衛店《だな》　喜兵衛妻　とめ」などと記されている（『御仕置例類集』）。これは上（治者）が下（被治者）を呼ぶ状況だからである。公儀は「お」を名前の一部ではなく、丁寧の意を含む接頭語として必ず除去しているといえる。

多くの人名を取り扱う庄屋などの村役人や檀那《だんな》寺《でら》も、自身の側に属する女性の名は「お」なしで書く。ゆえに彼らが作成する宗門人別帳は、女性名を「りん」や「もと」などと書き上げているし、婚姻や養子縁組などでの転籍の際、彼らが作成する送り状（送籍状）も「仁左衛門妹とめ」などと記載している。普段は「おとめ」と呼んでいても、公儀に対し、あるいは対外的に、自身の側に属する女性の名を文字で示す場合は「お」を付けない作法がある。自分の荷物を「お荷物」とは言わないようなものである。

ところが宗門人別帳にも「おいし」「おさよ」などと、二音節型の女性名すべてを「お」付きで書き上げた例や（後掲する紀伊加納村など）、送り状に「米や《（屋）》武兵衛姉おたき」と書いた例なども実在する（写真1-4）。現代語の「おやつ」や「お菓子」が一つの単語となっているように、女性名の「お」も不可分な名前の一部として扱う慣習があったためであろう。

†並行する正解

現代人には、この「お」に苛立つ人も多いだろう。結局「お」は接頭語か、名前の一部か。「やす」か「おやす」か、どっちが正しいんだ――と。しかしその答えは簡単である。当時はどちらも正しい。文化や慣習は、常に一つの正答しかない試験問題ではないのである。

江戸時代後期の「お」は名前の一部でもあるが、接頭語的に加除される作法もある。もっとも女性一般の視点に立てば、日常的には必ず「お」を付けて呼ばれる。ゆえに自分の名は「おまつ」「おみよ」だが、文書の差出人や名簿の記名では「まつ」「みよ」と書くらしいよ――というのが実感でもあったろう。

史料をみる限り、文書の差出人や名簿などでは、断然「お」なしの「ちよ」などが主流である。差出人側が「おひで」と記名したり、宗門人別帳ですべての女性名に「お」を付けたりするのはやや異例で多くはない。ただしそう書いた文書も時々現存しており、それが不可とされて全く通用しなかったわけでもない。

自分の娘や妹、つまり目下の家族や身内を他者に紹介する場合も、「お」はあったりなかったりする。文芸作品の台詞では「是《これ》が則《すなわち》手前の娘、名を綾《あや》と呼びまして、田舎育《そだち》の我儘者《わがまま もの》」(『伊呂波文庫』)などと、父が目の前の娘を「綾」と紹介した台詞がある一方、「わたしが妹にお梅と申して」(『心中万年草』)などと、兄が妹の名を「お」付きで言及している台詞もある。また証文類の宛名書きでも、「たつ殿」などと「お」なしに敬称を付けた形も通用しており、実はどっちでも可であった。ただしこの場合、「殿」なしは不可である。

女性名の「お」の有無は、身分秩序に支障をきたしたり、その所の慣習に反したりしない限りにおいて、どちらも通用していたのが実態である。所々の仕来《しきた》り(慣習)は重視されるが、必ずしも全国的画一性は追求されない。そんな江戸時代の事実を受け止めることは、当時の社会を理解する上で重要である。唯一の〝正しい〟答えがあり、統一されているのが〝正しい〟あり方だ――という執着は現代人特有のものである。それは本書を通じて気付くことになろう。江戸時代は現代社会ではない。今とは違う当たり前が、僅か一字の「お」にさえもある。

†「お」は何れより来たる?

この「お」はどこからやって来たのか。実は誰にもわからない。

江戸時代末期から明治期の国学者本居豊穎《もとおりとよかい》が「今の世の婦人の名に、お松・お竹などゝ必《かならず》おの字を添《そえ》て唱《となう》る習慣なるが、此《こ》の事の始《はじめ》は詳《つまび》らかならねど」と述べた通りである（『本居雑考』）。慣習であるがゆえに、明確な起点というものは存在しない。

江戸時代の学者たちは「婦女の名におを冠《こうむ》らしむるは中古よりの事也《なり》」（谷川士清《ことすが》『倭訓栞《わくんのしおり》』）などと考証し、それが中世以前にはなかったことを知っていた。「お」の付く女性名の原型は南北朝時代に発生し、室町時代徐々に広がったとするのが通説だが（角田二〇〇六）、女性名に一律「お」をつける慣習の定着は江戸時代以降である（第四章も参照）。おの字名は江戸時代特有の文化とみる方が実態としては適切であろう。

「お」の語源は丁寧の意を添える接頭語の「お」、つまり「御」の字と考えられる。だが室町時代初期、宮中に奉仕する女性たちが使い始めた女房詞《にょうぼうことば》が、江戸時代までに庶民の女性にも広がったことに留意すべきではなかろうか。女房詞から始まった女性特有の表現――いわゆる女性語の特徴の一つが、種々の語に「お」をやたらと付けたことである。それは「お」が不可分に癒着した「おかず」や「おなか」などの単語を生み出し、やがてその一部は日常語としても定着した。女性名の「お」の広がりは女房詞の一般化と無関係とは思えないのだが、今は推測として提示するにとどめる。

ただし江戸時代の日用文章において、通常の「御」と女性名の「お」の用字は完全に分離しており、丁寧・尊敬の「お」には「御」、女性名の「お」には平仮名の「お」（＝「於」）を用いるのが通例である。女筆《にょひつ》と呼ばれる女性特有の字や言葉で書かれる手紙文の宛名書きでは「御《お》藤《ふじ》さま」のようにも書かれるが、それ以外女性名に「御」はあまり用いない。なお「をくま」などの表記も当時の仮名遣いの事情から通用するが、その理由は次章でわかるだろう。

文芸作品や日記類では、阿《お》くま、阿熊《おくま》などと「お」に「阿《あ》」を宛てる例がある。これは中国では親しみを込める際、人名の頭に「阿《あ》」をつけて何々ちゃんくらいの意味に用いたのを念頭においた、一種の中国趣味的な気取った表現であり、「阿母《おつか》さん」などの「お」にも宛《あ》てた(漢語としては阿母《あぼ》と読み、類似した意味になる)。角田氏のいうように、中世女性名の「阿《あ》茶」などの「阿《あ》」とは直接の関係はない。なお証文類での宛名の女性名に「阿《お》」はあまり使わず、日常的な使用頻度は平仮名「お」に遠く及ばない。

むろん「お」の字の慣習は女性名のみに存在し、男の名前に付くことはない。そのため口語で「金《きん》」とか「金《きん》さん」と呼べば金次郎や金右衛門の愛称だが、「おきん」や「おきんさん」なら女である。「お」は英語の Miss のような、性別を知らせる役割も結果的に果たしていた。

2　多様な二音節型

†意味不明とはいうけれど

二音節型の女性名には、様々な事物・現象の名称、性質・状態・道徳・吉祥に関する語など、何かしら意味を連想できるものも多い。はる・かめ・さよ……などは名詞、ひさ・たか・てる……などは動詞や形容詞（主にその語幹や終止形）、せん・ろく・かつ……などは漢字一字の音《おん》であるとか、現代人はそういう意味や既存の語を連想できる場合、あまり変とは感じない。

しかし先ほどの武蔵安戸村（前掲図表1-1）をみると、いぬ、くろ、かん……など、現代なら名前にしないものも目を引くし、何より、ゐろ、のよ、もよ、ゆわ……など、当時の意味のある語を連想できない名前も多いことに気が付く。

小泉八雲《こいずみやくも》は著書『明暗』（原題 shadowings。明治三三年〔一九〇〇〕刊）で「日本の女性の名」を考察し、二音節から連想される言葉の「意味」でその分類を試みた。しかし八雲は「どう聞いてみても、意味のまるっきり不明なもの」にぶつかり、「わたくしはもとより、日本の友人にも謎だったものが、たくさんある」と述べている（『全訳　小泉八雲作品集　第九巻』）。

この手の「謎」の名は全国的に数限りなく存在する。元治元年（一八六四）越後国魚沼郡木《き》落《おとし》村の女性名をみると、こよ・ふよ・たよ・りよ・きま・けま・りま・たせ・ふい・わと……などと、意味不明といいうる名前が多くみられる（図表1-4）。この村には、りか・り

名前（[　]の数字は同名者の人数）
いか、いち、いと[2]、いわ、かの、きい、きく、
きた、きと、きの、きま、きわ[2]、きん、くに、
くま[3]、くら、くり、けま、けん[2]、こと、こま、
こよ[2]、さか、さき[2]、さつ、さん[3]、しか、
しな、しやう、すき、せき[2]、せゑ、たか、たせ、
たつ、たま、たみ、たよ、ちん、つき、つた、つよ、
つる、てう、とい、とく、とは、とめ[4]、とよ[2]、
とら、とり、とわ、とん、なか、なみ、はい、はせ、
はま[2]、はん、ひの、ひろ、ふい、ふよ、ほの、
まき[2]、ます、ませ、まと、まん、みち、みつ、
みと、みな、みね、みよ、めん、やい、やと、ゆへ、
よく[2]、よそ、よと、りか、りき、りく、りせ、
りと、りま、りよ[2]、りん[2]、わと

図表1-4　元治元年（1864）3月・越後国魚沼郡木落村の女性名（110名／90軒）

出典：文久4年（＝元治元年）3月「越後国魚沼郡木落村浄土真宗人別宗門御改帳」、同年同月「越後国魚沼郡木落村禅宗人別宗門御改帳」（個人蔵）。
註：この史料は既婚者（女房・母・後家など）の名前を記載しない形式であるため（第四章）、本表は記載された当主の姉妹・娘・孫の女性名をすべて抽出したもの。

せ・りと……など、現代女性に通用しそうな名前もあるが、当時の意味を連想できないという点からいえば、これとて「謎」な名前の仲間であろう。

だが「謎」だの意味不明だの、そんな分類に何の意味があろうか。それは現代人の知識で意味を連想できるか否かの話でしかない。江戸時代に全国共通の標準語はなく、地域ごとの方言差も極めて大きいため、当時の意味など容易には知りえない。

そもそも人名というものに、言葉としての意味が必須ではないことを忘れていないか。

†符号としての本質

人名の起源とその本質は、個々を識別・指称するために設けた音声による符号である（穂積一九二六）。それぞれ個別に名の謂《いわ》れ――そう名付ける・呼ばれる・名乗る理由は必ずあろう。何となく決めたという場合ですら、「何となく」という一つの理由を帯びる。

だが名前に言葉としての意味があるかないかは、人名――個々の符号が機能するための要件ではない。むろん何でもよいわけではなく、およそ日本では、社会で慣習的に行われている人名の定型や語感を備えることで、一般に人名と認識されて通用する。江戸時代に女性名だと支障なく認識され得るのは、「お」＋二音節という音声であった。当時の女性名が圧倒的に二音節型なのは、人々がこの慣習を共有して履行したことによる。

さきほどみた「謎」な木落村の女性名に「お」の字をつけて、声に出してみるとよい。すると、おこよ・おふよ・おたよ・おりよ・おきま・おけま・おりま・おたせ・おふい・おわと・おりか・おりせ・おりと……。意味はサッパリわからないが、現代人が言葉として意味があると感じる名前――おちよ・おこま・おちせ・おさい・おさとなどと、語感はほぼ等しくなる。音声上は女性名として、同じく通用しない理由《わけ》がないのである。

図表1-5は、安政四年（一八五七）の越前国坂井郡舟寄《ふなよせ》村の女性名である。まずは二音節型だけ、ざっと見渡してほしい。すると――えか、えし、えわ、せよ、ちぐ、ちゐ、つを、ての、のい、みた、はか、よゐ、ゐさ……などなど、これまた一層「なんだこりゃ？」といいたくなる名前だらけである。だが「お」を付けてみると、語感はこれらも問題ないではないか。

名前（[ ] の数字は同名者の人数）
あき、いか[2]、いき、いと、いよ、いろ[2]、いわ、いゑ、うた、えか、えき、えし、えや、**えやの**、えわ、えゑ[3]、かす、かず、かね、かの[2]、きく、きぐ、きた、きと、きの[4]、きゆ、きり、きゐ、きゑ[2]、きを[4]、きん、くの、けし、こと[2]、こむ、さつ、さみ、しげ[2]、しな、しみ、しを、しん[2]、すき[2]、すて、すみ[3]、せき、せつ、せの、せよ、そき、そで、たか[3]、たき、**たきを**、たつ[4]、たの、たひ、たみ、たゑ、ちく[2]、ちぐ、ちけ、ちげ、ちり、ちゐ、ちゑ[3]、ちを[2]、つき[2]、つな、つめ、つゑ、つを、てつ、ての、てり、てゑ、との[3]、とめ[2]、とら、なか、なゑ、なを、のい、はか、はす、はつ、はと[3]、はな、はま、はる[4]、はゑ、ひろ[2]、ふく、**ふさを**、ふじ、ふて、ふで[2]、ふな、ふね、ふゐ、ふゑ、まさ、ます、**松ゑ**、**まつを**、みか、みき[2]、みす、みせ、みた、みと[3]、みな、みの、みゆ[2]、みよ、みわ、みゑ[3]、みを、むね[3]、むめ[2]、もえ、もん、やす[2]、やな、やを、ゆか、ゆき、よき、よね、よの[2]、よみ[3]、より、よゐ、りな、りの、りを[3]、わか[3]、わき、ゑか、ゑき、ゑさ、ゑし[2]、ゑた、ゑつ、ゑと[3]、ゑや、ゑら、ゑわ

図表1-5　安政４年（1857）・越前国坂井郡舟寄村の女性名（206名／207軒）

出典：安政４年（1857）「切支丹宗門御改帳」（佐久高士編『越前国宗門人別御改帳 第１巻』〔吉川弘文館、1967年〕所収）
註：この史料は既婚者（女房・母・後家など）の名前を記載しない形式であるため（第四章）、本表は当主の姉妹・娘・孫の女性名をすべて抽出したもの。
※三音節型（後述）をゴチック体にした。

変だ謎だ意味不明だ——という現代人の感覚はさて置き、江戸時代後期には、こういう女性名が実在していた。まずはその事実を受け止めねばならない。

†異なる町村を比べる

ここまでの京都冷泉町・武蔵安戸村・越後木落村・越前舟寄村の二音節型女性名をみると、その種類が町や村ごとにかなり違うことがわかる。もう少し詳しく比較してみてみよう。

例えば京都冷泉町で確認される女性名は六一種、越後木落村では九一種あるが、この二つの町村に共通する女性名は一五種（いと、いわ、きく、きの、くに、こま、しな、すき、たか、たみ、つる、とく、とめ、なか、みつ）である。冷泉町からみて全体の二五%、木落村からみて一六%の名前が共通している。同様に四つの町村それぞれを比較すると、共通する名前は一二〜三二%、平均二三%程度となる（図表1-6）。なおこの四つの町村を合計して得られる二音節型の女性名は二八四種だが、四つすべてに共通するのは僅か五種（いと・きく・きの・すき・たみ）に過ぎない。

町村名	京都冷泉（61）	武蔵安戸（77）	越後木落（91）	越前舟寄（143）
A 京都冷泉（61）		［16］26%	［15］25%	［17］28%
B 武蔵安戸（77）	［16］21%		［22］29%	［25］32%
C 越後木落（91）	［15］16%	［22］24%		［27］30%
D 越前舟寄（143）	［17］12%	［25］17%	［27］19%	

図表1-6　四か町村で共通する二音節型女性名の数と割合

註：（数字）は各町村における二音節型女性名の種類の数。［数字］はその共通する数。%はA〜Dを分母とした共通する名前数の割合。

各村の女性名が同数でないことを考慮しても、この数字は全国どこでも使用される女性名が一定数存在する一方で、町・村ごとに種類が多様なこと、いわば地域性があることを推測させる。では同時期でかつ地理的に近い村を比較した場合、共通する名前の数は増えるだろうか。

†だんだん離れてみる

越前舟寄村の隣村である田島村では、慶応二年（一八六六）に女性名一一七種（一五六名）が確認できる（『越前国宗門人別御改帳　第一巻』）。これを舟寄の一四三種と比較すると四九種が共通する。田島からみて四二%、舟寄からみて三三%の一致である。田島村と冷泉町とで共通する名前は一九種、安戸村とは一八種、木落村とは二五種であり、田島は舟寄と比較した場合のみ高い一致を示す。舟寄と一致する名前も、いと、きの、しな、など全国的にありふれた名前だけではなく、ちを、つを、みた、やな、りの、ゑか、などが共通する。田島村にも、てわ、てを、のゑ、ひを、ゑく、など舟寄と同じく「なんだこりゃ？」と感じる名前が多い。女性名の傾向が隣村ゆえに類似しているといえよう。

もう少し離れた村ならどうだろう。舟寄村とは同郡ながら、やや離れた近村の山久保村では、嘉永四年（一八五一）に女性名七九種（八六名）が確認される（同上）。このうち舟寄と共通するのは三四種で、山久保からみて四三%、舟寄からみて二四%が共通している。山久保村と冷泉町とで共通する女性名は一一種、安戸村とは一九種、木落村二〇種であるから、舟寄との共通性は高めであり、しかも、きゑ、てり、ちを、みせ、などの名前が舟寄と共通している。同じ郡ゆえになお類似の傾向がみられる事例といえる。

では郡が違えばどうか。文久二年（一八六二）今立郡北小山《きたおやま》村の女性名（図表1-7）八三種（一〇一名）を舟寄村と比べると、共通する名前は計三〇種で、北小山から見て三六%、舟寄村から見て二一%が共通する。北小山と冷泉町とで共通する女性名は二三種、安戸村とは二四種、

名前（[　]の数字は同名者の人数）
いし[2]、いそ、いと、いな、いね、いわ、かと、かね[2]、かよ、きく、きの、きへ、きみ、きよ、きり、きん、ぎん、くに、くね、くの、くめ、くわ、けい、こと、こを、こん[2]、さの、しけ、しげ、しつ、しな、しの[2]、しも、しゆん、しん、すへ、すみ[2]、すを、そて、そと、たか、たけ[3]、たの、たみ、ちか[2]、ちの、ちよ、ちを、ちん、つへ、つよ、つる、つを、とく、とせ、とへ、とみ[4]、とめ、とよ、なか[2]、なみ、なを、のへ[2]、はる、ひも、ふて、ほの、まつ[3]、みく、みつ、みと[2]、みの[2]、みへ、みわ、むち、やす、やの、やを、ゆき、ゆみ[2]、よし、りの、りん

図表1-7　文久2年（1862）越前国今立郡北小山村の女性名（101名／50軒）

出典：文久2年（1862）2月「持高五人組男女人数御改帳」（佐久高士編『越前国宗門人別御改帳 第5巻』、吉川弘文館、1971年）

名前（[　]の数字は同名者の人数）
いつ、いよ、うの、かよ、かん、きく[2]、きた、きよ[2]、きん[3]、くの[2]、くら、くわ、さづ、さと、さな、さへ[2]、さわ、さん[2]、しけ、しゆん[5]、しわ、すへ、すみ、たつ、たま、たみ、たよ、ちよ[2]、とめ、にわ、ねん、のふ、はる、はん、ふく[2]、ふつ、ふみ[2]、ふめ、ふゆ、まつ、まづ、まん、みく、みづ、みな、みや、みん、ゆみ、ゆん、よき、よし、よへ、りく、りさ、りへ、りん[2]、れん、ゑん

図表1-8　弘化2年（1845）陸奥国北郡蛇浦村の女性名（73名／20軒）

出典：弘化2年「吉利支丹宗門御改帳」（風間浦村鈴木家文書。青森県史デジタルアーカイブスシステムにて閲覧）。

木落村二二種である。舟寄との共通性は田島や山久保の場合ほどに高くはないが、舟寄とは、たの、つを、やを、りの、などの名が共通し、北小山にも、くね、こを、すを、つへ、みく、ひも、むち、などという、前記の越前三カ村にありそうな名前が多く見られる。同じ越前国ゆえに、ある程度類似の傾向があるようにもみえる。

北小山村にいる「みく」は、あまりありふれた名ではない。だが越前から遥か遠くの下北半島西北端、陸奥国北郡蛇浦《へびうら》村にも確認できる（図表1-8。名前は五八種）。するとと同じおみくが存在する村同士として、なにかしら共通性は見いだせるだろうか。

北小山村と蛇浦村に共通する名前は二〇種である（かよ、きく、きよ、きん、くの、くわ、しけ、しゅん、すへ、すみ、たみ、ちよ、とめ、はる、ふて、まつ、みく、ゆみ、よし、りん）。北小山村からみて二四%、蛇浦村からみて三四%が共通しているが、「みく」を除くと共通する名は全国的にみられるものばかりである。蛇浦村には、まづ、みづ、ねん、みん、ゆん……など、越前はもちろん、ここまで見かけなかった名も多い。同じ「みく」がいるといっても、地理的に大きく隔たった村同士では、女性名にあまり共通性や類似性が見出せないことがわかる。

†風習はいろいろ

江戸時代の二音節型女性名はかなり多種多様である。だがそれは、各個人が「お」＋二音節の語感なら何でもいい——と随意勝手に名付けた結果ではないらしい。江戸時代の女性名には方言や様々な風習と同じように地域差が見受けられるのである。

例えば越後木落村には、「めん」と「やと」という女性名がみられる。本章で例示した他の町村には一例もない名で、全国的にもありふれた名ではない。だが天保一二年から慶応二年までの期間、現存する木落村の宗門人別帳（七冊）を観察すると、この間「めん」と「やと」はそれぞれ七名が確認され、この村ではありきたりな名として出現し続けている（いずれも親子や姉妹ではない）。また越前国では「ちの」という女性名が多くの村でありふれた名前として確認されるが、全国的にみるとそれほどありきたりなものでもなく、木落村では出てこない。

江戸時代後期の二音節型女性名を村ごとにみると、いと、きく、たみ、など全国的に見られる名もあるが、めん、やと、ちの、のようなその地域で特有、ないしよく使用される名前があり、それらが世代を経ても繰り返し出現している。江戸時代の女性名は、村や地域の慣習的範囲内で設定されることで、それぞれ異なる傾向を創り出していたと考えられる。いわば方言が変化しつつも地域で継承されていくのと似たものといえよう。

なお個々の子供に対する名付けの背景は第三章で詳しく述べるので、ここでは名前には地域差がある、という点にまずは注目してほしい。

村や地域が違えば方言も風習も違う。いわれてみれば当たり前なのだが、つい忘れがちではなかろうか。現代人は〝日本の女性名ランキング〟などと、「日本」という枠組みで物事の人気や平均を知りたがる人が多いが、ここで観察しているのは「日本」や「日本人」という大きな枠組みで平均できなかった、近代以前の世界であることを忘れてはならない。

3　三音節型と地域性

三音節型の類型

江戸時代女性名の地域差を顕著に窺えるのが、三音節型女性名の存在である。

越前舟寄村には、えやの・たきを・ふさを・松ゑ・まつを――という五名がいた（前掲図表1-5）。角田氏はこうした三音節の女性名を「いえのよを型」（五種）と「小《こ》××型」（一種）の六つに分類している。以下この六種を三音節型と総称して話を進めたい。

いえのよを型は、きくい、よしえ、やすの、ときよ、するを、などと、いわば女性名の二音節に、い・え・の・よ・を、いずれかの接尾語が付いた形である。角田氏はそれぞれ、え型、よ型などと呼んでいる。なお、きくえ・きくゑ・きくへなど、複数の仮名遣いが行われる事情は次章で知れよう。

角田氏以前にも『荘内方言考』(明治二四年〔一八九一〕刊)の著者黒川友恭《ともやす》がこうした名を「よのゑ名《な》」と呼んだ例もあるが、江戸時代当時の呼称は不明である。次章で述べるように、イとエ、ヨとヲは音声上相通じるため、「えのよを」の四種、ないし「えのよ」の三種に集約可能な場合もあるが、本書は一応角田氏の造語「いえのよを型」を踏襲しておく。

小××型は小はる、小いそなど、二音節に接頭語「小《こ》」がついたもので、こよしなどと平仮名「こ」も通用した。ただし小××《(バツバツ?)》型という呼び方はあまりにも言いにくいので、本書では「小《こ》の字型」と呼ぶことにしたい。

以上の三音節型は、奥女中などが用いた「三字名《さんじな》」(第三章)などに影響を受けたという推測(角田文衞)や、それとは無関係に、田舎の野外では大きな声で「きくのふー《ノウ》」とか「きくよー」などと間投助詞を付けて呼ぶので、これが一体化したという推測(黒川友恭)もあるがいずれも確証はなく、濫觴《らんしよう》や成立経緯は未詳である。

なお三音節型も二音節型同様、吉《よし》ゑ、安野《やすの》、花代《はなよ》、小満《こまん》、などと、名前の音声を漢字で表記・伝達することも行われる。大多数の二字二音節に合わせるためか、「松の」「菊野」などと漢字を用いて二字で表記することも多いが、文字表記の事情は次章で述べる。

†三音節型の分布状況

三音節型は明治以降、一般女性名として全国的にみられるようにもなるが、江戸時代後期には特定の地域でしかみられない極端な少数派であり、地域性の強い女性名であった。その特定地域として紀伊《きい》国がよく知られている。ここでは三音節型が二音節型に次ぐ、ないしはそれに並ぶ女性名の基本形として慣用されており、かなりの高濃度で存在していた。

例えば文政八年（一八二五）、紀伊国名草《なくさ》郡加納村の宗門人別帳に記載された女性名をみると、一五四名中二音節型が八八名で全体の五七％、三音節型が六六名で四三％にも達している（図表1-9。この史料は二音節型をすべて「お」付きで記載している）。おきく、小いそ、きよの、とみへ――それらが混在している光景が紀伊ではごく当たり前にみられたのである。

先行研究も三音節型の存在した特定地域をいくつか指摘しているが、正確な全国的分布状況は未だに解明されていない。そこで本書は大正一四年（一九二五）刊『高齢者写真名鑑』（大日本敬老会刊）を用いてその分布概要の把握を試みたい。

同書は同年、大正天皇の結婚二五年を記念して、全国九〇歳以上の高齢者――つまり天保七年（一八三六）以前に生まれた男女約二万人が表彰（天杯下賜《てんぱいかし》）された時の名簿である。ここから北海道・沖縄・海外領土などを除き、女性とみられる名前を抽出すると計一万二二五〇名となる。このうち一一八一二名が二音節型で約九六・四％を占め、三音節型は三三五名で約二・七％であり、後者が如何に少数派だったかがよくわかる（その他一〇三名の内訳は後述）。

この三音節型の分布状況を江戸時代の郡単位に示したのが図表1-10である。いくつかの特定地域での集中がみてとれよう（以下の数字記号は図表1-10に対応）。

分類		名前（[　]の数字は同名者の人数）
二音節（「お」付き表記）		おいさ、おいし、おいそ、おいつ、おいと、おいね、おいよ、おいわ[2]、おかつ、おかん、おきく[2]、おきよ[4]、おきわ[2]、おきん[4]、おくす[2]、おくの、おくり、おけい、おけん[2]、おこん、おさく、おさよ、おさん[2]、おしか[3]、おしん[2]、おじん、おすて、おすへ、おすみ、おせん[3]、おそよ[2]、おため、おちよ、おつき、おつな、おつね[2]、おてい、おてん、おとく、おとの[2]、おとめ[3]、おとよ[4]、おのへ、おはつ、おはな、おはる[2]、おひさ、おふさ、おふん[2]、おみの、おみよ、おもん[2]、おやす[2]、おりへ、おるい、おれい、おゑい、おんめ[2]
三音節	小の字型	小いそ、小きく、小きち、小けん、小さつ、小さへ、小しん、小すへ、小せん、小そよ、小てん、小とい、小とめ[3]、小ふし、小ふん、小まつ、こよし、小ゑん
	の型	あさの、いその[2]、いわの、きくの[2]、きよの[4]、きりの、くすの、しかの、しげの、すての、たみの、ための、ちよの、つちの、つねの、つるの、とくの、とよの[3]、ひさの[3]、ひての、ふさの、ふじの[2]、まさの、まつの[3]、もとの、やすの[3]、よしの
	え型	きくへ、くすへ、とみへ、なをへ、よしへ

図表1-9　文政８年（1825）紀伊国名草郡加納村の女性名（154名／73軒）

出典：文政８年正月「切支丹宗門御改帳」（『和歌山市史第六巻（近世資料編２）』〔和歌山市、1976年〕所収）。この史料は、女当主（何右衛門後家・何兵衛娘と表記されるもの）を除く全女性名を記載している形式のもの。なお二音節の名をすべて「お」付きで記す史料であるため、本表もあえてそのまま作成した。

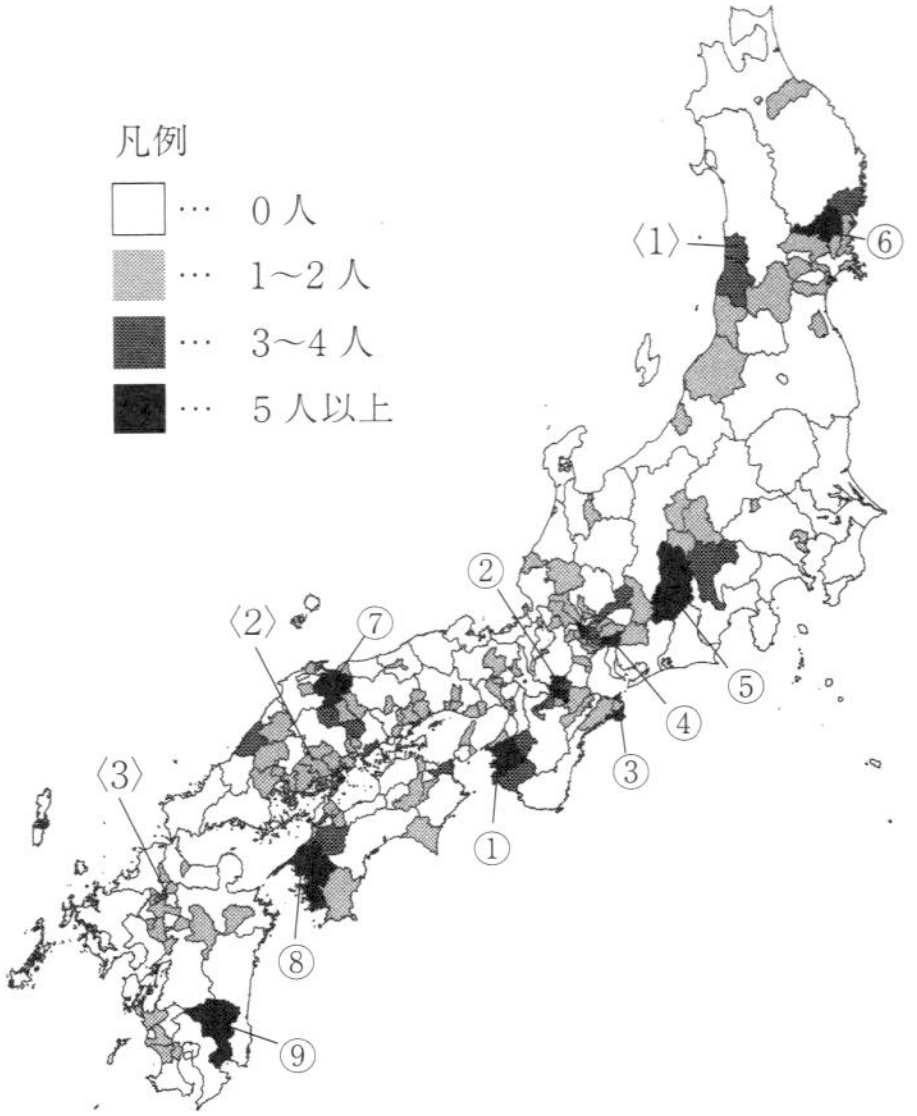

図表1-10　三音節型女性名の分布
分布の出典は本文の通り。
本図は郡地図研究会「郡地図 ver. 2.0.2」を利用・修正して作成した。

特に高濃度で集中しているのは、①紀伊北西部、②伊賀、③志摩、④美濃南部から尾張北部、⑤信濃南東部から甲斐西部、⑥陸奥《むつ》中部（陸中南部から陸前北部）、⑦伯耆《ほうき》西部から出雲《いずも》東部、⑧伊予西部、⑨日向《ひゅうが》南部である。なおこれらの近接地域にも三音節型が確認される（例えば伊賀と接する大和山《やま》辺《べ》郡近辺、志摩と接する伊勢南部など）。三音節型が五人以上確認される郡を挙げてみると（図表1-11）、紀伊海部《あま》郡の一七人、同名草郡の一六人が突出しており、紀伊北西部の濃度が相当例外的であることもわかる。

また①〜⑨ほどの濃度ではないが、〈1〉出羽中部、〈2〉備前・備中・備後・安芸・石見、〈3〉筑前南部から筑後と肥後の北部にかけてなどにも一定の広がりを確認できる。このほか阿波板野郡とその周辺、越前坂井郡・大野郡など、やや孤立気味に少数確認される地点もいくつかあり、地方から人が集まる都市を有する郡でも少数確認される。なお関東全域にほぼみられないのは、三音節型の特徴といってもよいだろう。

『高齢者写真名鑑』から概観できる三音節型の分布状況は、宗門人別帳などを用いた先行研究と一致する部分も多い。この図ですべてがわかるわけではないが、江戸時代後期における三音節型の分布状況を知る上で、一つの参考にはなり得るであろう。

†濃度の違い

しかしこれらすべてを同じ三音節型のいる地域として一括することはできない。

図表1-12は、三音節型の確認される紀伊、信濃、出羽、備中、越前、豊前の村々の宗門人別帳から、それぞれ二音節型と三音節型の割合とその内訳を示したものである。え型・の型・

国	郡	人数
紀伊	海部郡	17
〃	名草郡	16
信濃	伊那郡	10
日向	諸県郡	10
紀伊	那賀郡	9
伊賀	阿拝郡	9
〃	伊賀郡	8
紀伊	有田郡	6
伊予	喜多郡	6
〃	宇和郡	5
志摩	英虞郡	5
伯耆	会見郡	5
〃	日野郡	5
出雲	能義郡	5
尾張	愛知郡	5
美濃	安八郡	5
陸奥	磐井郡	5

図表1-11　『高齢者写真名鑑』において5人以上の三音節型が確認された郡

	年	国郡村名	二音節	三音節						
					え	の	よ	を	小	他
①	文政8	紀伊国名草郡加納村	57%（88）	43%（66）	5	41			20	
②	文久2	信濃国伊那郡部奈村山分峠分	66%（100）	34%（52）	3	20	27			2
③	嘉永5	出羽国飽海郡常禅寺村	77%（90）	23%（27）		18	9			
④	安政4	越前国坂井郡舟寄村	98%（204）	2%（4）		1		3		
⑤	天保9	備中国川上郡東油野村	97%（245）	2%（6）		4			2	
⑥	慶応3	豊前国宇佐郡山口村	99%（165）	1%（2）	1		1			

図表1-12　三音節型女性名の割合と内訳

註：%以外の数字は人数。%は小数点以下四捨五入。上記の事例に「い型」は存在しない。「部奈村山分峠分」は村名で、単に「峠分」ともいう。後述する同村の「けさのふ」などは「の」に含めた。
出典：いずれも宗門人別帳に拠るが、刊本は所収書名のみを記す。①『和歌山市史　第6巻』（1976年）、②「禅曹洞宗門人別帳（信濃国伊那郡部奈村山分峠分）」（個人蔵）。③『山形県史　資料編17』（1980年）、④〜⑥は図表1-3を参照。

小の字型だけの村もあれば、の型とよ型だけの村もあり、どの三音節型を用いるかにも地域差がある。なにより三音節型の存在する濃度で二系統を区別せねばなるまい。

まず紀伊、信濃、出羽の事例（①〜③）のように、二〇%を超える高い濃度で三音節型が存在する地域がある。これらの地域では三音節型を二音節型に次ぐ女性名の基本形の一つとして扱い、ごく普通に使用する慣習があるとみてよい。

一方、備中、越前、豊前（④〜⑥）のように、二%程度の低い濃度で存在する地域は、三音節型も多少許容できる慣習がある、という程度であろう。備中国川上郡東油野《ひがしゆの》村（図表1-13）と越前舟寄村をみると、どちらの村にも「きく」や「たき」がいるところに「菊野」や「たきを」が存在している例がみえる。いわば一種のバリエーションとして少数の三音節型を許容しているらしいが、東油野にはありふれた二音節型の同名者が多く、独特な二音節型が多い舟寄とは、女性名の慣習自体に共通するものがあるとは思えない。少数の三音節型を許容するのも、それぞれの村や地域の慣習なのであろうが、その詳しい事情までは容易に知りえない。

名前（[ ]の数字は同名者の人数）
あき[3]、いく、いし[3]、いと[3]、いゆ、いよ、いり、うと、うね、かつ[2]、かね[3]、かの[2]、かめ[3]、かや[2]、かよ、かん、きう、きく[6]、**菊の**、**菊野**、きさ、きそ、きた[2]、きつ、きぬ、きの[2]、きよ[6]、きり、くに、くの、くめ、くら[4]、けん、こと、**小とき**、**小とよ**、この[4]、こめ、さい、さき[5]、さと、さめ、さを、さん[2]、しお、しか、しけ[2]、しち[5]、しつ、しな[2]、しま、しも[4]、しゆん[2]、しを[2]、すか、すて[2]、すな、すゑ[3]、せき[3]、せん[3]、その、そふ[2]、そま、そめ、そよ[2]、たけ[2]、たひ、たま、たみ、たむ、ため[3]、たよ[2]、ちか、ちよ[2]、つう[2]、つか、つる[3]、てう、てふ[3]、とか、とく、とみ、とめ[4]、とも[4]、とよ[4]、とら[3]、とり[2]、なか[2]、なつ[2]、なみ[2]、なを、にせ、ぬい[2]、のふ[2]、はつ[5]、はな、はふ、はま、はや、はる[2]、ひで[2]、ひめ、ふさ[2]、ふす、ふて[2]、ふで、ふゆ[2]、へん、ほと、まき、まさ[5]、まち、まつ[5]、**まつ野**、**松の**、みか[4]、みさ、みす、みつ[3]、みの[2]、みや、みよ、むつ、むま、むめ、むら、もと、もよ[3]、もん、ゆき[3]、よし[4]、りく、りさ、りつ[2]、りの、りよ、りん

図表1-13　天保9年（1838）・備中国川上郡東油野村の女性名（251名／129軒）

出展：天保9年（1838）「戌年宗門御改帳」（備中町史編集委員会編『備中町史　史料編』〔備中町史刊行委員会、1974年〕所収）

※三音節型をゴチック体にした。

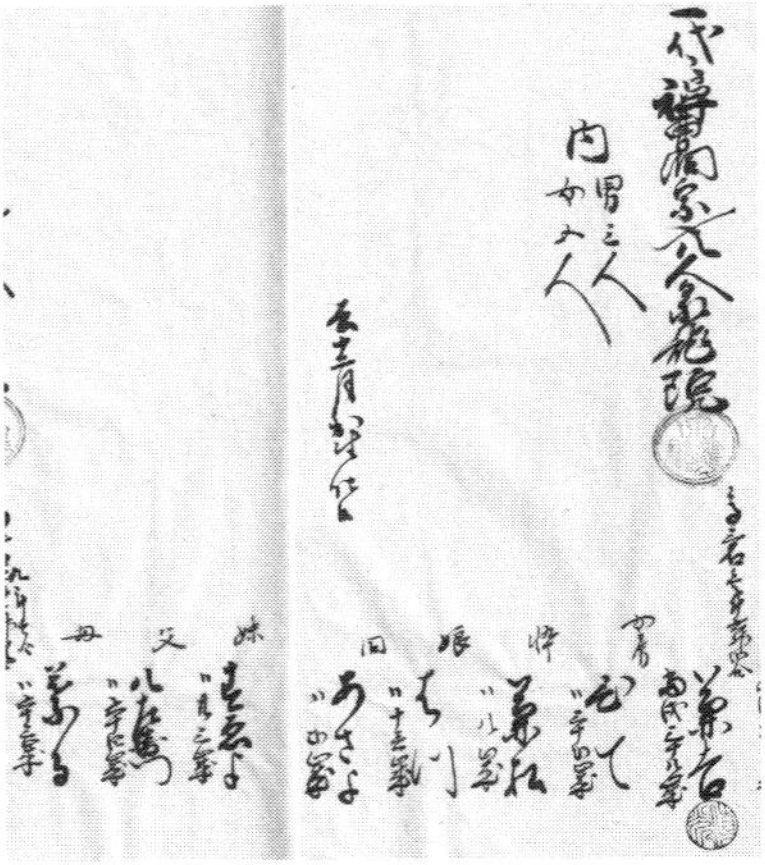

写真1-5　三音節の女性名とその家族

出典：文久2年（1862）3月「禅曹洞宗門人別帳（信濃国伊那郡部奈村山分峠分）」（個人蔵）・部分。右から当主の兼吉（38歳）、女房ひて（34歳）、悴兼松（8歳）、娘はつ（11歳）・あさよ（2歳）、兼吉の妹すゑよ（23歳）、父八左衛門（64歳）、母はる（63歳）。

†「お」は付かない

当たり前のようだが、三音節型に「お」はつかない。明治後期に至っても、口語で「きくえ」が「おきくえ」と呼ばれることはなかった（前掲小泉著書）。

江戸時代後期、紀州藩士川合豹蔵《かわいひょうぞう》の妻小梅《こうめ》の日記をみても、二音節型が「おはる」や「お栄《えい》」などと「お」付きで記述されているのに対し、三音節型は「ひさの」「しげの殿」「豊野《とよの》妹小いく」などと書かれている（『小梅日記』。ちなみにこの日記も下女のみ「いさ」「とよ」などと「お」なしである）。「いえよのを」や「小」は「ひさ」などの二音節を女性名化する人名符号——いわば「お」と同じ役割を持っているために、重ねて「お」を冠しないといえよう。

ただし「いえのよを」と「小」の字は常に名前の一部として扱われており、「お」のように適宜加除する作法はない。公儀も裁判の申渡しにおいて、「和州《（大和）》式下《しきげ》郡伊予戸村　追放人助四

郎妻　小りん」や「勢州《(伊勢)》度会《わたらい》郡山田常明寺門前町　藤屋半右衛門、同人下女　はつゑ」などと、三音節型の女性名はそのまま記している（『御仕置例類集』）。宗門人別帳でも「あさよ」などの名は、他の二音節型と並べてそのまま記載されており（写真1-5）、送り状でも「源介娘とよの」などと書かれている。

なお三音節型を女性名一般の類型として使用する地域では、二音節型か三音節型かの違いに、身分の差を表示する機能はない。例えば紀伊加納村善太郎家の女性名は、おけん・つちの・小けん・とよの、というごちゃ混ぜの構成であるし、また信濃部奈《べな》村山分峠分《やまぶんとうげぶん》の兼吉の家も、女性名は、女房ひて、娘はつ・あさよ、兼吉の妹するよ、母はる、という構成であった（前掲写真1-5）。

†四音節型の孤城

江戸時代の女性名は「きく」などの二音節に、一音節の接頭語「お」や「小」、ないし接尾語「え」や「よ」などが接続する。つまり、おみよ、たみよ、きくへ、さきの、小しん――などと、日常的にはすべて三音節の音声であった。

――と、九九％近くまではいえるのだが、なおも一％弱の例外が存在する。そこに類型として挙げ得るのは、いせつる・つるけさ・まつかめ……などという四音節型である。

その構造は二音節に、けさ・まつ・つる・かめ・きくなど、特定の二音節が接尾語のように付いた形、ないしこれらの複合形であり、中世女性名の要素を残した古い形といわれている。いわば「お」が席巻する前の時代から存在した名前であるから、むろん「お」を冠しない。この型も漢字を交えて「乙松《おとまつ》」や「チサ亀」などと表記されることもある。

ただし江戸時代において、四音節型はおおよそ九州南部、特に薩摩藩領であった薩摩・大隅、及び日向南部に局地的にみられた名前であった。右の地域では、二音節型に次ぐ基本形として盛んに用いられており、『高齢者写真名鑑』では総数八〇名、日本全体では〇・七%であるが、鹿児島県では女性四〇三名のうち四音節型が七二名で、約一八%を占めている。同県以外には宮崎県に七名、熊本県に一名が確認できるのみである。

鹿児島県にゆかりのある方《かた》は、自家の位牌《いはい》や過去帳をご覧になるとよい。四音節型の女性名は大抵すぐに見つかるだろう。ちなみに筆者の家も鹿児島の出であるので、先祖の女性には二音節型とともに四音節型が幾人かいる。例えば私の高祖母（文久元年生まれ）は「ヒカマツ」であり、その妹は「ヲトキク」と「スヱマツ」、彼女たちの母は「イセマツ」（天保七年生まれ）である。この手の名は明治の末頃までは名付けられていた。

ところ変われば名も変わる——三音節型や四音節型の女性名は、そんな江戸時代の特徴をとりわけよく示しているのである。

†類型とその他

江戸時代後期における一般女性名の類型は、①二音節型が圧倒的で、特定地域に②三音節型(いえのよを型と小の字型)、③四音節型が存在し、④その他は極めて少なかった(図表1-14)。なお三音節型は、え・の・よ型と小の字型が大半を占めている。

『高齢者写真名鑑』から④その他もいくつか例示しておこう。この種には、やよじ・すえか・なよせ・みやつ・メグミなど、通常一般に使われない稀な名や、中世女性名の語尾「寿《じゆ》」を伴う徳寿《とくじゆ》など地方で慣習的に残存した古い形の名前、特定の事情から全国的に用いられたアクリ(あぐり。第三章で説明)などがみられる。

ただし集計の都合上、けい子、鷹子など二音節に「子」の付いた五名も④その他に含めた(うち四名は東京市内)。これは明治初年の戸籍編製で出現したもので(第六章参

<table>
<tr><th colspan="3">類型</th><th colspan="2">参考値</th></tr>
<tr><td colspan="3">①二音節型</td><td colspan="2">11812名(96.4%)</td></tr>
<tr><td rowspan="6">②三音節型</td><td rowspan="5">いえのよを型</td><td>い型</td><td rowspan="6">335名(2.7%)</td><td>2名(い)</td></tr>
<tr><td>え型</td><td>53名(え)</td></tr>
<tr><td>の型</td><td>174名(の)</td></tr>
<tr><td>よ型</td><td>33名(よ)</td></tr>
<tr><td>を型</td><td>5名(を)</td></tr>
<tr><td colspan="2">小の字型</td><td>68名(小)</td></tr>
<tr><td colspan="3">③四音節型</td><td colspan="2">80名(0.7%)</td></tr>
<tr><td colspan="3">④その他</td><td colspan="2">23名(0.2%)</td></tr>
</table>

図表1-14　江戸時代後期における一般女性名の類型

註：参考値は前掲『高齢者写真名鑑』の12250名を類型別に振り分けた人数と割合。

照）、江戸時代の女性名ではない。また「本田　め」と「沼田　な」も④に含めた（いずれも富山県西礪波《となみ》郡）。これは単なる誤植か、一音節の女性名があったのか、「おな」や「おめ」という二音節型の名から誤って「お」が除去されて戸籍名となったものか、詳細は不明である。

†これはあなたのお名前か？

ここまで江戸時代後期の女性名を、町や村ごとに数多く、しつこいくらいに提示してきた。それは〝日本の女性名〟と一括《くく》りにはできない当時の実態を、まずは具体的に理解して欲しかったからである。江戸時代後期の女性名は、町や村ごとに異なる慣習の枠組みがあり、どんな種類を使うかは、いわばその地域の文化でもあった。江戸時代の女性名は一己《いっこ》の「個性」追求ではなく、その町や村に属する人間として相応しく、かつ支障なく通用する範囲内で設定していたのである。

江戸時代の社会は、数多《あまた》の町や村から構成されている。特に村という社会集団が圧倒的に多いが、そこは領主も風土も産業も歴史も違い、一つとして全く同じ文化や状況を有してはいない。江戸時代は公儀（幕府）のもとで全国的に共通する秩序の大枠に覆われているが、社会集団ごとに仕来《しきた》りがバラバラな世界でもある。女性名にみられる地域性は、そんな江戸時代の社会構造をも反映していよう。巨大な近代「国家」と平等な「国民」を前提としないその世界には、現代からみれば、思いも寄らぬ価値観や前提が当然のこととして存在する。

——私たちはここまで、主に宗門人別帳から女性名をみてきた。そういう文字史料でしか、現在では庶民女性の名前を知ることができないからである。

だがもしも、当時のおみゆという名の村娘に、宗門人別帳の「みゆ」と書いてある箇所を見せて「これはあなたのお名前ですか?」と訊《き》いたなら、どういう反応が返ってくるだろうか。おそらく彼女は笑いながら、あるいは不思議そうな顔をして、こんな感じで答えてくれるに違いない。

「おらに字が読めるわけねえだろ」

江戸時代の女性は大半が文字を読み書きできない。自分の名前すら文字では認識していないのである。次章ではその事実を確認して、さらに話を進めねばならない。

第二章

識字と文字の迷宮

弘化4年刊『増補算法図解大全』(個人蔵)。左端の眼鏡をかけた男性は「御年貢上納帳」を手にしており、村役人のイメージとして描かれている。その周囲や野外では、男女が農作業などに精を出している。

1　文字を書くのは誰か？

†自分の名前を書けたのか

江戸時代は識字率が高かった、といわれる。だがそれと同時に「俺は読み書きなんかできねえ」なんていう人が、平然と生きていたイメージもあろう。江戸時代後期において、実際どのくらいの人々が自分の名前を書けたのだろうか。

江戸時代に識字率の統計調査が行われたことはない。しかし明治初期には、主に六歳以上の住民を対象にして「自己ノ姓名ヲ自記《じき》シ得《う》ルモノ」と「自己ノ姓名ヲ自記シ得《え》サ《ざ》ルモノ」、つまり自分の名前を書けるかどうか、調査が行われた地域がある。当時の文部省による学事統計に関連して実施された調査で、現在の教育史学ではこの「自己ノ姓名ヲ自記シ得ルモノ」の割合を自署率と呼んでいる（以下自署率については八鍬友広氏や川村肇氏らの研究に拠る）。

例えば明治一〇年（一八七七）に調査された滋賀県の自署率は、男八八％、女三九％であった。ただしこれは全国的にもかなり高い数値で、明治一二年の山口県玖珂《くが》郡では男五五％・女一六％、同一三年の群馬県では男七九％・女二三％、同一四年の青森県では男三七％・女三％、同一七年の鹿児島県では男三三％・女四％などという結果が残っている。

この時期の自署率は男三〇～八八％、女三～三九％と、地域差が非常に大きいが、誰もが自分の名前を書けるわけではないこと、及び女の自署率が男より格段に低い事実は、およそどこでも歴然としていた。

これらの数値には、まだ近代学校教育の影響（第七章）があまり現れておらず、江戸時代後期の識字状況に近いと考えられている。

†ムラのある世界

郡単位の自署率をみると、同じ滋賀県下でも一様ではない（図表2-1）。

明治一〇年の滋賀県をみよう。この時期の滋賀県は近江国《おうみのくに》のほか、現在は福井県となっている若狭《わかさ》国全域と越前《えちぜん》国敦賀《つるが》郡も含まれる。男の自署率は近江各郡で概ね九〇％前後、最低でも八二％だが、若狭では七〇％代、越前では六〇％代の郡もみられる。

一方女の自署率は、近江各郡でも一四％から六四％まで区々《まちまち》で、男女差の幅も各郡で異なる。男の自署率が高いと女も高い――という単純な比例関係もなく、若狭三方《みかた》郡は男の自署率が県内最高の九五％であるが、女は県内最低の一一％であった。

さらに村単位の自署率がわかる、明治七年における和歌山県第三大区《だいく》第十小区《しょうく》（二五カ村）

県	国	郡	自署率	
			男	女
滋賀	近江	高島郡	89.52%	37.78%
		滋賀郡	82.33%	59.08%
		栗太郡	92.81%	37.96%
		甲賀郡	88.56%	34.62%
		野洲郡	90.56%	18.85%
		蒲生郡	90.02%	41.02%
		神崎郡	90.98%	42.56%
		愛知郡	89.42%	33.50%
		犬上郡	90.88%	64.43%
		坂田郡	88.66%	29.86%
		浅井郡	92.22%	18.31%
		伊香郡	86.45%	14.27%
	若狭	大飯郡	71.66%	28.00%
		遠敷郡	79.87%	50.97%
		三方郡	95.45%	11.11%
	越前	敦賀郡	66.52%	38.96%
総計			87.55%	38.76%

図表 2-1　明治 10 年滋賀県下国郡別の自署率

出典：八鍬友広「明治期滋賀県における自署率調査」（『東北大学大学院教育学研究科研究年報』第 64 集第 2 号、2016 年）表 7 をもとに作成。数値はすべて出典のママとした。

の例を見よう（大区小区はこの時期の地方行政区画）。なおこの小区の調査は、［a］文字を知らない者、［b］自分の名前を書ける者、［c］文通能力がある者（文章を綴れる者）、という三つの分類で調査しているため［b］+［c］が滋賀県などでの自署率に相当する。

第十小区各村の自署率は村ごとにかなり異なる。男の自署率は二一・九%から九五・二%までの幅があり、女は〇《ゼロ》%から二一・九%まであった（一四カ村が五%未満、うち三カ村が〇%）。第十小区全体で平均すると男七一・九%、女七%で、［c］文章を綴れる者のみに限ってみると、

	①動木村（787）［戸数：192］		②長谷村（286）［戸数：70］		③沖野々村（661）［戸数：160］		第十小区全体（8125）［戸数：1969］	
	男	女	男	女	男	女	男	女
［a］文字知らず	7.1%（66）	77.1%（313）	22.0%（47）	100%（143）	64.0%（218）	98.0%（339）	28.1%（1492）	93.0%（3790）
［b］自署可能	54.0%（190）	15.6%（55）	61.8%（76）	0%（0）	33.0%（90）	2.0%（6）	57.8%（2088）	5.8%（206）
［c］文通可能	38.9%（137）	7.4%（26）	16.3%（20）	0%（0）	2.9%（8）	0%（0）	14.0%（507）	1.2%（42）

図表2-2　明治7年　和歌山県第三大区第十小区における村単位の識字状況

註：（　）は人数。この調査は全住民が対象で、6歳以下も含まれる。各村の6歳以下の人数は① 82、② 40、③ 87。小区全体では954名。6歳以下は男女が合算されているため性別の数値は不明。

出典：川村肇「明治初年の識字状況―和歌山県の事例を中心として―」（大戸安弘・八鍬友広編『識字と学びの社会史』、思文閣出版、2014年）表4より3例を抄出して作成。参考に明治6年時の戸数を『角川日本地名大辞典30 和歌山県』（角川書店、1985年）により記した。

男ですら一四％、女は一・二％にまで下がる。

つまりごく単純にイメージすれば、男は一〇〇人のうち七二人が自分の名前を書けるが、文通可能な識字能力を持つ者はこのうち一四人である。女は一〇〇人のうち七人しか自分の名前を書けず、文通可能な識字能力を持つのは、七人のうち一人だけ――という状況だったのである。自署率と文章を書ける人数がイコールではないことにも注意してほしい。

［a］～［c］の各割合も村ごとに斑《むら》がある。第十小区から三つの村の例を図表2-2に示してみた。①動木《とどろき》村は第十小区内でも突出して高い識字能力が確認される村で、男九二・九％、女二三％が自署可能かそれ以上であり、男三八・九％、女七・四％が文通可能であった。だが②長谷《ながたに》村のように、男の七八・一％が自署可能か

それ以上でも、女は全員が文字を知らない村もあり、③沖野々村《おきのの》のように、男六四％・女九八％が文字を知らず、人口六六一人のうち、自署可能な者は九六人、文通可能な者は八人だけという村もあった。

女は大半が文字を知らない。男の無識字者もかなり多い。自分の名前を文字で認識していない人々が、江戸時代後期に相当多く存在していたことは明らかである。

当時の村の中には様々な識字能力の人々が混在し、その内訳も村ごとにかなり異なる。「江戸時代の日本の識字率は高いか低いか」という疑問が無意味であることは自明であろう。当時の社会を「日本」で括《くく》れるわけがないのである。

①〜③の三カ村は同じ紀伊国那賀郡《きいなか》である。それなのに、どうしてこんなに違うのか。そもそもこんな識字状況で、人々は社会生活を維持できたのか——。

†職業と識字

しかしその疑問は、誰にとっても何をするにも、とりあえずある程度の識字能力が絶対必要不可欠だ——という現代社会の常識を持ち込んでいる。江戸時代には誰もが読み書きを学ぶ慣習も制度もない。識字は一つの技能であるが、どんな技能も生きる上で必要なければ、わざわざ習得しないのである。

江戸時代の行政や経済は文書の使用を前提とする。そのため武士や町人の場合、職業上識字能力が必須であり、彼らが暮らす都市部は識字を前提とした世界となる。また僧侶、神職、医師、手習師匠《てならい》（寺子屋の師匠）らは、どこに住もうと識字能力は必須である。

では百姓はどうか。当時の農作業そのものに文字は使わないが、彼らは様々な商品作物も生産し、漁業・林業・商工業など、家ごとに異なる営みをも持っていた。例えば前章で例示した武蔵安戸村は奥武蔵《おくむさし》の山地に位置するが、江戸につながる街道が村を縦貫しているため、総戸数一五〇戸のうち六〇戸が街道沿いに軒を連ねて一種の宿場町（馬継場《うまつぎば》）を形成していた。その他は山間部や川沿いに散在して農業に従事しつつ、紙漉《かみすき》・養蚕《ようさん》・機織《はたおり》・炭焼などを営んでおり、生絹《すずし》（生糸《きいと》の絹織物）や紙が村の物産であった（『新編武蔵風土記稿《ふどきこう》』）。同じ安戸村の百姓といっても、生業により識字の必要性は一様ではなかろう。

村内に商工業に関わる者がどれくらいいるか、地理的に都市部と近いかどうか——。いわば商品経済との関係の程度が、村ごとに識字状況が区々《まちまち》な一つの要因と推測されている。実際明治初期における高い自署率は、都市近郊や商工業が盛んな村で確認される傾向もあり、高い自署率がみられた和歌山県の動木村も、醸造（主に清酒と醤油）と油蠟《ゆろう》（菜種油《なたねあぶら》と櫨蠟《はぜろう》）の生産が盛んな村であったことが確認されている。

しかし商工業がそう盛んでもなく、都市に近くもないのに自署率が高い村もある。各村の識字状況の差は、村の階層構造、経済的余力、寺子屋の有無、支配領主の政策、文字の学習に対する慣習・文化・状況の違いなど、人・村・地域をめぐる多岐の事情が複合的に関係していたと考えられている。

いずれにせよ江戸時代後期の識字能力は、まずその人の身分や職業で違いがある。とりあえず全員が文字を学習するという前提が、全国一様に共有されている社会ではない。

†村請制と村役人

もう一つ重要な前提がある。江戸時代には、百姓やその家族が個々に自筆で文書を作成・提出する必要性や、自署が必要となる機会がほぼなかったという事実である。

江戸時代、領主などの支配側は、年貢・諸役《しょやく》と呼ばれる租税の納入や法令の伝達・順守などを、村単位に請《う》け負わせて統治していた。毎年村単位の租税額が村に文書で通知され、それを村の百姓当主たちが寄り合い、各家の所持する土地の石高などに応じて割り当てを決める。各家の租税は庄屋宅などに集められ、村として官に納付したのである。

納税は家や個人単位ではなく村の連帯責任で行われる。官が各百姓に直接租税を賦課したり、取り立てたりすることはない。支配側とのやりとりは、すべて個人ではなく村を介して行われており、この統治制度を今日では村請《むらうけ》制と呼んでいる。そのためごく普通の百姓なら、役所に一生足を踏み入れる機会もないのである。

江戸時代の行政は文書を必須としたが、文書による役所との応対は、専ら村役人の仕事であった。村役人は庄屋《しょうや》・名主《なぬし》・肝煎《きもいり》、その補佐役を組頭《くみがしら》・年寄などという。地域の仕来りによって村役人の呼称は様々だが、いずれも百姓たちの代表であると同時に、支配側から任命されて村請制を担う行政の末端でもあった。彼らは文書で通達される法令や制規などを村の百姓たちに読み聞かせて周知させ、役所に提出する届書《とどけがき》・願書《ねがいしょ》・訴状など多くの文書を作成した。江戸時代の村の支配は、村役人が識字者であることを前提に成り立っていた。

村請制において、百姓とその家族の身分は村が保証し、その管理は村役人が行う。出生・婚姻・死亡などは、周囲や村役人に認知された時点で公的な事実となる。村役人や個々人が、代官所などの役所にこれらの届をその都度いちいち出すこともない。現代のように個人が文字を通じて、個々に公的手続きをする必要がない社会構造なのである。なお都市部の町人らも、町年寄などの町役人のもとで、基本的な支配の構図は村請制と同様である。

私的な借金などでは証文を取り交わすが、そこでも自筆や自署は必要ない。証文の本文を読み聞かせられ、既に記された自分の名前の下に実印を捺せば、それで効力が生じたからである。この記名捺印の慣習については後でもう少し詳しく述べる。

†「村」と「家」に生きる

現代人は個人として日常的に国家や社会と接する。公的にも私的にも個人が様々な書類に目を通し、あるいは文章を書き、氏名を記入したり確認したりせねばならない。身体障碍や病気などの事情で読み書きできない場合も、代理者による記入や確認が求められる。今では個人が「国家」の成員である「国民」としての義務と権利を有するから、各個人が識字能力を持つ前提が必要で、義務教育がその状況を創り出している。

だが江戸時代はそうではない。文書が多用される社会であるが、一人一人が文字を読み書きできることを前提にしていない。人は「家」と「村」に属して生きるが、巨大な「国家」に帰属しているわけではない。極端にいえば、家や村の誰かが、それぞれ必要な程度に文字の読み書きができれば問題ないのである。

江戸時代後期、全国には約六万三〇〇〇以上の村が存在した（『天保郷帳』）。約三〇〇〇万人とされる当時の全人口のうち、八割以上は村に住む百姓とその家族とされる。村の規模は様々であるが、およそ四〇〇人程度、戸数六〇〜七〇軒前後が平均的な数値で、僅か数軒の村もあり、見知らぬ人間が紛れ込める世界ではない。村請制という支配制度だけでなく、村は山野河《さんやか》海《かい》の様々な用益を集団として共有する共同体であり、そこに所属して生活する人々は、集団としての連帯・依存なしには決して生きられない。

村の正規の成員は一軒の主《あるじ》、ごく簡単にいえば百姓の当主である。公《おおやけ》には「松平越中守《まつだいらえっちゅうのかみ》領分《りょうぶん》越後国魚沼郡木落村百姓五左衛門」とか「(幕領の代官)山本大膳《やまもとだいぜん》御支配所《しはいじょ》武州秩父郡安戸村名主理助《りすけ》」などと呼ばれ、支配(領主など)―村―家という構造のもと、どこかの支配系統と社会集団に属して生きている。右の五左衛門と理助は、〝同じ日本の百姓〟というような、いわば「日本国民」的な共通の利害を持ってはいない。

村を構成する百姓は個人ではなく「家」という経営体であり、当主一人だけが働くわけでもない。例えば天保一〇年(一八三九)武蔵安戸村の百姓長吉《ちょうきち》(六九歳)には、女房みよ(五九歳)、母ぬい(八八歳)、悴《せがれ》定八(三五歳)、嫁すき(三七歳)、娘くに(一八歳)、孫の嘉吉《かきち》(一二歳)・かつ(九歳)という家族がいる。彼らは長吉を代表とする「安戸村百姓長吉」という経営体としての「家」であり、全員でその家業に従事して暮らしていた。

ただし公的には当主だけが「百姓長吉」として社会の矢面《やおもて》に立ち、その家族は「安戸村百姓長吉女房みよ」とか「百姓長吉悴定八」などと当主を介して領主などの支配側から把握される、家の当主に従属する身分であった。

当時の人間は家の一員で、その各家が村に属している。行政的には五人組などの組合もあるが、村の歴史的経緯の下で、村内の各家には序列や階層、擬制を含む血縁的紐帯《ちゅうたい》もあった。それらが村の秩序を形作っており、常に仕来りが重視された。人は家と村との連帯・依存の関係――よくいえば助け合い、悪くいえば束縛――のなかで生きた時代なのである。

この枠組みから放り出されない限り、すべての個々人が識字能力を持つ必要はない。家と村を前提として生きた時代と、「国民」として「個人」を尊重する前提のもとで生きる現代社会とでは、識字という技能を必要とする前提が全く異なっていたのである。

†無識字もいる日常

江戸時代後期は、文字の文化が大いに花開いた時代でもある。都市部はもちろん、地方の村々にも好学の人は多く、都市部の私塾には地方から多くの遊学者が入門していたし、女流の学者や文人も存在していた。この時代の識字や学問の程度は、必ずしも貧富の差によるわけでもなく、詩歌《しいか》や俳諧など文芸の集まりは各地にあって地方文人もいたし、出版も大いに盛んで人々は本から様々な知識を得たり、娯楽として楽しんだりもしていた。

だが識字の必要性を感じず、無識字で生きた人々も同時に多く暮らしていた。どの村にも様々な程度の識字層と非識字層とが共存しており、彼らは言葉を文字を介さず、音声として共有して暮らしていた。もとより言語というものは、音声が先にあって、文字はその後から作られる。しかし文字の存在や識字を前提とする現代人にとって、それはなかなか想像しにくい世界である。

自署率を振り返ると、男の場合は三割を下回らず、所によっては九割以上にも達した。江戸時代後期までに、各家の男たちは社会集団の成員、あるいはそうなる前提ゆえに、ある程度文字の習得を必要と考えるようにもなっている。田舎にも手習師匠は存在し、文字を学習できる環境もある。だがそれでも全員が読み書きを身に付けたわけではなかったのである。

女の自署率は男よりもかなり低く、全員無筆の村さえ珍しくなかった。当時の女性の人生に未婚は通常想定されず、必ずどこかの「家」に入る（嫁《とつ》ぐ）のが常識だったからである。ゆえにそれなりの上級武士でも、女は平仮名で手紙のやりとりができれば十分、あとは嫁入りまで裁縫の稽古をするのが一般的であったという（山川菊栄『武家の女性』）。使わない・必要のない技能の習得ではなく、実用する技能の習熟に時間を割いたのである。

現代人がどう感じようと、それが江戸時代後期の実態である。近世村落を研究した水本邦彦《みずもとくにひこ》氏が、近世社会の特徴を「平等や人権に価値をおく近・現代社会とは対照的に、身分に応じた生き方を良しとし、各身分の生業に専念することを肯定する社会」と指摘したように（水本二〇一三）、あくまで「現代とは異なる価値観や仕組み」を持つ社会であることを踏まえて、当時の男女差や識字状況——そして人名を観察してほしい。

「字を書けないなんて可哀そう！」と現代人は思っても、時代や文化が違えば、逆に「字を書かないといけないなんて可哀そう！」ともいわれ得る。それを忘れないようにしたい。

再び女性名の森へ

江戸時代後期に自署できた女性は多くない。自分の名前がどんな文字か知らず、オキヨ、オミツ、オテー、という音声でしか知らない人の方が、むしろ圧倒的に多かったのである。

しかし前章で見たように、女の名前もたくさん文字として書き残されている。しん、ちよ、小りん、きくの……どんな人生だったかはわからないが、かつてこの世界に生きた女たちの名を、現在でも文字を通して確認できる。

だがこうした女性名は、主に宗門人別帳などに記載されたもので、本人自らが書いたものではない。宗門人別帳は村役人が百姓とその家に属する者の名前を、毎年一から書き上げて役所に提出した帳面である。つまり私たちが史料で目にする江戸時代の女性名は、その名前の音声を村役人らが文字化したものなのである。

音声を文字にする――それは結構難しい。例えば、おテーさんという女性の名前を、ある村役人はこう書いたのである。

「てへ」

――おいおい、それは「てい」の間違いだろう。こいつは可笑《おか》しい、ハハハハハ……。

本当にそうだろうか。村役人は音声でしか存在しない女たちの名前を、どのように文字化していたのだろうか。

2 仮名文字と仮名遣い

†おてゐとは俺のことかとおテー言い

越後木落村の宗門人別帳を複数年にわたってみていると、弥左衛門《やざえもん》の娘は「きわ」「きは」、五左衛門の娘は「てふ」「てう」、茂助《もすけ》の娘は「なゐ」「なひ」「ない」などと、同一人物の表記が年によって揺れている。おキワ、おチョー、おナイ……一つの女性名を仮名で書き表すとき、複数の書き方が通用していたことがわかる。

当時は公儀の触書《ふれがき》ですら、「故《ゆえ》」を「ゆゑ」とも「ゆへ」とも書き、当時の小説類も同じページ内に「やまい」と「やまひ」が出てきたりする。「おもう」と「おもふ」、「ちやうちん」と「てうちん」……一つの語に複数の表記が行われていても、江戸時代の人々は全く問題としていなかったのである。

こうした同じ語に多数の表記を許容する江戸時代の仮名遣いを、国語学者の屋名池《やないけ》誠氏は

「近世通行《つうこう》仮名表記」と呼んでいる。唯一絶対の正しい仮名遣いがあらかじめ設定されていて、そうでないものは間違い、表記は統一されているべきで、表記揺れはだめだ——という現代人の常識は、江戸時代一般には存在していない。現代では昔の仮名遣いを「歴史的仮名遣い」と総称するが、それは「現代仮名遣い」のように、あらかじめ誰もが遵守すべき規則として定められていたわけではない。

そのため当時の村役人が「おテーさん」の「テー」という名前を宗門人別帳に記載する場合、てい・てゐ・てえ・てゑ・てへ——どれも伝わるから通用した。名前の音声を文字として記録できていれば、今年は「てい」で翌年「てへ」と書かれても、誰も問題にはしないのである。むろん当時の識字状況では、何《なに》兵衛の女房は「てゐ」、何三郎の娘は「てゑ」、何蔵《ぞう》の娘は「貞《てい》」だ——などと特定の文字表記で異なる「おテーさん」を区別することはできない。

江戸時代の女性名をみる場合、〝唯一の正しい表記〟の設定が存在しないこと、同じ言葉(音声)の文字表記に複数の〝正解〟が併行して通用していた慣習——いわば多表記通行の慣習を踏まえなければならない。すると前章でみた女性名の「謎」の一部も解ける——と同時に、史料上の女性名が一筋縄では理解できないことも浮き上がってくる。

†音韻と仮名遣い

江戸時代には「てふ」「てう」「ちやう」、どれも「チョー」と読む。これが通用するのには、日本語と仮名遣いの歴史が関係している。小難しくなるが概要を説明しておこう。

一〇世紀に完成した平仮名は全部で四七である。これに中世以降に出現する撥音《はつおん》の「ん」という仮名を加えると四八となる。仮名は漢字の音を利用して日本語を書き表す表音文字であり、仮名と音韻は元来一対一で対応していた。

しかし音韻は時代とともに変化する。一〇世紀末から一一世紀にかけてはハ行音とワ行音とが混同される「ハ行転呼《てんこ》音《おん》」の現象が起こった。つまり「はし」と「わし」のように、語頭や単独の「は」と「わ」は違う音だが、「しは」と「しわ」、「ほふ」（法）も「ほう」（宝）など語尾・語中のハ行音はワ行音で発音されるようになったのである。

さらに別の音だったア行とワ行の「い」と「ゐ」、「え」と「ゑ」、「お」と「を」が一二世紀末までに同音となって合流し、仮名は四七（「ん」除く）あっても、日本語の音は四四になった。また一二世紀頃には、韻尾《いんび》（語末の子音ないし副母音）の「む」と「ん」の区別が失われはじめ、一三世紀末にはどちらも撥音「ン」と読むようになった。

一六世紀には「じ」と「ぢ」、「ず」と「づ」も同音で混用されるようになり、一七世紀前半には区別が失われて同化した。かつて違う発音だった、くづ（屑）とくず（葛）や、ふじ（富士）とふぢ（藤）とが同音になったのである。これら、し・ち・す・つの濁音は江戸時代には「四《よ》つ仮名《がな》」と呼ばれた。

一六世紀末期にはオ段長音の開合《かいごう》（開音・合音）と呼ばれる[au]《アウ》[eu]《エウ》[ou]《オウ》という音が混乱、一七世紀には区別が失われてすべて[oː]《オー》という音に変化した。そふ（そぅ=sou）はソー（soː）、てふ（てぅ=teu）はチョー（tyoː）、きやう（kyau）とけふ（けぅ=keu）も同じキョーと発音するようになった。こう（公）・こふ（劫）・かう（講）・かふ（甲）・くわう（光）と書き分けられてきた異なる漢字の音も、ここで同じコーという音になった。

かくして仮名の表記は異なるが発音は同じもの——書き手からみれば、「コー」という一つの音声に対し、いくつもの表記ができる——という状態が生じたのである。

†音を再生できるか？

つまり江戸時代後期には、ア・ハ・ワ行の㊀は・わ、㊁い・ひ・ゐ、㊂う・ふ、㊃え・へ・ゑ、㊄お・ほ・を、加えて撥音の㊅む・ん、及び濁音の㊆し《ジ》・ち《ヂ》、㊇つ《ヅ》・す《ズ》——これらがそれぞれ同音の表記に通用し得た。もっとも㊀〜㊄のハ行とワ行の仮名は語中・語尾でのみ、㊅は語尾の場合のみ、㊀〜㊄のア行とワ行、及び㊆・㊇は、それぞれ語頭・語中・語尾を問わず通用しうるのが原則である。

女性名で例示しよう。㊀みは・みわ、㊁ぬい・ぬひ・ぬゐ／いく・ゐく、㊂せぅ・せふ（音はショー)、㊃りえ・りへ・りゑ/えい・ゑい、㊄みお・みほ・みを/おと・をと、㊅りむ・りん、㊆ふじ・ふぢ/じう・ぢう、㊇しず・しづ/ずい・づい——。これらは異なる仮名表記だが、同じ名の表記に使用できるわけである(語尾と語頭の例を「/」で区切って挙げた)。

また当時は濁音に逐一濁点を付けない。ゆえに女性名の「しけ」はおシゲ、「ふん」や「みそ」はおブン・おミゾと読むのが妥当だが、「しん」や「ちん」はどうか。清音なら違う名前だが、どちらもおジン(ヂン)と濁る可能性もある。「たつ」はおタツが多かろうが、おタヅ(田鶴《たづ》)もなくはないであろう。越前舟寄村には「きぐ」、奥州蛇浦村には「みづ」と書いた名もあった。すると地域や状況次第では、「きく」や「みつ」も一〇〇%おキク・おミツとは決めつけられない。当時の書き手、あるいはその村では自明だった清濁が、宗門人別帳の文字だけでは、正確に音声を再生できないものが多数出てくる。

江戸時代には植物や人名の「梅《うめ》」を「むめ」と書くのも普通で、さらにこれを「んめ」と書いた例が文章や女性名にみられる(前章図表1-9の「おんめ」もその一例)。語尾の「む」と「ん」の通用から拡大し、「ん」を「む」に読ませたといえようか。ただし江戸時代にも梅はうめとも書くから、う・むは時に通用する。すると、むね、むち、など一見変にみえる女性名も、オウネ・オウチである可能性も考慮せねばならなくなってくる。

†方言と相通

江戸時代にはテレビもラジオもないため、日本語の音声が全国的に共通してはいない。今でも「が」という文字の発音には、方言によって違いがみられる。これに関連して留意すべきは、相通じる似た音が同じ音に使用される現象、いわゆる「相通《そうつう》」である。

相通の代表的な例は「イ」と「エ」である。今日《こんにち》でも「威張《いば》る」を「エバル」と発音するような、イ音とエ音を区別しない方言が各地にある。こういう相通は、宗門人別帳の女性名をみる場合にも注意する必要があろう。

越後木落村では、庄屋小幡弥之《やの》右衛門の孫娘が天保一二年（一八四一）には「ゐせ」、翌年には「いせ」と書かれている。この両年の宗門人別帳はどちらも弥之右衛門本人の筆跡であり、彼は自分の孫を「ゐせ」とも「いせ」とも書いている。彼の場合は「ゐ」「い」を同音の表記に用いていたことは確実である。

イ・エ相通を踏まえると、武蔵安戸村の「ゐろ」もおイロ、その他「やい」も「やえ」、「きくい」も「きくえ」などと、イ・エが同音の異表記である可能性を疑わねばならないが、「い」は全部「え」・「ゑ」に通じる――と一概に処理できるわけではない。木落村では「ない」「なひ」「なゐ」及び「とい」「とひ」が同一女性名の表記に通用している。この「ひ」とも書かれる「い」はエ音ではなかろう。また越前舟寄村（前章図表1-5）の、ゑし・ゑさ・えか・えわ、などの一見変な名前は、いし・いさ・いか・いわ——というありふれた名前である可能性を推測したくなるが、同村には、いゑ・ゑか・いかという姉妹が存在する。これは「い」と「ゑ」が同音の表記ならなり立たない。

スとツも相通がみられる代表格である。木落村では「すい」「すゐ」「つい」が同一女性名の表記に用いられている。これは濁音か清音か判断できないが、明治一〇年代の滋賀県愛知《えち》郡下《しも》中野村では同一の女性が「りつ」とも「りす」とも書かれた例がある（第五章で用いる福永謙造家文書による）。この「つ」と「す」は濁音ではなく清音であろう。

また江戸時代には湯《ゆ》と井《い》が同音で発音されることも多く、祝いを「ゆわい」と書いたものも目にする（後掲第三章の写真3-1はその一例）。すると安戸村の「ゆわ」なども、おイワさんの可能性を考慮すべきかもしれない。さらに、おセー、おケー、おコーと発音される二重母音[ei]やオ段長音の開合を含む名前の場合、前記㊀～㊇の仮名遣いに収まらない表記——せえ、けゐ、こを、などの表記が実際に行われているのも確認される。

†書き手の癖?

音声を文字にする。そこに複数の表記方法がある以上、村役人の書き癖によっても、またはその地域の読み書きの傾向などでも、同じ女性名の仮名表記には差異が生じた。前章で見た女性名を、村ごとにいくつか観察してみよう。

備中東油野村（前章図表1-13）では、はふ・そふ・きう・てふ・てう、などと、おホー、おソー、おチョーなどの表記に「う」「ふ」の両方を混用し、しお・しを・なを・さを、などと語尾のオー音に「お」「を」を混用する。この村で語尾エ音の名は「すゑ」だけである。

ところが越前北小山村（前章図表1-7）の場合、「う」「ふ」「お」で終わる名前が一つもない。しかし語尾が「を」の名前、こを・すを・なを……などがあり、どうやらおコーを「こを」、おソーを「すを」、おナオを「なを」など、「う」「ふ」「お」で書ける名前をすべて「を」で処理しているらしい。また「ゑ」で終わる名前は一つもないが、きへ・すへ・つへ・のへ・みへなど語尾「へ」の名前が多く存在する。ここでは語尾のエ音に「え」「ゑ」を使わず、すべて「へ」で処理する癖が明らかに窺える。

だが同国舟寄村（前章図表1-5）では、逆に「へ」を語尾にした名前が一つもなく、もえ・たゑ・ちゑ・つゑ、などと「え」「ゑ」を用いている。語尾「う」「ふ」「お」は一例もなく、きを・ちを・つを・みを・りを――など「を」を多用する傾向は北小山と同じである。

なお北小山や舟寄でみられる語尾「を」の名前は、想定される名前の音声に複数の可能性が出てしまう。例えば「りを」はおリオ・おリョ・おリョー……一体どのつもりなのか。現代では容易に確定できない。「ちを」もおチョかもしれず、総じて語尾「を」は「よ」との通用も疑われる。

越後木落村（前章図表1-4）では語尾に「お」「を」を使った例はなく、てう・しやうなどと「う」を用い、語尾のエ音は「せゑ」「ゆへ」などと混用している。

三音節型地域である信濃国伊那《いな》郡部奈《べな》村山分峠分《やまぶんとうげぶん》（前章図表1-12参照）における文久二年（一八六二）の宗門人別帳では、「けさの」「せきの」など多くの三音節型に混じって、二名の「けさのふ」と、「たつのふ」「せきのふ」「とめのふ」各一名が確認される（写真2-1）。この「のふ」は「けさのー」「とめのゥ」という語尾を「のふ」とも表記したものと考えられる。なおこの書き手は「りゑ」「まつゑ」「すゑよ」などとエ音には一貫して「ゑ」を用い、「え」や「へ」は一度も使っていない（語尾「を」「お」の名前はない）。

以上のような表記の差異は、基本的にそれぞれの書き手による仮名遣いの癖とみてよい。ここに当時の方言や発音がどの程度反映されているのか気になるが、その検討は筆者の手には余る。識者の後考を俟《ま》ちたい。

写真 2-1　けさのふ・たつのふの家族構成

註：右から当主忠四郎（45歳）、女房ふゆ（46歳）、悴瀧蔵（20歳）、娘けさのふ（18歳）・たつのふ（9歳）、忠四郎の弟弁吉（35歳）、妹かつ（22歳）、母しの（56歳）。年齢からすると、しのは現当主の実母ではあるまい。

出典：文久2年（1862）3月「禅曹洞宗門人別帳」（信濃国伊那郡部奈村山分峠分文書。個人蔵）・部分。

†仮名の字形もこだわらない

平仮名は「ふ」なら「不」、「み」なら「美」など、それぞれ漢字が元になっている。この漢字を仮名の「字母《じぼ》」という。いわば「ふみ」は「不美」と書いているのと同じだが、これは日本語の音声を書き表すのに漢字を借りているだけであるから、不美（美しからず）という漢字の持つ意味は誰も意識しない。これは江戸時代も今も常識である。

江戸時代には一つの仮名に複数の字形が用いられた。例えばタ音を表記する現行の平仮名は「太《た》」を字母とする「た」だけだが、当時は「堂《たふ》」を字母とする「た」、「多《た》」を字母とする「た」「た」などなど、字母の異なる仮名や字母が同じでも字形の異なる仮名複数が、全く同じ「タ」の表記に使用された（図表2-3）。

現在はこれらを現行の仮名と区別して「変体仮名」と呼ぶが、江戸時代にそんな区別はない。およそ図表2-3に挙げた字母による平仮名が、慣習の範囲内で融通無碍に使用されたのである。例えば「あまになる」を「あまになる」「あまになる」どう書いても構わない。どれも問題なくアマニナルと読まれた。表記を一種類に統一する、なんて発想は仮名の字形にもなかったのである。

ゆえに女性名でも、同一人物の名が様々な字形の仮名で書かれた。図表2-4は木落村の宗門人別帳二冊から同一人物の女性名を八例——①ふく、②りん、③とり、④その、⑤さき（五《ご》郎左衛門《ろざえもん》娘）、⑥さき（孫治郎娘）、⑦なゐ（なひ）、⑧つき（つぎ）を抽出したものである。【A】が弘化二年（一八四五）、【B】が同四年の記載である（書き手は同じ）。

①〜⑧の【A】と【B】をそれぞれ比較すると、同一人物を表記する仮名の字母や字形が必

あ	**安** 阿	は	**波** 者 八 盤 葉▲
い	**以** 伊▲	ひ	**比** 飛
う	**宇**	ふ	**不** 婦 布
え	**衣** 江	へ	**部** 遍
お	**於**	ほ	**保** 本
か	**加** 可 賀▲ 家▲	ま	**末** 満 万▲
き	**幾** 起 支 喜▲ 貴▲ 記▲	み	**美** 三 見
く	**久** 具	む	**武** 無
け	**計** 介（个） 希 遣	め	**女** 免
こ	**己** 古	も	**毛** 茂▲
さ	**左** 佐	や	**也** 屋 弥▲
し	**之** 志	ゆ	**由** 遊▲
す	**寸** 春 須 寿▲	よ	**与**
せ	**世** 勢 瀬▲	ら	**良** 羅
そ	**曽** 楚	り	**利** 里 理▲ 李▲
た	**太** 多 堂	る	**留** 類 流 累
ち	**知** 千▲	れ	**礼**（禮） 連
つ	**川** 徒 津▲ 都▲	ろ	**呂** 路
て	**天** 亭 帝	わ	**和** 王 輪▲
と	**止** 登	ゐ	**為**
な	**奈** 那	ゑ	**恵**
に	**仁** 爾（尓） 丹 耳	を	**遠** 越 尾▲
ぬ	**奴** 怒	ん	**无**
ね	**祢**（禰） 年		
の	**乃** 能 農▲ 野▲		

図表2-3　江戸時代後期に女性名の表記に使用された主な仮名文字の字母

註：太字ゴチック体は現行の平仮名の字母。▲印の字は、江戸時代常体の文章では余り用いないが、女性名や和歌や雅文ではしばしば用いられるもの。近世の候文では「与」を「と」、「而」を「て」として頻用するが、候文以外では原則通用しない。表題の通り、本表は仮名の字母のすべてではない。

名前／年	【A】弘化二年	【B】弘化四年
①ふく	 （不具）	 （婦具）
②りん	 （里无）	 （里无）
③とり	 （登里）	 （止利）
④その	 （楚乃）	 （曽乃）
⑤さき	 （左起）	 （左幾）
⑥さき	 （左起）	 （左起）
⑦なゐ＝なひ	 （奈為）なゐ	 （奈比）なひ
⑧つき＝つぎ	 （徒起）	 （徒幾）濁点付

図表2-4　女性名の仮名表記いろいろ（木落村）

註：（　）は使用されている仮名の字母。名前の横に書かれているのは年齢。⑤は五郎左衛門娘さき、⑥は孫治郎娘さき。

出典：弘化2年（1845）「越後国魚沼郡木落村浄土真宗人別宗門御改帳」、弘化4年（1847）「越後国魚沼郡木落村浄土真宗人別宗門御改帳」。

ずしも同じではないことがわかる。「その」は常に「その」という同じ字母の仮名や字形で書かねばならない——というような執着が、全くないことは明らかであろう。

なお⑦は、おナイが異なる仮名遣い「なゐ」と「なひ」で書かれた例、⑧は【A】ではおツキさんだが、【B】では濁点が付き、実はおツギさんだと判明する例としても挙げた。

おフク、おリン、おトリ、おソノ、おサキ、おナイ、おツギ——それぞれの名前を文字化できていれば、特定の仮名の字形や仮名遣いにはこだわらない。これは江戸時代後期、女性名の表記全般においても、また日用の単語でも、等しく認められる傾向なのである。

†伝わるのなら漢字でも

女性名は平仮名で書く。それは名前の音声を文字で伝達する——という目的からも当然だが、歌、八重、千代など、識字層同士なら問題なく音声を伝達できる漢字表記も折々用いられた。送り状（送籍状）でも「当村文助娘蝶《ちょう》」とか「当村出口貞輔妹久《ひさ》」などと書いたものがあるし、当時の小説類では広く「お綾」「お里」などと書かれていた。識字者同士ならば字数を省いて、日用する漢字でも音声が伝わるからこうも書くである。これらは漢字でも仮名でも同じことで、特定の文字表記にこだわりはない。

女性一般が名前に特定の漢字表記を設定していることはまずないが、宗門人別帳には、記載される側が表記を指定したらしい名もごく稀にある。武蔵安戸村に住む神事舞太夫《しんじまいたゆう》（神職の一種）である志摩《しま》の妻は、宗門人別帳に「里宮」と記載され、村内唯一の漢字表記である（前章図表1-1）、これでリクとでも読ませるのか、あるいは巫女《みこ》としての名（第三章）かは不詳だが、いずれにしても百姓身分ではない識字層ゆえの稀有《けう》な表記例である。

また二音節型や三音節型の語尾には、き代《よ》（喜代）、み栄《え》（美栄）、安野《やすの》など、漢字というべき文字も慣習的に仮名同様に使う例もある。特に語尾「え」（ゑ・へ）に栄・枝、「の」に野、「よ」に代などが代表的である。三音節型の女性名の場合、岩《いわ》の、留《とめ》の、花《はな》よ、吉《よし》ゑ、などと二音節部分を漢字にして語尾を平仮名で書く書き交ぜや、政野《まさの》・小芳《こよし》など漢字で書かれていることも多い。ただし当時一般には音声の伝達が第一の目的であるから、漢字か仮名かの違いに特に意味があるわけではないのである。

†それは書き交ぜではない

江戸時代の文字はいわゆるくずし字であるから、当時の女性名は図表2-4のように書いてあった。これを現在の活字体に置き換えて表示することを「翻刻《ほんこく》」という。現代人のなかには「志《し》ま」とか「屋寿《やす》」という翻刻された活字を目にして、「昔の女性名は漢字表記や漢字・平仮名の書き交ぜもあった」と誤解する人もいるが、これらはすべて平仮名である。女性名の翻刻には、およそ次の(1)〜(3)の方式があることを知っておくとよい。

(1)原本の字母・字形にかかわらず、「ふく」「りん」「その」などと、すべて現行の仮名に置き換える方法。現代人にも読めるようにするためなら、この方法がまずは最良である。本書も必要のない限りこの方式を採用している。

(2)仮名をすべて字母の漢字に置き換える方法。これだと「不具」(ふく)「里无」(りん)「楚乃」(その)などと全部漢字になる。原本の字母は保存できるが、そこにこだわる大した意味はなく、一般に読めなくなるのであまり行われない。

(3)変体仮名のみ現行の漢字に置き換える方法。この方法では「とり」「ふ具」「里ん」「楚の」「登里」などと翻刻され、①現行仮名のみ、②漢字と現行仮名の書き混ぜ、③漢字のみ――の三種類が混ざった姿になる。ただし「三《み》」「八《は》」「世《せ》」を字母とする平仮名は、現行の片仮名「ミ」「ハ」「セ」と同じ字形が当時平仮名として用いられたため、翻刻も「とミ」「ハる」「セい」などとする例がみうけられる。この(3)方式の翻刻は、自治体史の資料編などではしばしば行われ、(1)と(3)を折衷したような翻刻もよく見受けられる。

こういう翻刻をみて「同じ女性が「とし」や「登志」と出てくる。どれが正しいんだ！」と悩む人もいるが、原本をみると全く同じ字で、単に翻刻方法の違いに過ぎないことも多い。そもそも江戸時代一般の女性名に、特定唯一の〝正しい〟文字表記の設定なぞないことは、もうわかってもらえたと思う。

姫様にご用心

江戸時代後期における公家や大名家の女性名は概して二音節型である。ただし接尾語のように「姫」をつけて、菊姫、清姫、愛姫、などという形が原則であった。通常「姫」は名前の一部の如くに離れず、語尾に「姫」が付く場合は「お」の字を冠しない。三音節型女性名（いえのよを型・小の字型）は、姫の名には使用されないのがこの時期には通例である。

公家や大名は最上級の識字層であるため、娘の名には特定の漢字を設定した（儒学者が選定することも多い）。例えば江戸時代後期、越後新発田城主溝口家の姫の名は、本腹《ほんぷく》・妾腹《しょうふく》関係なく、「美弥《みや》姫」「文姫」「豊姫」「菊姫」「梅姫」「万喜《まき》姫」「奵《テイ》姫」「釧《セン》姫」などという「御名《おな》」を付けている（以上の例は、佛教大学図書館所蔵「新発田藩京都留守居役寺田家文書」のうち、寺田氏の日記より抽出。片仮名のフリガナは史料原本ママ）。

溝口家と縁戚関係にある公家の久世家の息女も「随《ヨリ》姫」「俊《トシ》姫」など大名と同様の形式で、他の公家・大名の娘や妻の名も「松平安芸守《あきのかみ》様御息女　歌姫様」「久世三位《さんみ》様之奥方定姫様」「広橋中納言様之御奥方清姫様」などと記されているのが確認される（史料同上）。

姫の名は公的な書状で「於文様」「御美弥様」などと「於」か「御」の字を冠した表記も用いられるおの字名だが、姫たちは最初に設定された漢字表記が揺らがない。ごく簡単にいえば、姫は庶民のように仮名書きしないのが原則で、常に同じ表記を用いる。おの字も「於」の形に書くのが通例で、平仮名は用いない傾向にある。なお皇女の場合は「和宮《かずのみや》」などが何姫などと同様に日常的な女性名の用途を果たしていた。

旗本の娘には「姫」を付けず、庶民同様「お」を冠する平仮名二音節型が用いられている。川路左衛門尉（聖謨）自筆の日記をみると、彼は慶応二年（一八六六）一二月、孫の川路太郎（当時は川路家当主）の妻おはなの生んだ娘に「万喜《マキ》」と名付けたが、その後「真喜」とも「まき」とも書いている（『東洋金鴻』）。おはなのことも「阿《お》はな」「お花」「おはな」と書かれ、表記は全然一定しない。旗本以下の女性名表記は庶民とまず変わらない。

なお諸藩の武家女性も庶民同様に二音節型であった（角田二〇〇六）。もっとも紀州藩士の子女にはその地域性ゆえに三音節型が多く確認される。

三音節型が女性名一般の類型ではない地域では、浄土真宗の僧や神職、その他文雅人ら（学者や画師など）といった高度な識字層が、娘に三音節の名や珍名を付ける事例が折々稀に見出される。例えば豊後国宇佐郡山口村（前章図表1-12参照）で確認される秋代・菊恵という女性は同村真宗寺院の娘で、越前にも同様の例がある。こうした類は、村内で身分の違いを示す意図があるとも考えられるが、この点はなお検討を要する。また幕臣で洋学者の柳河春三《やながわしゅんさん》が、娘に「てこな」（少女を意味する古語「手児奈」の意であろう）と名付けた例などもある。ただし江戸時代後期、身分を問わず二音節型女性名が圧倒していたことは、前章の『高齢者写真名鑑』の数値からも明らかであり、こうした類は九牛《きゅうぎゅう》の一毛《いちもう》である。

3　似て非なる捺印文化

†実印に名前なし

個人の実印には、必ずその人の名前が彫ってある――というのが、現代社会の常識である。ゆえに記名と実印の印文は一致する、実印と人名は密接だという前提を抱く。しかし江戸時代後期の実印は、名前と一致する文字はまず彫られていない。

では何が彫ってあるのか。図表2-5は、一八世紀から明治以前、「市右衛門」や「そめ」などという、百姓当主たちの名前の下に捺《お》された実印である。むろん網羅的なものではないが、代表的なものを［a］～［g］に分類してみた。円形に刻みを付けただけのものなど非文字の印（［a］）もあるが、多くは篆書体《てんしょたい》の漢字で一字（［b］）、縦二字（［c］）、横二字（［d］）で、「宝」「冨」「源」「貞信」「光忠」「済美」などと読み取れる。

ただし［b］～［d］にみえるが、角字《かくじ》（写真2-2）のように字画の線をグネグネと折り曲げて方形にした判読困難なものや、漢字の劣化コピーのようなもの、文字らしく線を組み合わせただけのようなものなど、明らかに文字擬《もど》き・似非文字《えせもじ》らしきものもある（［g］）。ただしこ

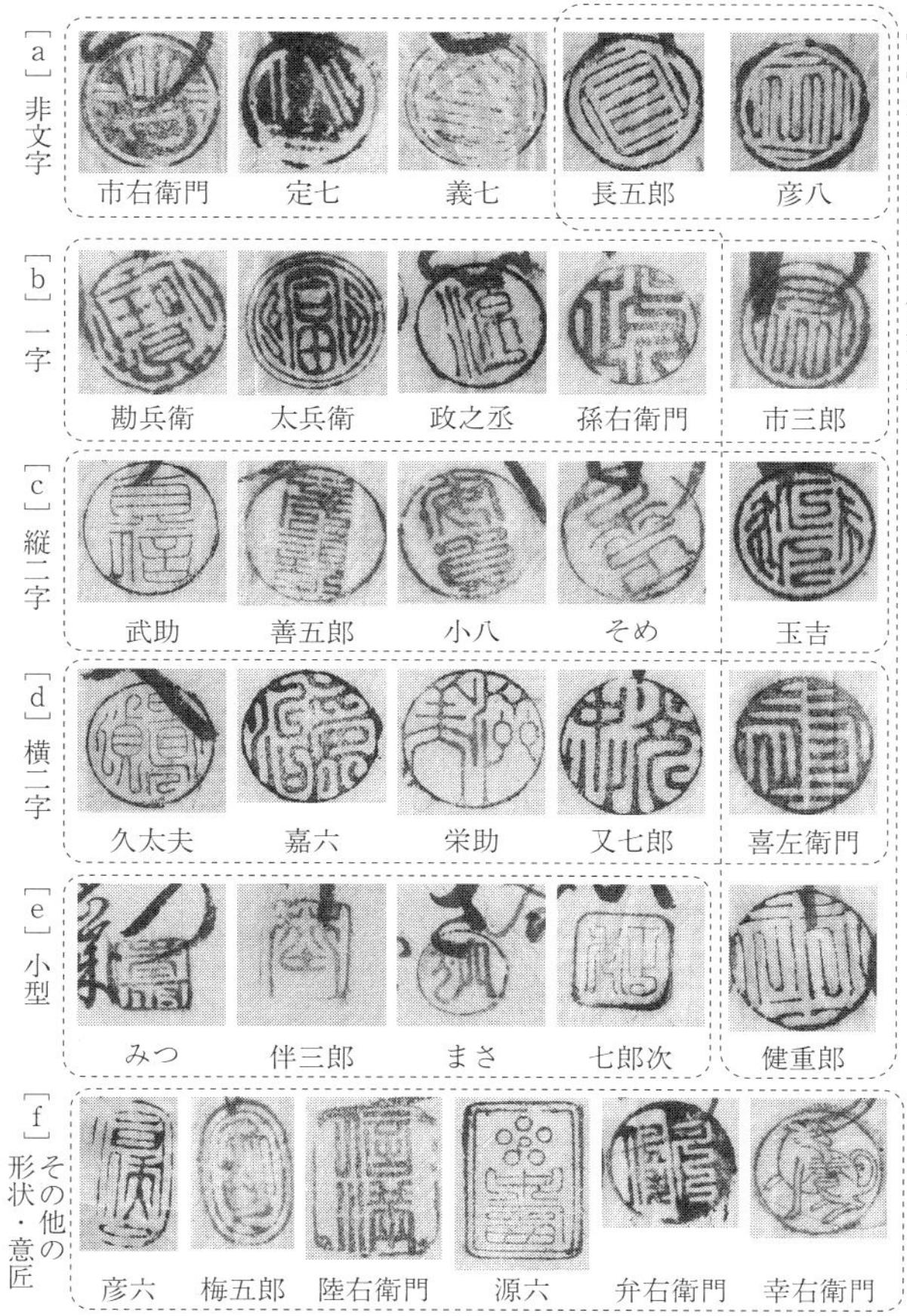

図表 2-5　百姓の実印（18 世紀〜明治以前）

註：印の下の「市右衛門」「そめ」などは捺印者の記名。女性の印は当主としての捺印事例。本表は個人（筆者）蔵の証文や宗門人別帳（丹波、紀伊、伯耆、尾張、美濃、信濃、武蔵、越後）より採集したもの。

写真2-2　角字の例

出典：江戸時代後期刊『五体名頭』。
このように漢字を四角形に図案化したものを角字と称し、半纏などのシルシに用いた。

写真2-3　稀有な印文

出典：①「沽券証文写」、②「沽券印鑑帳」、③「永代沽券証文留」（南小田原町）。いずれも国立国会図書館所蔵。

の種の実印も百姓たちはごく普通に使用している。

この時期の実印の形状は円形が最も多く、楕円形・方形がそれに次ぐ。やや小ぶりの方形ないし円形の印（［e］）や、三角形・駒形などの多角形、茶壺や鼎《かなえ》のような形など不定形、あるいは紋や家印《いえじるし》のような図案を入れたものも時々見受けられる（［f］）。［f］の右端に挙げた幸右衛門（信州筑摩郡北山《きたやま》村の百姓）の実印は、犬らしき絵に一字（不詳）が彫られている。こういう変わった実印も時折混ざり込んで通用している。

実印に刻まれた文字は、孫右衛門が「政」、久太夫《きゅうだゆう》が「直貞」、そめが「正光」、みつが「寿」などであり、記名と同じ文字を彫った実印はまず皆無といってよく、これは武士でも庶民でも同じである。ただし江戸では①公儀の御用達《ごようたし》町人三谷三九郎《みたにさんくろう》が「弐《（三）》谷」と彫っている例や、②「井口平次郎」という人物が左右両脇に「井」と「口」を小さく彫り込んでいる例、③「しま」

という家持町人の女性が「嶋」と彫った実印を捺した例などもあるが（写真2-3）、富商ら識字層にみられる稀有な例である（ただし②の様式は武士や町人にごく少数だが時折見られる）。

†シルシに始まる捺印文化

江戸時代一般の実印文化は、明治以降とは似て非なるものである。

識字者と無識字者とが混在している社会では、書面による契約の際、関係者全員による自署を前提にできない。ゆえに文書の作成は、一人の識字者が本文から各自の記名までをすべて書き、これを読み聞かせた上でそれぞれに記名の下への捺印を求めた。各自が自署・捺印するのではなく、あらかじめ記名された下に捺印のみを行う。それが江戸時代の常識であり、本書でいう「記名捺印」はすべてこのことを指している。

庶民による記名捺印の慣習は、識字者が文書の記名の下に花押《かおう》や書判《かきはん》などと呼ばれるサインを書き、無識字者が○や×などの記号を書いたことに起源がある（第四章写真4-1参照）。中世末期になると、無識字者は筆のお尻の部分で「○」形を捺す、いわゆる筆印（筆軸印《ふでじくいん》）も多く用いた。当事者・関係者環視の場において、本人が自分の名前の下に印（シルシ）を付けるという行為と事実が、後日の証拠として重視される文化であったと考えられる。

近世には文書の利用が浸透・増加するのに伴い、書判やシルシよりも捺印が広く行われ、庶民まで特定の実印を所持・使用するようになった。一七世紀の百姓には、図表2-5［a］の市右衛門・定七・義七のような、円形に刻みを入れた程度の印も多かったが、この手の印は一八世紀半ば頃を下限にほとんど見られなくなり、一八世紀頃には「家」「宗」「福」など吉祥字・佳字《かじ》と考えられる何かしらの漢字一字、さらに漢字二字らしきものを彫った様式の印も一般化している。

既に一七世紀半ばまでに、武士一般は「能勢覚兵衛」などという記名の下に「政方」や「武尚」など自身の名乗字《なのりじ》を篆書体で彫った実印を捺すのが一般化しており、この風《ふう》が漸次庶民にも推し移ったらしい（武士も「能勢」や「覚兵衛」などと、名前自体を彫った実印はまず用いない）。名乗字は実名《じつみょう》・諱《いみな》などとも呼ばれるが、当時の日常的な呼称や記名には用いられない。また百姓・町人には後述する襲印《しゅういん》慣行があるため、武助《ぶすけ》が「貞信」という印を捺していても、「貞信」が武助の名乗であるとは断定できない（名乗については前著『氏名の誕生』も参照されたい）。

かくして一九世紀百姓の実印は［b・c・d］の様式が標準的だが、［g］文字擬きらしき実印もかなり多く混在していた。武士や上層の町人の実印は主に文字を刻んだ［c・d］で、［a］や［g］はあまり用いない傾向がある。ここには村と町の識字状況、文字への意識の違いが関係していると推測されよう。なお江戸時代後期における百姓・町人の実印は、概ね直径五分（約一・五センチ）が多く、武士などは六分（約一・八センチ）程のものもよく用いている。

実印の印肉には一般に黒色を用い、朱色を用いることはまず皆無であった。

記名の下のシルシから発展した実印文化は、古代官庁の印（「太政官印」と彫られた巨大な朱印など）や戦国武将が捺すような印章――印文を読むことを前提としたり、印自体の視覚で権威を示したりするもの――とはいわば起源の異なる別物である。ただ結果的にハンコ文化という点で合流したに過ぎない。

江戸時代には実印の印影自体も後日の証拠となるが、捺印行為自体の重視も変わらなかったらしい。そのせいか不鮮明な捺印例も多く、印文の可読性にはあまり関心が払われていない。実印に記名と同じ文字を彫る発想自体が、まず生まれようのない時代であった。

†家の印と女の印

江戸時代の実印は、現代社会の実印ではない。それは社会集団を構成する当主の印、いわば「家」の実印であり、当主以外の家族らに個人としての実印は通例ない。

村では宗門人別帳や五人組帳という、村の当主全員が捺印する公的な帳簿があり、そこに捺《お》された印が実印として扱われた。一般的な村の制規では、百姓一般の実印変更は村役人に届け出ること、村役人の実印変更は役所に届け出ることが定められていることも多い。百姓・町人の家では、後継者が実印を代々継承する襲印慣行も広く行われていた。

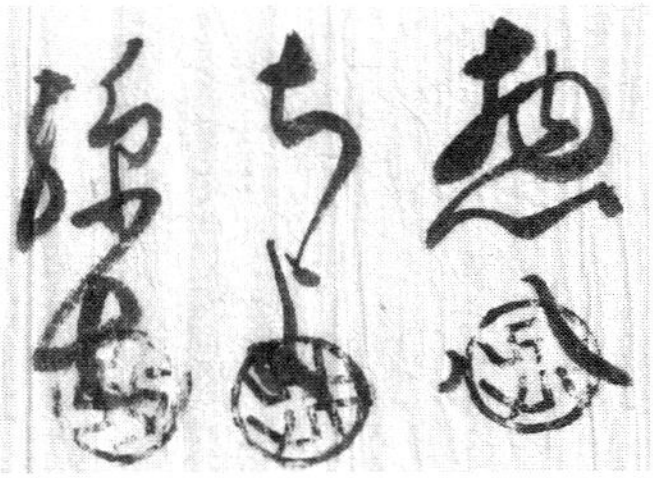

写真2-4　一家同印の例

出典：文化13年（1816）2月「一札之事」（陸奥国郡山村小野屋阿部甚兵衛家文書、個人蔵）。差出の記名捺印部分。
営業停止に処された郡山宿の惣八が反省の意を表明し、処分の解除を役所にとりなしてくれるよう、親類と町に依頼した証文。ちよ・孫七は惣八の家族（おそらく妻子）であろう。ちなみに印文は「政」である。

当主の妻・悴《せがれ》・娘・兄弟姉妹・母・隠居などの家族は、その家を出ない限り、家を介して社会集団に属する身分であるから、単独で文書に捺印する機会も権利も原則存在せず、当主と連名で捺印する場合には、当主と同じ実印を捺すことも一般的であった（写真2-4）。

ただし江戸時代後期には、妻や悴などが当主とは別の印を捺している例もある。その場合は実印よりも小ぶりな方形の印、前掲図表2-5の［e］の形状がよく使用される。これは家族個人の印であるらしく、大きさで家の実印と区別しているとも考えられる。

女性の記名捺印は、村では父・夫・息子など当主の死後、女性が家の当主になっている場合や、町では商家の女当主や、女性名義で町家を所有している場合などにみられる。その印は男と変わらぬ実印、あるいは小ぶりな方形・円形の印［e］を捺している例がある。前者は前当主（男）の実印を継承して使用したもの、後者は家族としての印を引き続き実印にも使用したものと思われる。

図表2-5［e］のみつ・まさは、天保一〇年（一八三九）武蔵安戸村の宗門人別帳に捺印した女の当主である。みつは一六歳で一二歳の弟国吉《くにきち》との二人世帯、まさは五五歳の単身者であった（「後家」などの肩書はなく前当主との続柄は不明）。みつ・まさの印は後者の事例とみてよい。小ぶりの印を実印にするのは女性や幼年男性の当主に多い。これは家の実印を敢えて使用していないか、あるいは使用できない（一人前と認められていない）ためと考えられる。［c］に挙げた「そめ」は安戸村の「惣右衛門後家」で、男の実印らしきものを捺した例である。おそらく亡夫の実印であろう。なお越後木落村の宗門人別帳をみると、後家の当主はほぼ例外なく前当主（ここでは亡夫）の実印を用いている。女性当主の地位や実印の継承のあり方は地域差が大きく、右はあくまで代表的な事例である。

また女性には爪先に印肉を付けて紙に捺す「爪印《つめいん》」が慣習的に認められた。女の爪印は当主・家族いずれの身分でも使

①「らく」の爪印
②「のわ」の爪印

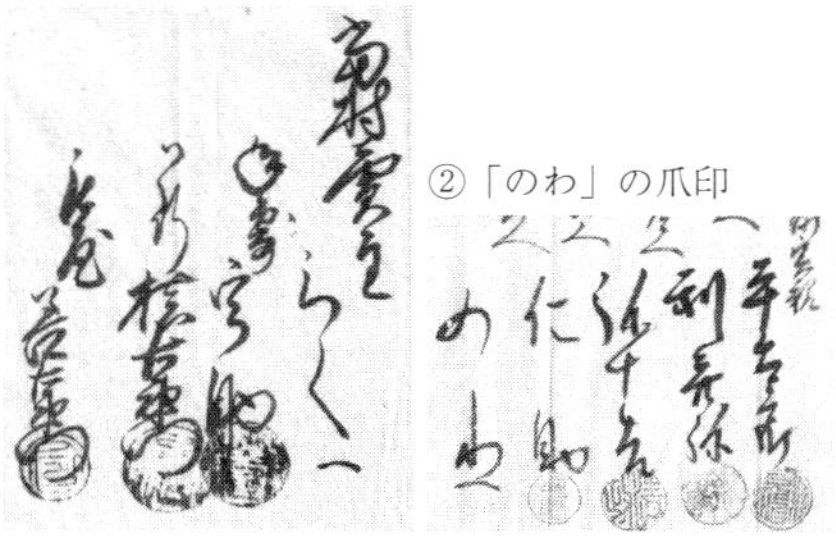

写真 2-5　女性の爪印

出典：①文政 13 年（1830）11 月「永代ニ売渡申田地之事」（伯耆国河本郡本泉村山崎家文書、個人蔵）、②文政 13 年 5 月「年季奉公人証文之事」（陸奥国郡山村小野屋阿部甚兵衛家文書）の記名捺印部分。
①は伯耆国河本郡本泉村のらくが所有する田地を売った時の証文。
②は越後蒲原郡燕町の平太郎が、娘のわ（15 歳）を陸奥郡山宿の旅籠屋に飯盛下女奉公（宿場の売春婦）に出した時の証文。

①「みよ」の記名捺印

②「美代」の記名捺印

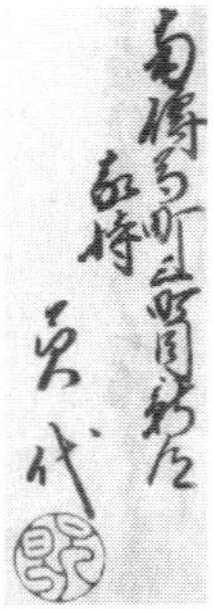

写真2-6　みよ（美代）の記名捺印

出典：嘉永元〜慶応3年「家屋鋪證文帳」（国立国会図書館所蔵）。なお本文記名とも筆跡はすべて同じである。

用例がある（写真2-5）。女の爪印は土地や家屋敷の売買証文でも使用されており、実印としての効力を持っていた。

江戸時代の記名捺印文化は、近代以降とは大きく異なる。個人の名を刻んだ実印は明治以降に出現するのだが、その変化の事情は第七章で説くことになる。

†印からもわかる多表記通行

記名捺印からも、当時の人々が名前の文字表記にこだわっていないことがよくわかる。

嘉永六年（一八五三）九月、江戸南伝馬町三丁目新道の家持《いえもち》町人「みよ」は、南紺屋町に所有する家屋敷を「丸屋　おなか殿」に売り渡した。証文本文は平仮名の「みよ」であるが、代金受領後、証文末尾に記入された奥書《おくがき》では漢字の「美代」という記名に同印が捺されている（写真2-6）。文字表記が違っていても全く気にしていないことがわかる。

これは男の記名捺印でも同様である。例えば寛政六年（一七九四）の二月と三月、信州筑摩郡北山村の百姓たちが連印した二つの文書がある。筆跡の異なるこの二点を見比べると、龍《りゅう》右衛門と柳《りゅう》右衛門、四郎《しろ》右衛門と白《しろ》右衛門、新治郎と新二郎、与三《よそ》兵衛と与惣《よそ》兵衛など、同じ百姓が違う表記で記名されているが、どちらもちゃんと同じ印が捺されている（写真2-7）。これをなんとも思わないのが当時の感覚なのである。

人にはどう書かれても、本人は一つの表記に決めている——ということもない。文政〜天保期北山村の組頭は自分の名を「冨之丞《とみのじょう》」「富野丈《とみのじょう》」「富之丈《とみのじょう》」などと書いている。同時代を生きた越後木落村の庄屋は自筆で自分の名を「弥之右衛門」とも「弥野右衛門」とも書いている。もちろん時間的経過による変更ではなく、同時期にどちらも使っている。

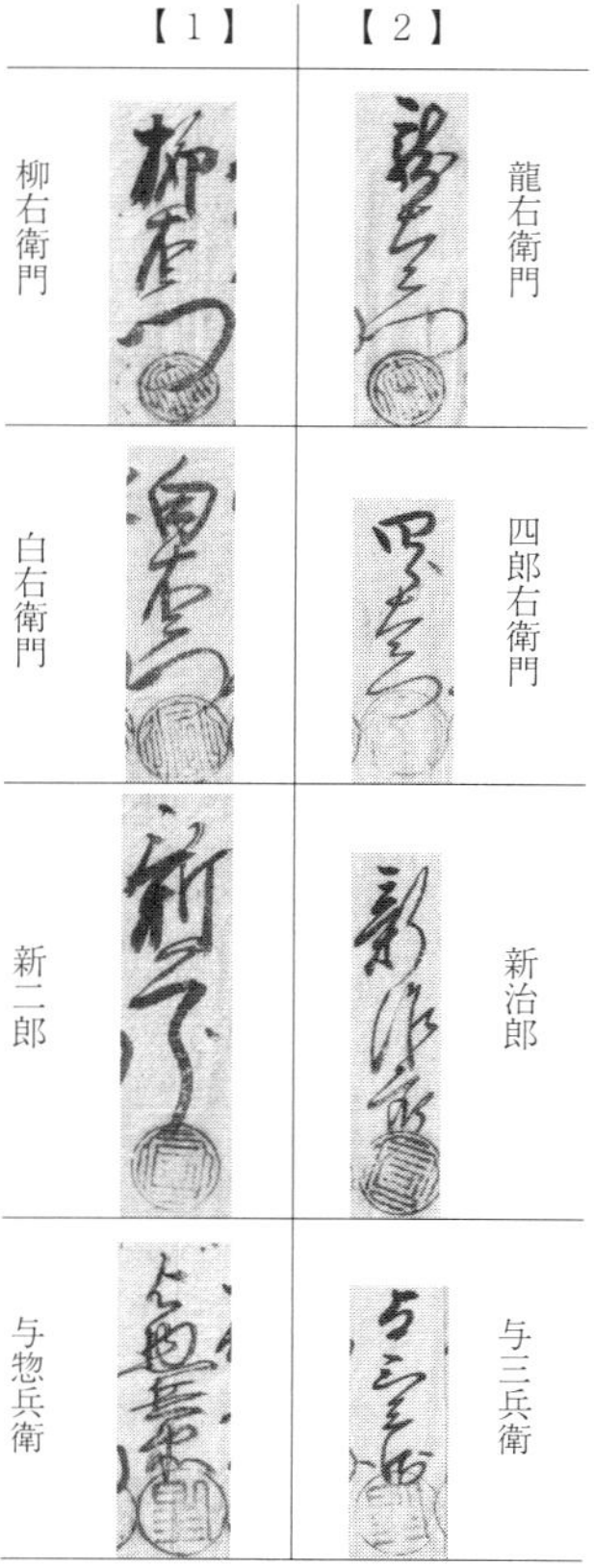

写真 2-7　異字同人の記名捺印

出典：【１】寛政６年（1794）２月12日「相定申一札之事」（信濃国筑摩郡北山村新田文書）、【２】：同年３月15日「一札之事」（同上）。【１】は78名、【２】は37名連印で、【２】のうち35名が【１】にも確認できる。

こんな例は枚挙に遑《いとま》がない。文字は音声を伝えるためのものであるから、慣習的な許容範囲内で複数の表記が通用した。文章一般も人名・地名などの固有名詞も、文字表記は統一されていない。現代人には不統一な揺らぎにみえるが、当時はこれが普通なのである。

村や家を前提とした江戸時代の社会、そこでの識字と文字の常識、それが織りなす人名の光景は、現代人には理解しにくい。さながら迷宮を彷徨《さまよ》い歩いたように感じたかもしれない。

だが江戸時代の人名文化は、まだまだこんなものではない。次章では女の「改名」と「通《とお》り名」の世界に足を踏み入れよう。「まさ」改めて「むめ」となり、「さよ」改めて「園川《そのかわ》」となる——そんな女の改名には、一体どんな理由があったのだろうか。

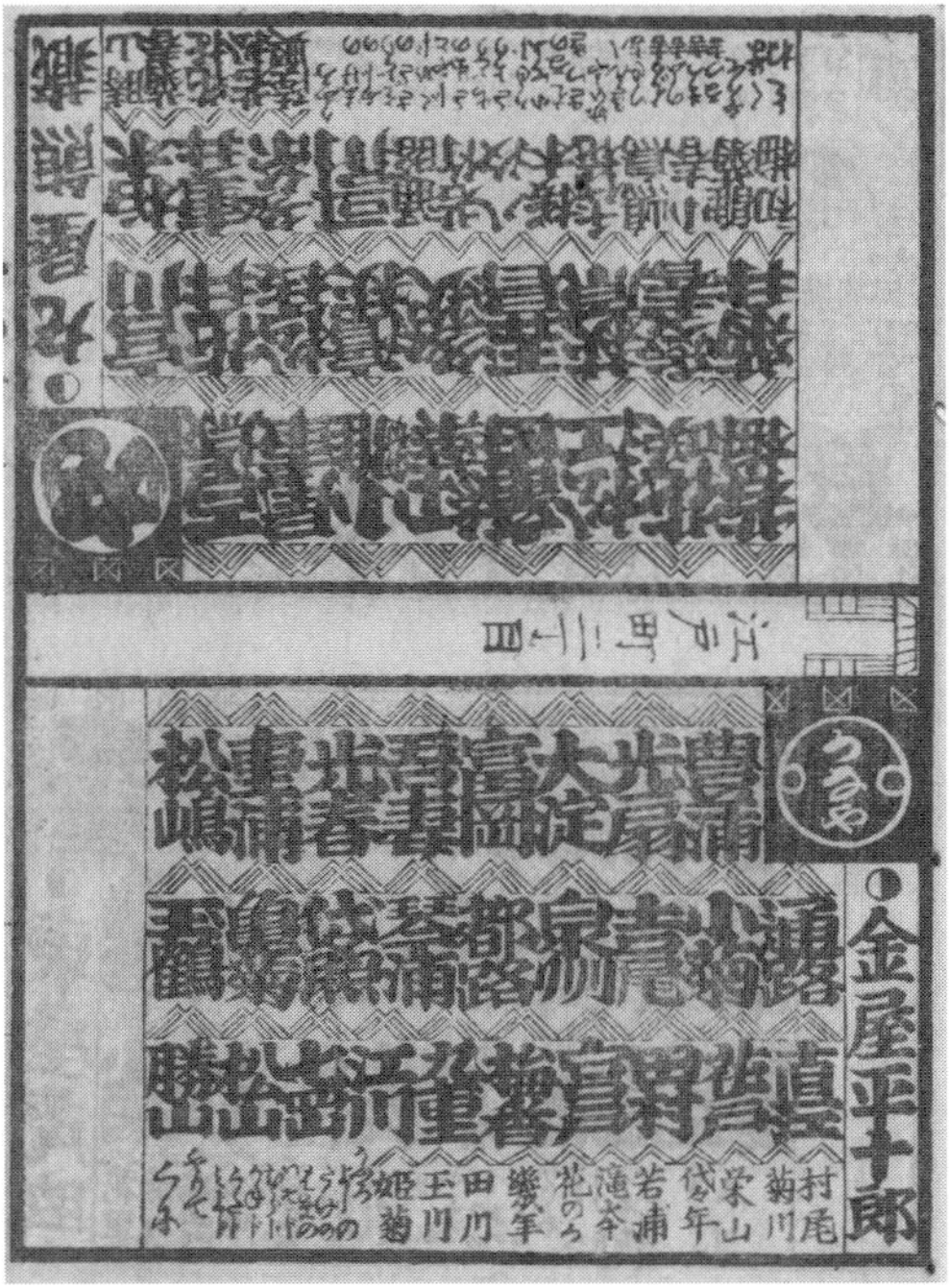

第三章

名付け・改名・通り名

安政6年刊『吉原細見』（国立国会図書館所蔵）。遊女屋ごとに、部屋持とよばれる一人前以上の遊女、および禿・芸者・遣り手の名前が記載されている。

1 名付けと改名

†最初の名付け

人の名前は誕生時の「名付け」に始まる。江戸時代後期には男女とも誕生七日目、いわゆる「七夜《しちや》」に名付ける慣習が広く定着していた（写真3-1）。だが全国的に一様でなかった事実は、明治一三年（一八八〇）に司法省が江戸時代の慣習を各地方で聞き取り調査した『全国民事慣例類集』からも窺える。同書によると名付けは七夜が多いものの、生後三日目や五、六、八、一一、一五、二一、三三、五〇日目など、地域ごとに異なる慣習も見受けられ、なかには男子は五日目で女子は七日目などと、男女で日が異なる地域もあった。

子供の名前は誰が決めるか。父母が決める、父か祖父が決める、祖父母が決める、などと明言している地域もあるが、父母や祖父母が協議する、古老や親類・朋友に委託する、氏神《うじがみ》で鬮《くじ》を引いて決める、名付けは産婆の仕事になっているなど、所により様々な慣習があった。

生後三〇日目頃には氏神への最初の参詣、いわゆる「宮参り」を行うのが通例だが、これも五〇日目や一〇〇日目などに行う地域もある。宮参りは男子が三二日目なら女子は三三日目などと男女別が通例であり、宮参りで初めて名付けを行う地域もあった。
江戸時代後期、農村人口の維持を目的としたいわゆる赤子《あかご》養育《よういく》仕法《ほう》の一環として、出産や新生児の管理制度を敷く領主もいたが、ほとんどの地域では子の誕生を役所にすぐ届け出る必要はなかった。宗門人別帳への記載も二、三歳くらいからが多く、五〜八歳くらいまで記載しない地域もある。江戸時代の人々は、官への届出や戸籍的な帳面への登載ではなく、所属する社会集団への披露目《ひろめ》により、その存在が社会的に認められたのである。

（内容・部分）　（表紙）

写真 3-1　百姓軍蔵悴軍治郎娘おへんの七夜祝い

出典：文化８年（1811）「軍治郎娘おへん七夜ゆわい御祝義請候所覚付」（信濃国佐久郡牛鹿村川瀬軍蔵家文書、個人蔵）。信濃牛鹿村百姓軍蔵による、悴軍治郎の娘おへんの「七夜ゆわい」（祝い）の祝儀帳。

さらにこの時代の人名は、誕生時の名付けで終わらない。金蔵《きんぞう》が後《のち》に庄左衛門になったり、おきくがおみねになったりする。改名を妨げる法はなく、名付けは生涯何度もあり得る。そのため最初の名前が一生かけがえのない大切なものとはならず、そう捉える文化もない。いわば江戸時代の人名は、すべてかけがえのあるものなのである。

†女は改名しない？

もっとも江戸時代の改名は、無暗矢鱈《むやみやたら》と自分本位で行うのではなく、主に社会的な慣習や必要性からなされていた。とりわけ男の場合、元服《げんぷく》で幼名を改める通過儀礼や、当主の身分を継承して名前も継ぐ、いわゆる名跡《みょうせき》の襲名慣行があり、身分の変化に応じて改名を経験するのが普通であった。江戸時代の名前は身分を示す役割を帯びている。改名は身分秩序を基礎とする近世社会ゆえに必要とされた慣習だったのである（『氏名の誕生』参照）。

当時の女性一般は、多くが娘・妻・母など、生涯何らかの家族の身分である。そのため男のような改名の必要がなく、誕生時の名前で一生通すことも普通であった。宗門人別帳を観察しても、女性の改名事例がほぼ確認できないという村も多い。

例えば越前国南条郡瀬戸村における文政四年（一八二一）から慶応四年（一八六八）の宗門人別帳をみても、改名情報が記入された女性は稀である（以下越前の事例は『越前国宗門人別御改帳』）。同村伝左衛門悴仁三《せがれにぞう》の娘ちのは、天保一〇年（一八三九）に三歳で初めて宗門人別帳に記載され、安政三年（一八五六）に二〇歳で他村に嫁ぐが、この間一度も改名していない。また伝左衛門の娘しま（仁三の姉）は文政四年に二二歳、慶応四年には七〇歳だが一貫して「しま」である（誤記は除く。以上の年齢は史料ママ）。

この間、おしまは文政五年に同村久太夫《きゅうだゆう》の悴権蔵《ごんぞう》（のち久太夫を襲名）の妻となり、その後多くの子供にも恵まれた。嘉永四年（一八五一）には夫に先立たれたが、悴市太郎が跡を継いで久太夫を襲名し、その後は久太夫の母として息子夫婦や孫たちと暮している。

おしまの住む瀬戸村の場合、成人、婚姻、出産、夫の死、代替わり……これらを機に女が改名する慣習がなかったことは明らかであろう。

†幼年期の改名

だが女にも改名はある。まず幼年期に限ってみると、①地域の通過儀礼による改名と、②願掛けや健康状態など個別の事情による改名という二種がある。

幕末期の越前国丹生《にう》郡大樟浦《おこのぎうら》は、出生後すぐ宗門人別帳に記載される村である。しかし男は「坊」、女は「あま」という名で記され、四、五歳になって「坊、由太郎と改名」「あま、ひなと改名」などと記載されるのが恒例となっている。このように幼児期を仮の名で過ごし、成長すると改めて正式な名付けを行う「仮名《かりな》」の習俗を持つ地域もある。

『全国民事慣例類集』によると、石見国那賀郡《いわみのくになか》では男が一五歳、女が一三歳の時に名付親《なづけおや》を選び、男は「必ス改名」、女も「多ク此時《このとき》改名ス」という慣習があった。しかし加賀国河北《かほく》郡では、男のみ元服時に改名して「女子ハ出生ノトキ命セシ名ヲ終身用フル例」であった。名付け・改名の習俗には地域差が大きいが、①通過儀礼的な改名は、主に男にはあって女にはまずない――という概要理解でよいと思う。

天保一二年〜慶応二年の越後木落村の人別帳をみても、改名なく成年以上に達した女性がほぼすべてを占めている。ただし同村には十代前後での改名事例がごく数例存在しており、理由は不明ながら、②個別の事情による改名の存在が知れる。なおその改名は、つるがつよ、ちよがちゑ、よしがきし、いわとがとわ、などといずれも元の名の音声（主に一字）が残っている点が共通する。理由は不詳ながら、これも指摘だけはしておきたい。

願掛けの名付け

②個別の事情による幼年期の名付けや改名では、「あぐり」という名がわかりやすい。この名は江戸時代後期から明治期において、女の子ばかり生まれて男の子が生まれない時、次が男子であるように祈ったり、あるいは夭折《ようせつ》の多い家でその子が無事成育するよう祈ったりする願《がん》掛《か》けで名付けられた。庶民はもちろん、江戸時代後期の公家冷泉中納言《れいぜいちゆうなごん》（為理《ためただ》）の娘にも安久《あぐ》利《り》姫、大名佐竹右京大夫《うきようのだいぶ》（義峰）の娘にも阿久里《あぐり》姫がいる。

こうした願掛けの名はその後改名することもある。冷泉家では二年後に男子が誕生すると安久利姫を米姫と改名させ、佐竹家では次も女子が生まれたが、この時に阿久里姫を直姫と改名させている。むろん成長後も改名しないあぐりも確認される（写真3-2）。

越後木落村の百姓茂助の娘には「しやうぶ」という名がある（「せうぶ」とも表記）。他地域でも時折確認されるため、どうやら慣習的な願掛けの名——魔除けの効果が信じられた「菖蒲《しょうぶ》」を名として、病弱な子の生育を祈ったものと推測される（いわゆる避邪《ひじゃ》の名。第四章参照）。この茂助の娘も一二歳から二三歳の期間に「しやう」と改名している。

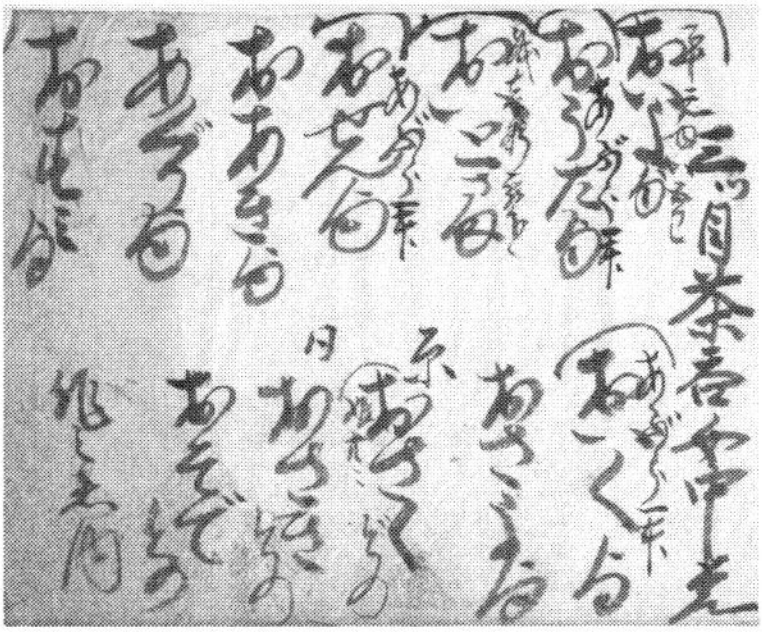

写真3-2　おの字名と「あぐりさま」

出典：文化5年（1808）1月22日「御祝儀請候覚祝言之節（祝儀帳）」（前掲川瀬軍蔵家文書）。婚礼後の祝宴に呼ばれたとみられる村の女性名。「おあきさま」「おそでとの」などとともに「あぐりさま」（上段左から二番目）がみえる。この「さま」は女筆の「」である。

越前瀬戸村では慶応二年、久右衛門の孫娘「久太郎」を四歳の時に「こま」と改名した例がある。これは女の子に男の名、男の子に女の名を付けると丈夫に育つという当時の俗信によるとみられる。また寛政九年（一七九七）の山城国石見上里村では、病気がちな男児「彦五郎」の長命を祈念し「亀五郎」に改名した事例がある。幼年期の改名は男女を問わず、当時全国的によくみられた。なお「彦五郎」は彼の先祖の名でやはり成長の思いからの名付けだったが、日々病気が重くなったため改名した例である（尾脇二〇一四）。

†生きるために

江戸時代は夭折が多く、成長は当たり前の前提ではなかった。そのため名付けは子の成長を祈るのが第一であり、それが言葉の意味を意識した名付けよりも、その家や村で過去・現在に成育・長命の実績がある名から選ぶ・あやかるという傾向を生んでいたと考えられる。乳児死亡率が低くなった現代（第八章参照）とは、子供をみる目がそもそも違うのである。

女児の場合、祖母の名を付ける習俗を持つ地域もあったという（『家郷の訓』）。前章で触れた信濃部奈《べな》村山分峠分《やまぶんとうげぶん》でも祖母と孫が同じ「ゆき」という名で同居している例がみえる（男の場合、同居家族内に同名が同時に存在することはまずない）。前掲写真3-1に挙げた信濃牛鹿《うしろく》村百姓軍蔵の孫おへんも、亡き曾祖母《そうそぼ》おへんと同名であり、父軍次郎にとっては祖母、当時の当主軍蔵にとっては母の名である「おへん」にあやかって名付けたものとみられる。

なお軍蔵の母おへんが亡くなった寛政一一年（一七九九）は未年《ひつじ》で、孫おへんが生まれた文化八年（一八一一）はその次の未年である。この縁を背景に、長命だった曾祖母のように無事に成長せよ――という名付けと推してよかろう。「おへん」という名がかわいいとか響きがいいとか、そんな名付けはこの時代にあり得ない。成長するかどうかも未確定で、おまけに誕生時の名を一生名乗るとも決まっていない。現代とは前提が全く違うのである。

　信濃部奈村山分峠分には「けさや」（二一歳）という異例の女性名がある。この村では瀧弥や市弥など〜弥という男性名が極めて多い傾向があり、「けさや」は男性名を女児に付けた例とみてよい。しかし姉がけさの（二三歳）、兄が萬弥《まんや》（一八歳）であるところからすれば、兄と姉の名にあやかった名ともみなしうる（なお父は新六。実母の名は不明）。

　三音節型女性名の地域では、母子や姉妹で二音節部分や語尾を共有する例もある。部奈村山分峠分の膳助・くま夫婦には、せきの・せきよという姉妹がおり、市郎右衛門・たみよ夫婦の娘は、かねよ・ふしよ・すゑよという三姉妹である。なお角田氏も指摘するように、姉がゆき、妹が小ゆきなど、妹の名が姉に「小」を付けたものである例は各地に多い。

　なお男児の名も、藤七の子が藤太郎とか、長右衛門の子が五八、留八、又八であるとか名の一部が共通している例がある。ただし親子や兄弟姉妹の名前に、毎度こういう共通性がみられるわけではない。字も音も無関係な名付けも普通であり、各家の慣習や個人の志向にもよるらしい。もっともおの字名の場合、親子や姉妹らと一音節も共通しないのが普通である（「あや」の娘に必ず「あ」や「や」が付くようなことはない）。

　江戸時代は子沢山過ぎると「家」の破綻につながることから、これ以上子が生まれて欲しくない場合、女ならすえ、とめ、よし、男なら末松や留八などと名付けた。いわゆる「止《と》め名」

と呼ばれる習俗であり、子を育てる前提として家の存続を祈った名といえる。また当時は堕胎《だたい》のほか、産後すぐに嬰児《えいじ》を殺す間引《まび》きも慣習的に行われており、生まれた子を必ず育てるわけではなかった。誕生時の名付けは育てると決めた子に対してのみ、その成長を願って行われたのである。

†婚姻時の改名

幼年期以外における女性の改名は、婚姻、奉公などで生家を離れて他家に所属した時、すなわち身分に変更が生じた場合にも確認される。また身分はそのままだが、剃髪《ていはつ》して法名《ほうみょう》に改名することもあった。

それらの事例について、ここからは男女の改名事例が豊富な大坂菊屋町《きくやまち》をみていきたい。同町には長期間にわたり宗門人別帳が現存しているが、本書は江戸時代後期の状況把握が目的であるため、文政九年から慶応二年までの四〇年間に限定してみていこう（『大坂菊屋町宗旨人別帳』）。

菊屋町は大坂心斎橋筋に位置する繁華な町で、この頃の家持町人（家主）は一八軒だが、借家人が多いため世帯数は一三〇程度、人口五〜六〇〇人程度で推移していた。都市部ゆえに、個人や世帯の転入出が農村部とは比較にならないほど激しい世界である。

まず婚姻時の改名をみよう。右の期間中、婚姻により町に転入した女性の総数は一一二人である（町内同士での婚姻二件も含む）、このうち「女房なか名改《なあらため》さく」「嫁こと名改うた」などと記載されているもの——つまり婚姻と同時に改名した事例が二四人確認される。数の上から必須の通過儀礼とはみなせないが、婚姻を機に改名する者が一定数いたのは確かである。婚家に現在同名の人がいる、または過去にいたという理由で改名する場合もあると思われるが、右の事例では同居する夫の母や姉妹に同名の者がいた例はないようである。ちなみに先ほどみた越前瀬戸村の「しま」は、嫁ぎ先に同い年で同名の「しま」（夫権蔵の妹）が暮らしていたが、こちらは義妹となった「しま」の方が翌年「しお」になっている。

なお菊屋町では、離縁《りえん》による転出も一七件あるが、その際改名した事例は一件だけである。これは婚姻時に「たけ」から「みな」に改名した女性が僅か一年で離縁となり、「たけ」に改名して実家に戻った例である。記録上は改名だが、その実は旧名に復した例外といえよう。

†名前の相性占い

婚姻時の改名には、男女名前の相性占いが作用している可能性もある。

人間には木《もく》・火《か》・土《ど》・金《ごん》・水《すい》と呼ばれる五性《ごしょう》があり、それが夫婦の相性や人生の吉凶に関わる——という俗信が江戸時代には広く行われていた。男が土性で女が金性なら大吉とか、男が

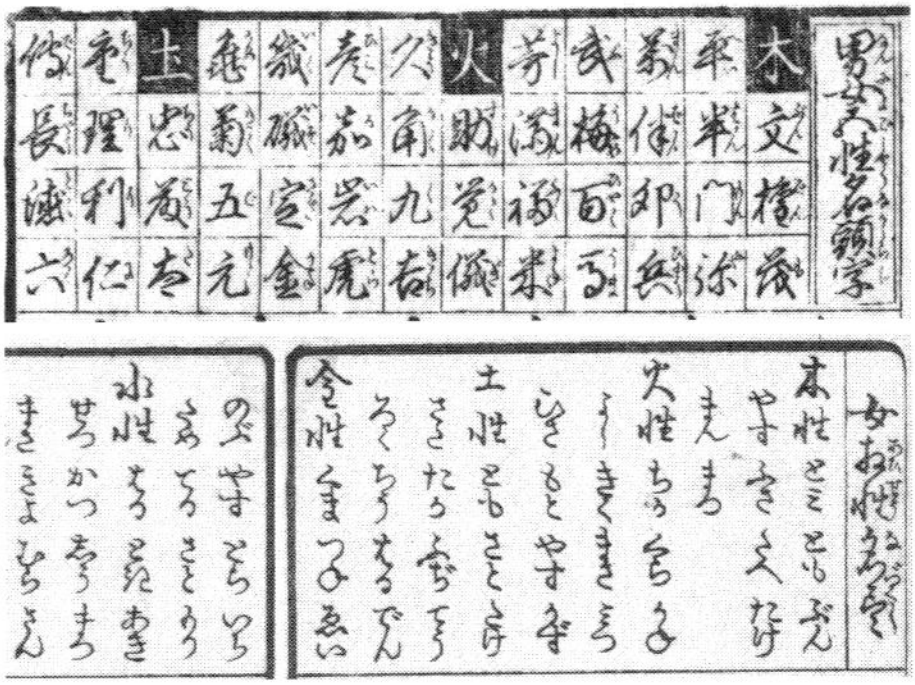

写真 3-3　五性名頭字の掲載例
出典（上）：文政 11 年（1828）刊『初学古状揃万宝蔵』（部分）
出典（下）：文政 11 年刊『万代百人一首都文箱』（部分）
註：各字をどの五性に宛てるかは諸書で異同がある。

火性で女が水性なら凶だとかいい、名前にも五性があると説かれたのである。

　この占いでは男の場合、「名頭《ながしら》」と呼ばれた名前の一番上の文字――例えば文蔵、伝三郎、三郎《さぶろ》右衛門なら「文」「伝」「三」など――を用いた。占い師らは『韻鏡《いんきょう》』という古い中国語の音韻研究書――元来占いとは全く関係がない本を使って、「文」の字は木性、「伝」は土性、「三」は水性だなどと導き出したのである。なお名頭の下に付く「兵衛」や「右衛門」などの文字や、個人名と苗字・屋号などを組み合わせた形は、当時の名前占いでは一切用いない。

　女性名は男の名頭に相当させて、おぶんは文だから木性、おくらは倉で火性、おくまは熊で金性、などということにしていた。こうした名前の五性を知る簡単な一覧表は、寺子屋で使われた「往来物《おうらいもの》」と呼ばれる教科書的出版物などにもよく掲載されており（写真3-3）、読み書きに触れた人々には相当普及していたようである。

この俗信を踏まえると、覚兵衛（火性）のもとにおとき（水性）が嫁いだ場合、火と水で相性は最悪である。そこで俗信を気にする人は、おときを火性と相性の良い木性の名、例えばおとみなどに改名する、という処理を行なったと考えられる。

男は代々善兵衛を襲名するとか、吉兵衛の悴で吉蔵とか、当主名や名頭を継承する慣習がある。かつ当主名は単なる一己の名ではなく、それ自体に種々の権益をも伴っているため、夫婦の相性を理由とした改名は、必然的に女の改名で処理するのが現実的であったろう。

なお菊屋町では女房と下女の同時改名など、理由のわからぬ改名も数多ある。すべてが占いによるわけではなかろうが、五性という当時の験担《げんかつ》ぎは知っておく必要がある。

菊屋町での改名前後の名前をみると、(1)一字だけ変えたもの（まさ→まき）、(2)上下逆転させたもの（すま→ます）、(3)全く違う名前にしたもの（りう→かね）の三種類がある。木落村でもみられた(1)・(2)が案外多いのが気になるが、今のところ理由はわからない。女性の改名習俗にはまだまだ不明な点が多く、今後の実証的な研究が俟《ま》たれる。

†法名への改名

菊屋町では「母てい名改妙教」「母みき名改妙心」などと記され、晩年に法名に改名する例がみられる。これは夫と死別した女性が剃髪して在家《ざいけ》の削尼《そぎあま》（髪を短くして結《ゆ》わない髪型の尼）となり、故人を弔《とむら》い再婚の意志なきことを示した中世の慣習に原型がある。ただし江戸時代後期の庶民の場合、夫の死後すぐ剃髪・改名するのではなく、およそ高齢女性が家業への関与から隠退する意思表示として行われる例が多い。これは百姓にもあるが町人に多い傾向がある。

実際菊屋町での法名への改名は、現当主の「母」が夫の死からは相当な年月を経て、なおかつ亡夫の後継者（主に息子）が当主となっている状況で行われている。生涯法名に改名しない事例もごく普通であるから、法名への改名は本人の意向とみてよい。もっとも法名は死後の名ともなることから、選定には檀那寺の僧の関与も考えられよう。女性の法名は「妙」の字を含むのが一般的で、菊屋町ではほぼ必ず「妙」字が含まれる。

ただしこの場合、「てい」という俗名を保持しつつ「妙教」という法名を持つのではない。あくまで「てい」からの改名であり、以後宗門人別帳にも「妙教」とだけ記載される。「妙教」が公的な名前で、記名捺印する場合も「妙教」、日常も「妙教さん」などと呼ばれた。

実際に法名の女性が転籍する場合も、送り状には「雑賀町福嶋屋新右衛門妹妙信と申者《もうすもの》」などと書かれ（文久三年・黒江村浄国寺宛寺送り状の実例）、裁判の判決でも「和泉屋久左衛門祖母妙玄」（『御仕置例類集』）などと明記されている。存命中法名に改名した場合、それが俗名と同じく日常的名前として扱われたことに注意したい。

なお公家や大名の妻妾《さいしょう》は庶民とは異なり、夫が亡くなると原則必ず剃髪して、院号（漢字二字＋院）へと改名した。例えば中院右大臣《なかのいんうだいじん》（通躬《みちみ》）の娘で新発田城主溝口伯耆守《ほうきのかみ》（重元《しげもと》）の継《けい》室《しつ》・誠姫《まさ》の場合、夫の死後瑞松院《ずいしょういん》と称した。この場合も「誠姫」改め「瑞松院」と呼ばれたのであり、〝瑞松院誠姫〟などと、僧俗を混ぜた奇妙な表現は存命の人間には用いない。

†奉公と通り名

生家を離れ他家に奉公に出ると、「百姓何兵衛娘」から「何々屋誰右衛門下女《げじょ》」（武家・商家・農家などの使用人）などへと身分が変化する。その際に改名する事例が多くみられる。それは奉公先に同名の人がいた、奉公する主人の先祖に同名の人がいた、などの差し合いによる改名もあるが、断然多いのは「通り名《とおな》」への改名であった。

例えば誰を雇っても、代々下女には「りん」という名で奉公させる商家がある。この場合、現在の下女りんが辞めて新たに「ゆき」を採用する場合、「ゆき」を「りん」に改名させて雇用したのである。前任者が名を譲るのではなく、主人が「ゆき」に「りん」という名を与える。この「りん」のような名前を当時「通り名」といったのである。

通り名という言葉には様々な意味があるが、ここでは「ある職や地位に就いた人が用いる名前。名跡《みょうせき》として襲名《しゅうめい》されたり使い回されたりするもの」と定義しておこう。ただしそれは現代語の通り名、つまり本名とは別に設定される通名《つうめい》、あだ名、接客名の類《たぐい》ではない。

江戸時代の通り名は店内限定ではなく、公的な名が「ゆき」から「りん」へと改名され、宗門人別帳にも「りん」とだけ登載される。通り名である「りん」という名は、宗門人別帳に通り名だと書かれるわけでもなく、それ以外の女性名——女房の「あい」、母の「とら」など、他の一般女性名と公的な扱いは全く同じ、いわば〝本名〟である。

江戸時代後期、商家など奉公人の出入《ではい》りの多い集団では、通り名を用いる慣習が広くみられる。人が変わっても前任者と同じ名前で呼べば便利——という主人側の都合から生じたとの説があり、それは確かに一つの発生理由ではあったろう。

†まつ改しげ

しかし江戸時代後期の通り名は、単純に前任者の名前を踏襲していない。いわば主人側が〝我が家の下女につける通り名〟をいくつも持っていて、それを適宜与えたのである。

菊屋町小倉屋平右衛門の例を見よう。文政九年時点で下女は五人いたが、慶応二年までの四〇年間で二〇人を雇入れて二一人が退職しており、その名前は図表3-1のように変遷している。この家では、さつ、ぬい、しげ、まつ、しゅん、よし、たけ、という同名の下女が同時の重複なく複数回出現しており、これらが通り名だったことがわかる。

下女が退職すると欠員が補充されるが、わかりやすいのは、まつが辞めたり改名したりした

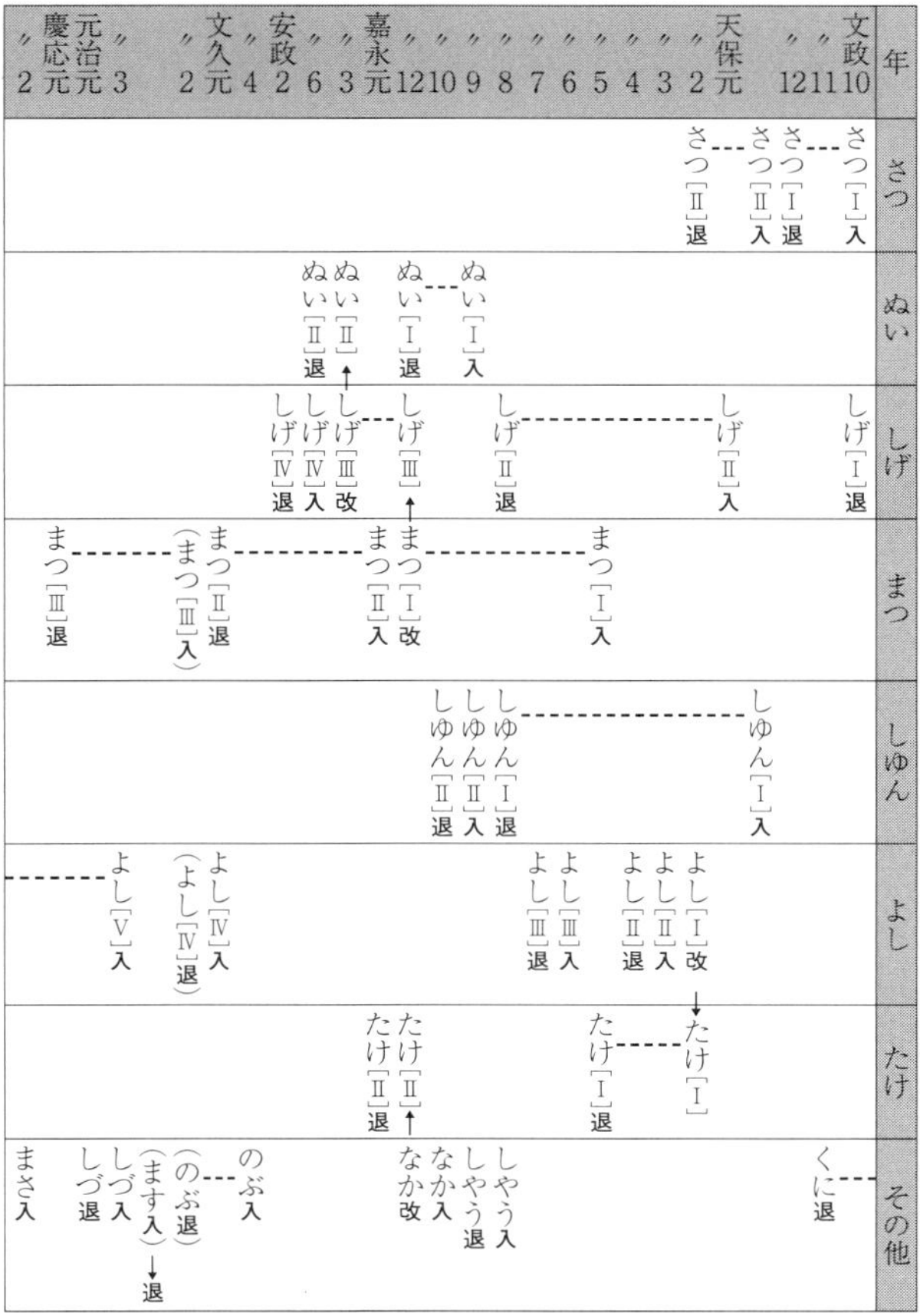

図表 3-1　菊屋町小倉屋平右衛門の下女名前変遷（文政 10〜慶応 2）

出典：『大坂菊屋町宗旨人別帳　第六巻・第七巻』（吉川弘文館、1976〜1977 年）。下女の雇入れや退職のない年は省略した。［I］〜［V］は文政 10 年以降における通り名の代数。ゴチック体「**入**」は雇入れ、「**退**」は退職（暇）、「**改**」は改名を示す。文久 2 年のみ状況を知る史料が欠けているため、同年は前後年からの推定情報を括弧つきで記した。なお、「さつ」は二人とも乳母である。

後、すぐに新たなまつが雇われる事例である。むろんまつという女性を探しまわるのではなく、誰かをまつという名で下女に雇うのである。これだと常に下女まつが存在する状態になる。だがよしが辞めてしやうが雇われたりと、後任者が前任者と異なる名前で奉公した例も多い。またしげが辞めて次のしげが出現するまで、何年もその名が空席の時期もあり、同じ通り名が間断なく存在し続けているわけでもない。

奉公期間中のさらなる改名もある。天保五年に雇われたまつは、天保一二年にしげ、嘉永三年にぬいと改名している。しげとぬいは、いずれも過去に小倉屋平右衛門家に存在した下女の名であり、通り名から通り名への改名である。これらの改名で通り名に空《あ》きが出ると、新たに下女が雇用されて、新たなまつ・しげ・よしとして働いている。

以上をみると、主人が下女に与える複数の通り名を使い回し、適宜改名させていることがわかるが、具体的な意味や法則性は必ずしもよくわからない。

菊屋町での下人《げにん》（男の使用人）は、どの商家でも最初は鶴吉など「〜吉《きち》」という名で雇われ、ある程度勤続すると仙助など「〜助《すけ》」へと改名している。役替えや出世で通り名が変わる、およそ町内各家共通のパターンがある（同様の慣習は都市部の商家では広く見受けられる）。下女の通り名にも、何らかの職掌や格・待遇の違いがあり、改名はその変化を示している可能性が高い。後述する奥女中の通り名を考慮すれば、この推測は概ね妥当と考えられる。

なお同町池田屋源助では、いよ・まさ・やすが下女の通り名として確認される。家ごとに下女の通り名は様々だが、「まさ」は菊屋町における代表的な下女の通り名であった。例えば文政一〇年菊屋町にいた女性三一一人のうち、一四人がまさで、うち一〇人が下女であった。こういう町内定番の下女名は各地でみられる。第一章でみた元治元年の京都冷泉町では、まつ・とき・きくが各四名、計八名いるが、このうち七名が下女なのである。

定番の下女の名として、江戸ではおさん、上方ではおりん、おきよ、名古屋城下ならおさき・おつや、などと地域ごとの傾向が知られているが（鈴木一九八五）、町や各店ごとにみれば、さらに違いがあったことが窺える。

†名前はその人だけのもの？

身分が変われば名も変わる。それがこの時代の常識である。特に生家を離れて異なる集団に属し、新たな身分で社会と接する「奉公」では、男女とも通り名による改名を経験した。こうした文化の世界では〝名前はその人だけのもの〟という考えにはならない。現代人の感覚で次のような菊屋町の光景をみると、頭を抱《かか》えてしまうだろう。

文政一三年、森川屋庄助の下人弥七と下女まさが夫婦になった。弥七は平井屋弥兵衛、下女まさは弥兵衛女房むめ、と改名して他町へ引っ越していった。森川屋庄助はその四カ月後、新たに下人と下女を雇ったが、その名は市蔵とまさであった。下人は前任者の名と異なるが、下女には定番のまさという通り名を与えたのである。

天保四年、備後屋安治郎の下女けんは、安治郎の女房となってゑんと改名した。下女が主人と夫婦になるのはかなり珍しいが（菊屋町では四〇年間でこの一例のみ）、本書で重要なのはこの後である。翌年ここに新たに雇われた下女は、やはりけんという名前なのであった。

森川屋の「まさ」、備後屋の「けん」は、それぞれの下女の通り名とみてよい。しかしつい先日まで居た人の名や、自分の女房が名乗っていた名を、新たにやって来た別人に名付ける。〝かけがえのない名前〟の世界に生きる現代人に、この光景はわけがわかるまい。だが江戸時代後期の商家においては、これがごく当たり前なのである。

総じてこの時代の改名は、社会的な慣習から必要とされた場合に行われる。かつ本人の意志のみならず、嫁ぎ先、雇用主など周囲の指示によって改名していた。

「名前を変えられるなんてひどい」

もし一瞬でもそう思ったなら、それは江戸時代の名前や社会を、まだ現代の常識でとらえようとしている証拠である。江戸時代後期において、そんな人名観はどこにもない。

†昔の名前は出てきません

婚姻、奉公、剃髪など特定の契機、特に身分（帰属関係とそこでの地位）の変更に伴う場合の改名は、都市部で多く見いだせる傾向にあるが、村でもしばしば見出される。

例えば万延元年（一八六〇）一一月、紀州海部《あま》郡百垣内《ももがいと》村音右衛門の娘かんは、同国名草《なくさ》郡黒江《くろえ》村吉野屋安兵衛方《かた》へ嫁いだ。この時の送り状には「娘かん」と書いた横に「改名きよの」と小さな字で追記されており、婚姻を機に改名したものとみられる。

ところでこの改名情報は、百垣内村と黒江村、どちらの宗門人別帳に記載されるのか。転入出両方の帳面が都合よく現存している例はなかなかないため、この辺の実情は明確に摑《つか》めない。だが例えば菊屋町の場合、下女まさが元は何々村百姓誰兵衛娘のゆきである――といった旧名の情報は宗門人別帳には全く記されておらず、最初から通り名まさとして登載されている。このような手法の場合、百垣内村音右衛門の娘かんは、黒江村では最初からきよのとして登載され、改名の事実は宗門人別帳に全く記されないことになる。

そんなの戸籍としていい加減すぎるだろ――と感じるかもしれないが、そもそも宗門人別帳は戸籍ではない。あくまで宗旨別に現住民の把握を目的として、毎年一から作成されるその年限りの帳面である。近代の戸籍簿のように連年使用し、出生・婚姻・死亡などの履歴が記入されて、過去の身分や血縁関係などを証明・確認するための帳面ではない。

例えば「A村百姓権兵衛娘ゆき」が婚姻で「B村百姓源蔵女房むめ」になったとする。この場合、翌年からA村の宗門人別帳に「ゆき」は全く記載されなくなり、B村の方のみに源蔵の女房「むめ」として記載される。B村での入籍初年には彼女が「A村百姓権兵衛」から嫁いだ事実や「ゆき改むめ」という改名情報が記されることも多いが、翌年以降それらは一切記載されなくなるのが普通である。その後毎年の宗門人別帳で把握できるのは、B村に「源蔵女房むめ」が存在する現在の事実だけであり、彼女の過去は全く知りえない。それを知るには村役人や関係者に聞くか、古い宗門人別帳をみるほかないが、宗門人別帳は永年保存の文書ではなく、残っているとも限らない。宗門人別帳の書式には地域差があるが、概してそのような性格の帳面であり、あくまで現身分を把握する戸籍のようなものであって、近代の戸籍とは異なるものであった。

公儀が支配の上で重視するのは、あくまで現在の所属とそこでの地位、すなわち現時点での「身分」である。ゆえに何か罪を犯さない限り、前歴が調査されて前名に言及されることもない。過去の履歴も名前も、通常は上書きされて消えてゆく。それで問題ない社会なのである。

2 源氏名と三字名

†源氏名という通り名

奉公に出ると通り名が与えられる。それは奉公先の意向で行われる、いわば新たな名付けといってもよい。なかでも遊女屋、あるいは朝廷・公家・武家の奥向きに奉公する場合、その身分を示すため一般女性とは異なる形の名を用いた。その代表格が「源氏名《げんじな》」である。

本来源氏名とは、源氏物語の巻名——桐壺《きりつぼ》、帚木《ははきぎ》、空蟬《うつせみ》、夕顔《ゆうがお》、若紫《わかむらさき》、末摘花《すえつむはな》、紅葉賀《もみじのが》、花宴《はなのえん》、葵《あおい》、賢木《さかき》、花散里《はなちるさと》、須磨《すま》、明石《あかし》、澪標《みおつくし》、蓬生《よもぎう》、関屋《せきや》、絵合《えあわせ》、松風《まつかぜ》、薄雲《うすぐも》、朝顔《あさがお》、少女《おとめ》、玉鬘《かづら》、初音《はつね》、胡蝶《こちょう》、蛍《ほたる》、常夏《とこなつ》、篝火《かがりび》、野分《のわき》、行幸《みゆき》、藤袴《ふじばかま》、真木柱《まきばしら》、梅枝《うめがえ》、藤裏葉《ふじのうらば》、若菜《わかな》、柏木《かしわぎ》、横笛《よこぶえ》、鈴虫《すずむし》、夕霧《ゆうぎり》、御法《みのり》、幻《まぼろし》、匂宮《におうみや》、紅梅《こうばい》、竹河《たけかわ》、橋姫《はしひめ》、椎本《しいがもと》、総角《あげまき》、早蕨《さわらび》、宿木《やどりぎ》、東屋《あずまや》、浮舟《うきふね》、蜻蛉《かげろう》、手習《てならい》、夢浮橋《ゆめのうきはし》——にちなむものをいう。主に三〜五音節の形で用いられた。

ただし江戸時代には千歳《ちとせ》、真砂《まさご》、舞衣《まいぎぬ》、雛町《ひなまち》、若緑《わかみどり》、桜木《さくらぎ》、亀尾《かめお》、花妻《はなつま》など、右の源氏名と語感や字面の類似する語や、和歌で使用される風雅な語も同様に用いており、これらすべてのことを源氏名と呼んだのである。

現代では水商売の男女が店限定で使用する名前、つまり本名とは別に設定する接客名を源氏名と呼ぶが、江戸時代後期の源氏名は前述した奉公に伴う通り名である。元が「りつ」でも「千歳」などに改名するため、以後は「千歳」が公的にもその人の名前となる。

実際遊女が奉行所で吟味を受けて判決を受ける際も「新吉原町江戸町弐丁目　宗兵衛店《だな》　熊蔵抱《かかえ》遊女　巻篠《まきしの》」などという、現在の名前と身分で行なわれている（『御仕置例類集』）。吉原など公娼街の場合、宗門人別帳にも「遊女奉公」以前の名が〝本名〟として残っているわけではない。商家の通り名と同様、奉公する限り源氏名が現在の〝本名〟なのである。

†吉原の遊女

吉原の遊女の名前は、江戸時代中期以降毎年刊行された『吉原細見《よしわらさいけん》』という案内書から知れる（本章扉絵参照）。ここでは安政六年版と文久三年版から名前を拾ってみよう。

この時期の吉原では太夫《たゆう》や格子《こうし》という高級な遊女は絶え、一人前の遊女が総じて花魁《おいらん》と呼ばれていた。遊女の名前は、漢字二、三字で四音節の敷妙《しきたえ》、緑木《みどりぎ》、若柳《わかやぎ》、喜瀬川《きせがわ》、琴浦《ことうら》、此花《このはな》、誰袖《たがそで》、柴船《しばふね》、常夏《とこなつ》、綾浪《あやなみ》、姫松《ひめまつ》、松人《まつんど》、陸奥《みちのく》、都路《みやこじ》、染衣《そめぎぬ》、艶粧《たおやぎ》、松嶋《まつしま》、富岡《とみおか》、などの類が最も多い。ついで三音節の五百機《いおき》、三佐尾《みさお》、八千代《やちよ》、直江《なおえ》、御幸《みゆき》、小蝶《こちょう》、田毎《たごと》、村尾《むらお》、佐川《さがわ》のほか、五音節の若緑《わかみどり》、薄紫《うすむらさき》、雛扇《ひなおうぎ》などもあった。

漢字一字の名は多くないが、寿《ことぶき》・薫《かおる》・橘《たちばな》などもある。訓読みが多いが、泉州《せんしゅう》、花鳥《かちょう》、栄山《えいざん》、金糸《きんし》などの音読みも結構いる。表記も、萩《はぎ》の戸《と》、八《や》ツはし、賑《にぎわ》ひ、粧《よそお》ひ、三《み》よしの、小ざくら、喜代《きよ》の、初《はつ》うめ、などの漢字・仮名混じりもある。平仮名のみは少数派だが、かしく、えにし、かをる、いろは、にしき、やよひ、つぼみ、つるゐ、なども いる。

このほか少数派ながら、於栄《おえい》、お染《そめ》、おりん、はな、浪《なみ》、などのおの字名も、「お」の有無を含め様々な表記でみえる。なお江戸時代初期には源之丞《げんのじよう》、勘作《かんさく》、市弥《いちや》、大吉《だいきち》、豊治《とよじ》、小源太《こげんた》など、ある程度決まった男性名も遊女の名に用いられたが、江戸時代後期には花之介《はなのすけ》、愛之介《あい》、蔦之介《つた》など「〜之介」が僅かにみられる程度となっている。もっとも松人や若人《わかんど》などの名も、男性名（百官名《ひやつかんな》）である蔵人《くらんど》からの派生であるかもしれない。

なお二〇世紀以降、三田村鳶魚《みたむらえんぎよ》が遊女や芸妓《げいぎ》の名乗るこうした男性名を「権兵衛名《ごんべえな》」と呼んでいるが、管見では当時そう呼んだ実例が見当たらないため本書では使わない。

遊女の名は遊女屋ごとに名前の種類や傾向の違いもある。また「お職《しよく》」といわれる各店筆頭の遊女などには、その適任者に代々名乗らせた名跡《みようせき》とでもいうべき通り名を持つ店もあった。例えば江戸時代中期には、三浦屋四郎左衛門《しろざえもん》の遊女高尾《たかお》・薄雲《うすぐも》・濃紫《こむらさき》、中万字屋《なかまんじ》勘兵衛の遊女玉菊《たまぎく》などが、何代も襲名された太夫の名として著名である。太夫の絶えた後期吉原でも、天明期（およそ一七八〇年代）に花扇《かせん》という名妓を抱えた扇屋宇右衛門は、天保期（およそ一八三〇年代）にも花扇という名の遊女を店の筆頭に置いていたし、幕末から明治期の稲本屋庄三郎には小稲《こいね》という遊女が五代にわたり存在した。そのほかにも格があるらしく、福寿《ふくじゆ》改め小稲などと、主人が改名させて格の上昇を表示した。

【遊女】
緑木　東の
照綾　梅ヶ枝
三佐尾　千歳
雛鶴　松かえ
在原　雛菊
常盤木　玉の井
雛松　松並
明石　八重梅
花のか　此梅
相生　百江
ひな　都路
絵にし　若柳
菊の　花町
小松　千代菊
綾並　小菊
桂木　重春
千本　小若
松岡　紅梅
勝扇　桜木
渡会

【禿】
ふみの
かをる
たけの
きんし
あやめ
さくら
あげは
はなの
はぎの
てりは
たまじ
みどり
まつの
はるじ
かのも
このも
いろは

【芸者】
かめ吉
とよ治
佐吉
なか
まめ治

【遣り手】
くら

図表3-2　吉原の遊女屋杵屋清吉の遊女たち
出典：文久3年版『吉原細見』（国立国会図書館所蔵）

†禿と芸者と遣り手

吉原の遊女屋には遊女のほか、禿《かぶろ(かむろ)》という少女（七、八歳〜一四、五歳）も奉公しており、遊女に付属されて雑用をこなした。禿の名前は、さくら、もみじ、さつき、はつね、はぎの、みどり、ゆかり、かつみ、わかば、くれは、つばめ、などと平仮名三文字の源氏名で、四文字以上の名は付けない例であった。まめ、とよ、など二字の名もあり、それらに語尾「じ」・「の」などを付けた、まめじ、そめじ、きくの、ための、などの名前も用いた。禿は二人一組で一人前の花魁に付属することがあり、その場合、くれは・あやはなどと、二人で一対になるような名を付けることもあった。

江戸時代中期以降、吉原には芸者（女芸者）が出現している。彼女たちの名前は江戸の町芸者と同様、きん、たみ、けん、いく、ひな、などおの字名が多数派を占めていた。きん八《ぱち》、かめ吉《きち》、などという名の芸者は、吉原では幕末になっても少数派であった。

ちなみに岡場所（私娼地）であった江戸深川《ふかがわ》の芸者は、いま吉《きち》、友《とも》吉、きく次《じ》、とき八《はち》、うた蔵《ぞう》、甚助《じんすけ》などと、女性名の二音節に吉・次（治）・八・蔵・助などの語尾をつけて男風にした名前や、または小はる、豊《とよ》ひな、ひな菊などと名乗っていた（『辰巳の花』）。深川の芸者は当時男の服とされた羽織を着て、独特の風《ふう》があったという。

吉原の遊女屋には遣《や》り手という遊女らを監督する女性もいる（俗にいう「遣手婆《やりてばば》」）。彼女たちは、くに、なか、みね、もと、などというおの字名である。遊女屋の主人には女も多いが、長谷川屋とく、住吉屋すみ、などとやはり普通のおの字名であった。

つまり吉原では、遊女が源氏名、禿が平仮名三字の源氏名、それ以外の女性がおの字名で、芸者には多少何吉・何八の類もいる——という、名前でおよそ職種が区別できる光景となっていた（図表3-2）。むろん禿が遊女になったり、遊女が身請けされたり、遣り手になったりした場合には、その地位に相応しい名に改名したのである。

†京都の芸妓

上方における芸妓《げいぎ》（芸子・舞子など）の名前は江戸より遥かに多様である。京都の代表的遊郭である島原と祇園新地《ぎおんしんち》の遊女・芸妓の名簿『四方《よも》のはな』（慶応三年版）・『全盛糸の音色』（安政四年版・慶応二年版）などをみると、太夫《たゆう》・転進《てんじん》（天神）という最上級の遊女のみが花窓《はなまど》、八重雲《やえぐも》、ときわ木、梅の井などの源氏名を名乗り、それ以外の遊女と芸妓は、愛鶴《あいづる》、君《きみ》まつ、ひで介、愛葉《あいは》、こと葉《は》、歌路《うたじ》、きく路、駒治《こまじ》、みな吉、市栄《いちえ》、鹿《か》の江、君香《か》、うめか、亀菊《かめきく》、雛《ひな》ぎく、浅勇《あさゆう》、歌の、たね尾など、二音節に鶴《つる》、松《まつ》、介《すけ》、葉《は》、路《じ》・治、吉《きち》、栄《え》・江、尾《お》、香《か》・賀《か》、野、菊《きく》、勇《ゆう》などを付けた名前や、小愛・小いくなど小の字型の名を名乗っている。表記はむろん一定せず、漢字・仮名・書き交ぜなどが通用している。

右の種類よりは少ないが、君代《よ》、てる子、君八《はち》、吉弥《きちや》、市龍《いちりょう》、たね両など、二音節に代《よ》、子、八、弥、龍《りょう》・両《りょう》などを付けた名前や、あい、いく、いと、などのおの字名も相当数おり、栄西、香春、たね初、長五郎、初梅、つる亀など、単純に類型化できない名も少数ながらある。語尾に松・介・八・吉・弥が付く名は芸妓に多く、特に吉が付くのは大抵女義太夫《おんなぎだゆう》であるという傾向がある。右の語尾や小の字に接続する二音節は、鶴・亀・力《りき》・愛・市・駒・歌・君・菊・玉・滝・雛・富・笑《えみ》など、割と決まったものが多いのも特徴である。

その他、地方の宿場には飯盛女《めしもりおんな》という私娼もいるが、これは通例おの字名である。ただし地方の遊郭にも、源氏名や右の芸妓のような名前があったことは、角田文衞氏の『日本の女性名』に多くの事例が挙げられているので、これ以上知りたい方はそちらを参照されたい。

†奥女中の名前

江戸城大奥への奉公でも、任用される際に「名前も下さる」のが通例で、下級の女中でも必ず改名したという。幕末に大奥で御中臈《ちゅうろう》（上級の奥女中）を務めた大岡ませは「奥へはいれば、実家で呼んだ名のままでいる者は一人もありません。きっと改名します。役についた名があるからです」と晩年に証言している（『御殿女中』）。

実際奥女中は、その地位や役職により異なる通り名を名乗った。まず最高位の上臈《じょうろう》御年寄は堂上公家《とうしょうくげ》の娘で、常盤井《ときわい》、飛鳥井《あすかい》、姉小路《あねがこうじ》、花園《はなぞの》などを通り名とした。これらはその女性の生家の称号（公家の苗字に相当するもの）ではないから、公家の橋本家出身でも姉小路と名乗ったりするのである。なお上臈に次ぐ小上臈《こじょうろう》も公家出身の女性が就く地位だが、こちらは「いよ」などとおの字名を称する例であった。

上臈に次ぐ御年寄は主に旗本などの出身者で、事実上大奥の実務を取り仕切る第一の権力者であった。この御年寄のほか、御客応対《おきやくあしらい》、御錠口《ごじょうぐち》、表使《おもてづかい》、御右筆頭《ごゆうひつかしら》など大奥の「役人」と呼ばれる奥女中は、滝山・瀬川・花嶋・冨岡・澤田・浦尾・野村・岸野・広瀬などという名前を名乗り、これを「三字《さんじ》名《な》」といった。三字名は主に一、二音節＋語尾（山・川・浦・嶋・岡・田・尾・村・野・瀬など）という構造である。三字名と呼ぶ由来は諸説あるが、大奥の人事を記録した「女中帳」（国立公文書館所蔵）をみると、「うた橋」「野むら」「うら尾」などと記名しているように（写真3-4）、漢字仮名書き交ぜの三字でよく書くことに由来するとみておきたい。な

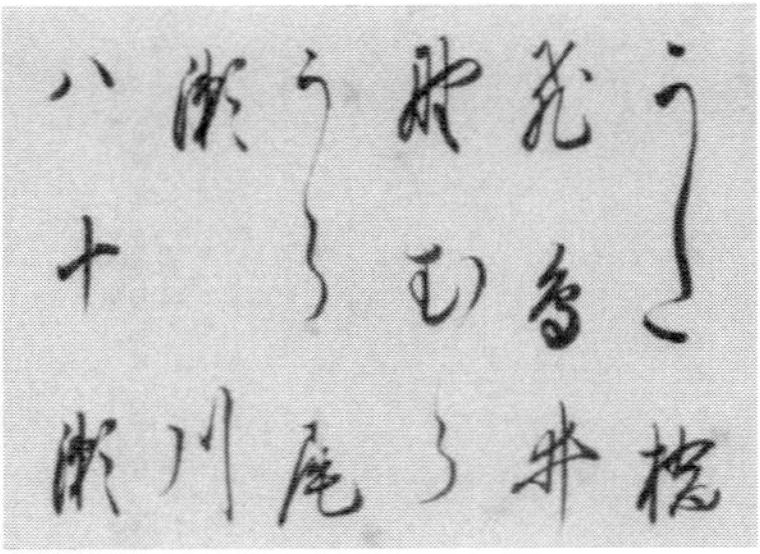

写真3-4　三字名
出典：文化2～7年「女中帳」（国立公文書館所蔵）。

お三字名も生家の苗字とは一切関係のない通り名である。

その他御中臈《ちゆうろう》、御右筆《ゆうひつ》、御《お》次《つぎ》、呉服之間《ごふくのま》、御《お》広座敷《ひろざしき》、御《お》三之間《さんのま》、御《お》末《すえ》頭、御使番《つかいばん》頭などは、りを、みき、みね、こま、などのおの字名を称し、御仲居《なかい》から火之番、御使番、御《お》半下《はした》（御末ともいう）など下等の女中は、すすき、ききやう、きり壺、八重菊、あづまや、はつかせ、うてな、ともえ、みやこ、などの源氏名を称した。三字名とおの字名は職掌の違いも示すので必ずしも格の上下ではないが、源氏名は下働きの女性であることを示す最下等の名前であった。また御《お》伽坊主《とぎぼうず》という、剃髪して男の着物を着し、将軍の雑用係を勤めた女性が三、四人おり、彼女たちの場合、りんか、栄可《えいか》、栄林などという男の茶坊主のような名を名乗った。

つまり奥女中の名前は上臈御年寄の通り名を別格として、三字名、おの字名、源氏名の区別があり（御伽坊主は例外としておく）、地位や役職の変化に伴って改名した。そのため御次「やの」が御中臈になれば「ませ」、御次「さよ」が表使になると「園川」、小上臈「いよ」が上臈御年寄になれば「姉小路」などと、名前が変わっていくのが通例であった。

特に大奥年寄の名は、就任者が適宜襲名する代々の通り名、いわば年寄名跡というべきものとして使い回されていたらしい。そのため常盤井や滝山などは、江戸時代を通じて何人も存在した。なお「女中帳」をみると、奥女中の名前の表記も仮名か漢字かは一定せず、同一人物の名が「浦尾」「うら尾」「うらを」、「みやこ」「都」などと書かれて通用している。

諸大名の奥女中も、名前の秩序は大奥に準じていたらしい。大和郡山柳沢家や尾張徳川家などの例をみても、任用に際し「せの」に「みゑ」という名を与えたり、役替えで若年寄菊山が老女《ろうじょ》染川になったり（老女は大奥の御年寄に相当）、中臈まくが老女嶋浦になるなど、女中奉公は役職と共に名が変わるのが基本であった。地位を示す通り名や名跡は、現在も歌舞伎役者、噺《はなし》家《か》、大相撲の力士や年寄の名に類似した慣習が残っている。

†名前が変わっても

通り名や改名の慣習を、改名する女たちはどう受け止めていたのだろうか。

明治初年の体験だが、元勢州長島の大名増山《ますやま》河内守の江戸屋敷に奉公に上がった女性は、自らの改名経験をこう述べている。「私の名はおらくと申しましたが、御先祖におらくさまと申し上げる御方《おかた》様があって、御先祖を呼捨てにはできないとあって、久しくいるようひさという名前を頂戴しました」。また彼女は、幕末に作州津山の大名松平三河守の屋敷に奉公にあがった自身の姑《しゅうと》についても、「姑もてつと申したのを、老女に同じ名があるからというので、かねというお名を頂戴しましたそうで」と説明している（以上『女百話』）。いずれも主家の都合による改名を「頂戴」と表現し、そこには何の屈託もみられない。

大奥に勤めた元御中臈の箕浦はな子、元御次の佐々鎮子らも、明治期の聞き取りでこう述べている。「こちら（上臈）にも通名《とおりな》がありまして、上から下さるので、上臈年寄になりますと、飛鳥井とか姉小路とかいう名を頂戴するのであります」（『旧事諮問録』）。

「上から下さる」とか「頂戴」という表現は、主従関係や身分上下の別を当然とした社会ならではの感覚だが、こういう証言からは、奉公や転役に伴う改名、つまり元の名が変わることに強い抵抗を覚えている様子はない。改名は嫌ではないのか——という疑問を抱いてしまうこと自体が、現代の価値観に囚われているというほかないのである。

ただし改名には時に喜びや悲しみも伴った。野心満々で奥に上がった女性にとって改名は嬉しい出世の証だが、本意ならず遊女屋に奉公した女性にとって、源氏名は「苦界」に身を落とした証でしかない。ゆえに遊女の年季が明け、あるいは身請けされて堅気《かたぎ》の女になることは「おの字名を付ける」とも表現された（『新曲高尾懺悔《しんきょくたかおざんげ》』など）。しかし元の名に戻るとは表現しない。どんな名前も上書きされて、前の名は消える世界だからである。

なお江戸時代の洒落本には「女郎しゆ《（衆）》の名に、三ン字名《さじな》の中《うち》に、おの字名がござりやす」（『古《こ》契三娼《けいさんしょう》』）とか「源氏名がいくたり、おのじ名がいくたりある」（『甲駅雪折笹《こうえきゆきおれざさ》』）などとみえ、遊女独特の名を源氏名とも三字名ともいって同じ意味に使っている。

奥女中の世界では三字名は上等で、源氏名は最下等の通り名として区別するが、庶民一般にとってその違いはさして重要ではない。何兵衛の娘、妻、母という身分を持つ、いわばごく一般の女性であることを示すおの字名と、独身で「奉公」し、婚姻による「家」なしに社会に身を置いて生きる女性の名前、という二種の区別の方が重要だったと考えられよう。

——江戸時代の人々は、自分の娘におの字名など慣習的な名を付けて、三字名や源氏名の類は付けようとすらせず、一般の成人女性も自らこの手の名前を称することはない。その理由については、もはや説明を要しないであろう。

3 朝廷女官の呼名

†偉すぎる女房たち

最後に朝廷の女官の名前を見よう。遊女や奥女中よりも遥かに古い歴史を背負いつつ、ここでも地位や役職に応じた通り名というべきものが存在していた。

江戸時代後期、朝廷で上級女官は「女房」と総称され、典侍《すけ》（テンジ）、掌侍《ないし》（ショウジ。内侍《ないし》とも書く）、命婦《みょうぶ》・女蔵人《にょくろうど》・御差《おさし》の序列で存在した。本来典侍は内侍司《ないしのつかさ》の次官ナイシノスケ、掌侍は判官（三等官）のナイシノジョウという官名だが、この時代には長官の尚侍《しょうじ》（ナイシノカミ）が通例任じられず存在しないため、典侍が実質最上位の女官である。

典侍・掌侍はすべて堂上公家の娘で「御局様《おつぼねさん》」と総称される（定員各四名程度）。典侍の上首《じょうしゅ》（第一席）は大典侍《だいすけ》、末席は今参《いままいりの》典侍・新《しん》典侍と名乗る。その他は宰相《さいしょうの》典侍、帥《そちの》典侍、督《こうの》典侍、新中納言《ちゅうなごんの》典侍、按察使《あぜちの》典侍、など、およそ決まった官名またはその異称・略称＋典侍を、いわば序列を示す通り名のように使い回していた。

例えば寛政四年、公家の高野《たかの》大蔵卿（保香《やすか》）の娘「綾《あや》」（史料上はお綾・お阿屋などとも表記）が典侍に任用された際、今後は今参典侍と称するよう命を受け、さらに二カ月ほどして「新典侍」への「御改名」が指示された。その後序列が上がると督《こうの》典侍などの名に改めるのである。典侍は位階五位や四位に叙せられ、大典侍は通例従三位《じゅさんみ》まで昇る。

掌侍の上首は勾当内侍《こうとうのないし》と称する。これは長橋局《ながはしのつぼね》とも称し、朝廷奥向きの事務を取り仕切る実力者である。掌侍も新入りは今参掌侍・新掌侍といい、その他は弁《べんの》掌侍、中将《ちゅうじょうの》掌侍、右衛門《よもの》掌侍など、やはり官名またはその異称・略称＋掌侍、という形の呼名を称した。掌侍一般は無位ないし五位だが、勾当内侍は通例正五位上《じょうごいのじょう》まで昇る。

典侍・掌侍は諸大名をも凌駕する位階にも叙されるが、この宰相典侍や中将掌侍は男の官職である宰相（参議）や左右《さゆう》の近衛中将《こんえのちゆうじよう》とは関係がない。江戸時代後期の実態としては、同官者を序列とともに識別するための通り名――というくらいの理解で構わない。

†それ以下の女房と女中

命婦《みようぶ》・女蔵人《によくろうど》・御差《おさし》は、地下官人《じげかんじん》（朝廷に奉仕するが堂上公家より下位の家柄）あるいは上賀茂《かみがも》、下鴨《しもがも》、松尾《まつのお》社など上級社家出身の娘である（定員は命婦約四名、女蔵人約三名、御差一名）。同じく「女房」と呼ばれるが、出自が「御局様」よりは賤《いや》しいため「御下様《おしもさん》」と呼ばれた。いずれも位階のない無位であり、伊予、伯耆、相模、越後、大和などの国名《くにな》を呼名とした。命婦の上首は伊予、次席は大御乳人《おおちのひと》と称するのが慣例で、これらも地位に応じた通り名の類である。

なお隠居した女房も改名するが、大典侍の隠居は藤大納言《とうのだいなごん》、大典侍にならず隠居した典侍は藤中納言や櫛笥小路《くしげのこうじ》など、隠居名にも前職に応じた格の違いを示す通り名のようなものがある。ちなみに「～小路」は古く女官の通り名に用いられて「小路名《こうじな》」と呼ばれた。もっとも薙髪《ちはつ》（剃髪）した女房は観行院《かんぎよういん》とか孝順院《こうじゆんいん》などという院号を名前にしたが、これは通り名ではなく、その人ごとに新たに付けるのである。

以上の「女房」に対し、御所に奉仕するこれ以下の女性――御末《おすえ》（御膳の係）、女孺《によじゆ》（御道具の係）、御服所《ごふくどころ》（御服の係）などは「女中」と総称された。この三つは三仲間《みなかま》と称せられ、定員は各八名程度、当然ながら無位である。

御末と女嬬の名前は、むめ、まん、きよ、たみ、ちよ、ませ、などのおの字名、御服所は中川、津山、初瀬、藤江、玉井などの三字名であった。ただし三仲間も上位者の名前は原則決まっており、御末の上首は阿茶《あちゃ》、次席は阿嘉加《あかが》と称し、阿茶は一〇年勤続すると尾張などの国名を称することが許されたという。女嬬の上首は茶阿《ちゃあ》、御服所の上首は右京大夫《うきょうのだいぶ》と称した。これも通り名であり、男の官職である右京大夫とは何の関係もない。なお御服所の次席は小大夫、第三席は新大夫と称した。

最下等の女中は雑仕《ぞうし》とも呼ばれる仲居（仲居茶之間）で一〇人程度いたという。これは士分・百姓・町人いずれの娘でもよく、麻の紅前垂《あかまえだれ》を締めて水仕事などに従事した。通り名については不詳だが、初音《はつね》、柳《やなぎ》、紅葉《もみじ》、すま、みさなど、源氏名やおの字名を用いたようである（国立国会図書館所蔵『禁裏御所御用日記』、日本史籍協会編『押小路甫子日記』）。

院・宮・摂家の女房

院（上皇）や東宮《とうぐう》（皇太子）の女房には上臈《じょうろう》・小上臈・中臈・下臈の格があり、ここでも名前に違いがある。上臈・小上臈は新大納言・権中納言などの官名や、菖蒲小路《あやめのこうじ》・常盤井・梅園などの呼名《よびな》を用いた。中臈は主に新宰相、藤式部などの官名、下臈は伊賀、紀伊などの国名であった。なお禁裏《きんり》その他の御所の女房は呼名に「局」を付けて新中納言局《しんちゅうなごんのつぼね》、伊予局《いよのつぼね》などと呼ぶこともある。

摂家・親王家などに仕える女性は、上臈《じょうろう》・老女《ろうじょ》（御年寄）・若年寄・中臈・表使《おもてづかい》・女中・御次《おつぎ》衆・茶之間《ちゃのま》（仲居）などの役職と序列があり、やはり同じように呼名が異なる。上臈は主に姉小路・飛鳥井・中川などという呼名で、老女以下表使までは、藤岡・梅山・川島・浦瀬などの三字名であった。ただし老女には右衛門督《えもんのこう》（女官の名はこう読む慣例）や民部、小大弐《こだいに》など官名の類や、播磨、大隅などの国名も用いられた。

それ以下の女中や御次衆は、まつ、いよ、さと、ちか、などのおの字名、最下層の茶之間（仲居）は若菜、明石、小蝶、みどり、など多くが源氏名であった。以上の女房・女中の名前は、一般の堂上公家の家でもおおむね同様であったと考えられる。

総じて朝廷や公家に奉仕する女性の名は、官名や特定の通り名が別格の上等で、国名が中等である。それに次ぐ三字名とおの字名は単純な地位の上下ではなく役職の違いにもよる。下等の女中の場合は、おの字名が上で、源氏名が下という構図がある。こういう名前の秩序は大奥とも類似・共通するが、もちろん大奥の方が、朝廷の奥向きにならってそうしていたのであろう。ただし大奥では、奥女中の名に官名・国名は用いないのが通例であった。

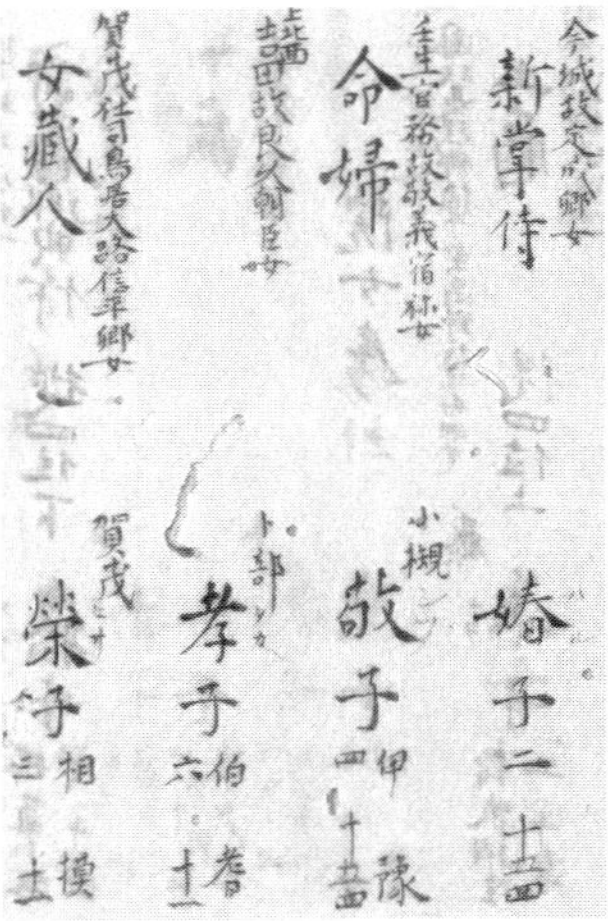

写真3-5　朝廷女房の姓名

出典：天保2年（1831）5月「雲井」（国立国会図書館所蔵「禁裏御所御用日記」第332冊所収）。部分。婚子は前者と同じ本姓「藤原」であるので記載は省略されている。

†伊予は小槻敬子

　だが朝廷の女房らの場合、按察使典侍、新掌侍、伊予――こういう名前はあくまで呼名であり、彼女たちには藤原頼子《ふじわらのよりこ》、源 根子《みなもとのもとこ》などという姓名も設定されていた。

　そのため江戸時代後期の『雲《くも》井《い》』という皇族や女房の名簿も、藤原婚子《ふじわらのはるこ》が新掌侍で、小槻敬子《おづきのしづこ》が命婦で伊予という呼名がある、などという形式で作成されている（写真3－5）。姓名を持つ女性が任官したり呼名を得たりしている――それが朝廷の建前であった。

　しかしこういう女性の姓名は、朝廷社会でもごく上層のみにあり、女房には設定されるが女中以下にはなく、かつ一種の虚構に近い。実際は綾《あや》姫が女官となる際、手続き上必要な「正《おさ》子《こ》」という名を後付けで設定し、「藤原《ふじわらの》正子」という姓名を体裁として整えているに過ぎない。この「正子」には日常的な名前としての機能はないのである。

　どうして朝廷の一部だけ、こんな妙な設定を行《おこな》っているのか。前著『氏名の誕生』でも述べた通り、朝廷には武家や世間一般とは相容れない人名の慣習があり、女性名にもそれがある。この「何子」の設定は、実は人名のとある古い歴史を負っているのである。

本書はプロローグで「江戸時代の女性名は、男性名とは全く異なるもの」と述べた。「それはペンギンとアホウドリぐらいは違う」ともいった。その違いは二音節型とか「お」の字とか、表面的な形だけの話ではない。歴史的な事情から、もっと根本的なところで異なるのである。

次章では古代へと遡《さかのぼ》り、いよいよその意味に踏み込んでいこう。

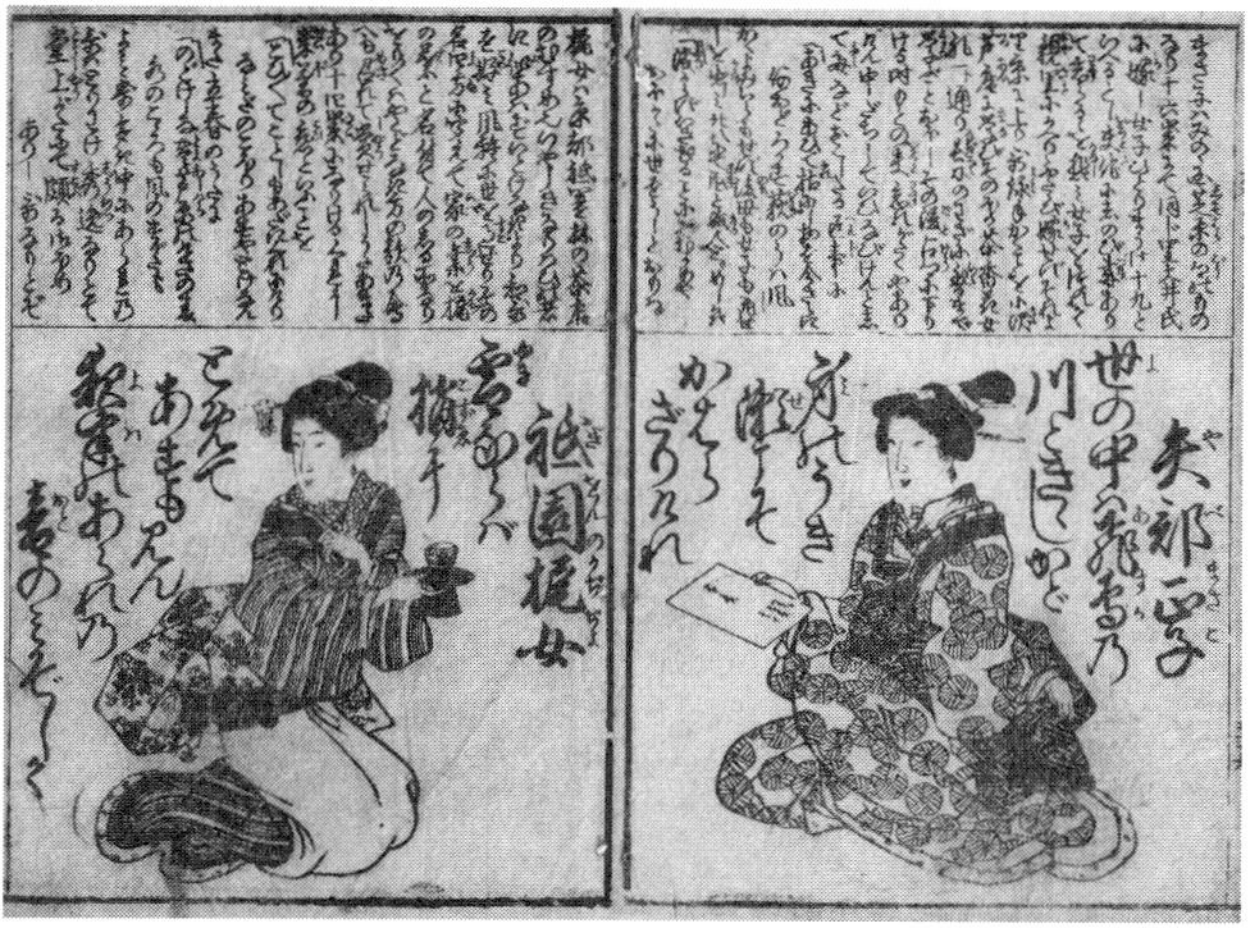

第四章

人名の構造と修飾

弘化4年刊『列女百人一首』(個人蔵)、部分。

1　男の人名構造

†男性名との違い

人名の男女差を理解するには、まず男性名の歴史的構造とその変遷を知る必要がある。図表4―1をみてほしい。詳細は追々説明するが、まず人名の始まりは男女とも①個人の名である。それが時代を経るなかで、男には②〜⑧の人名的要素が生まれて積み重なり、かつ性質も変化して、江戸時代には①〜⑧が併存する状況になっていた。現在の氏名（⑨＋⑩）はこの歴史的な堆積を廃し、近代に創出された新規の形式である。

江戸時代には「平蔵」「権兵衛」などの名前を「通称」（⑤）ともいう。これを修飾する代表的要素が⑦苗字であり、通称に接続して「長谷川平蔵」のような《名前》が形作られる。さらに①名に相当する「宣以《のぶため》」などを「名乗《なのり》」と称して、⑤通称よりも後から設定されることがある。これには「藤原」などの②氏《うじ》（姓《せい》）や「朝臣《あそん》」などの③姓《かばね》（尸《し》）を冠して「藤原宣以《ふじわらの》」や「藤原朝臣宣以《ふじわらのあそん》」という《姓名》を形作る。

「平蔵」と「宣以」は同一人物の個人名であり、彼は長谷川⑦・平蔵⑤・藤原②・朝臣③・宣以①という人名的要素を持つ。しかし普段の《名前》と形式的な設定である《姓名》とは明確に区別され、①〜⑧の人名的要素にはおよそ決まった修飾関係がある。その原則に反する"藤原平蔵"（②+⑤）とか"長谷川宣以"（⑦+①）などの形は、当時通例の記名には使用されなかった。

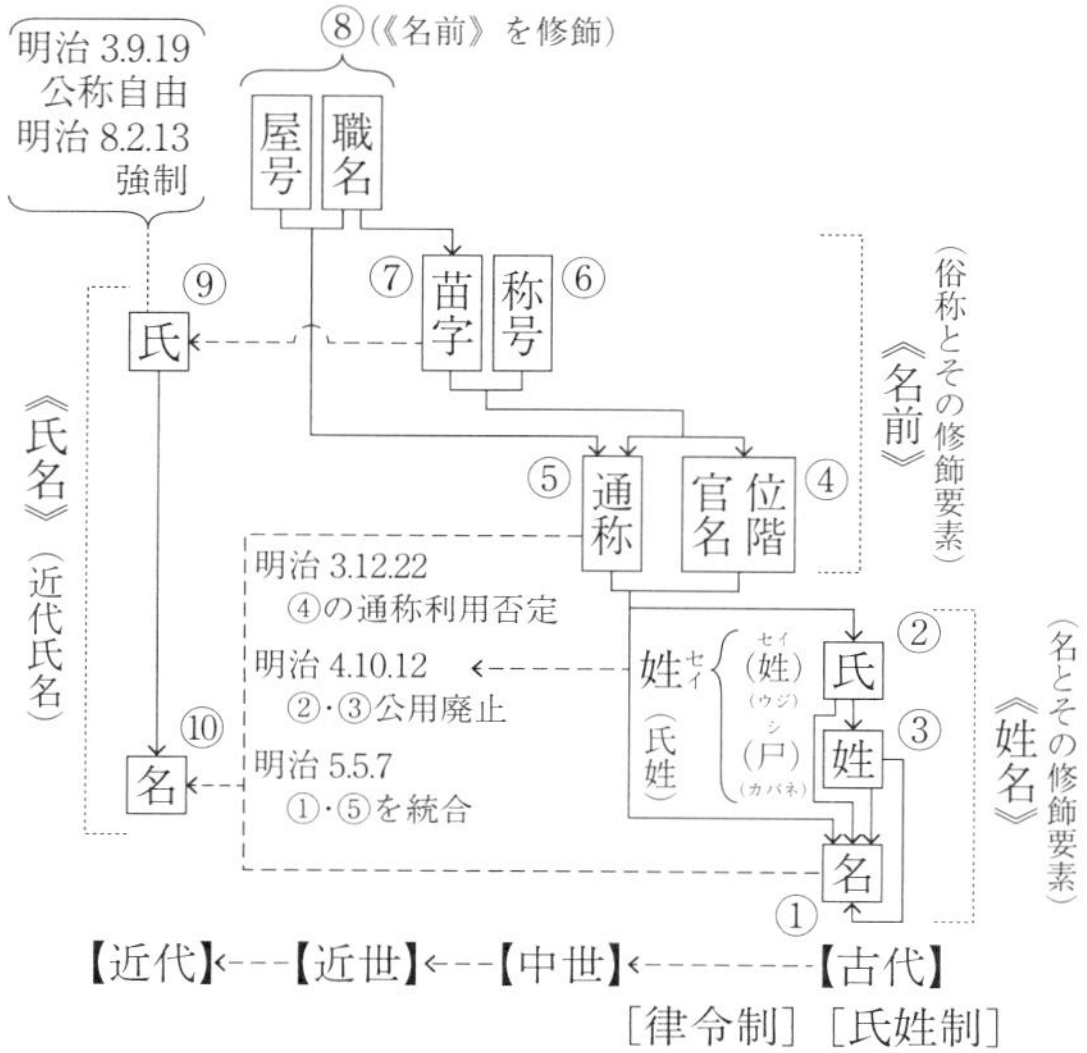

図表4-1　人名的要素の歴史的堆積と修飾関係の概要図

註：①〜⑩の各人名的要素の呼称については、代表的なものを挙げるにとどめた（詳しくは『氏名の誕生』を参照）。↑↓は修飾関係、←は移行・統合を意味する。

このような人名的要素とその修飾関係を歴史的に理解して初めて、男とは全く異なる女性名の本質もみえてくる。ゆえに本節では、まず古代から江戸時代まで、男性名の人名的要素を修飾・接続という観点から概観しよう。なお①〜⑩には「氏」や「姓」など同じ用語の別物があってややこしいため、適宜①〜⑩の番号を付けて区別する。

†人名以前の氏姓

六〜七世紀、古代の豪族は大王《おおきみ》（天皇）から氏《うじ》と姓《かばね》を与えられてヤマト王権に奉仕した。彼らは、神手《かむて》、狭手彦《さでひこ》、味張《あじはり》などという個人の①名を持ち、それに平群《へぐり》、大伴《おおとも》、大河内《おおしこうち》などという②氏の名と、臣《おみ》、連《むらじ》、直《あたい》などの③姓《かばね》が接続した。

そのため古代の人名表記は、平群臣神手《へぐりのおみかむて》、大伴連狭手彦《おおとものむらじさでひこ》、大河内直味張《おおしこうちのあたいあじはり》、などの②氏＋③姓＋①名、または③姓を①名の下に付けて蘇我入鹿臣《そがのいるかのおみ》、中臣鎌子連《なかとみのかまこのむらじ》などという形式であった。②氏＋①名、②氏＋③姓、②氏＋①名、①名＋③姓の間には必ず「の」を入れて読む。

②氏《うじ》は擬制を含めた父系の血縁で繋がる集団ともいわれるが、ヤマト王権の設定した特定の地位や職務を世襲的に担う政治的集団であり、六世紀以前はなかったと考えられている。

③姓《かばね》は氏の政治的序列を示す称号で、例えばヤマト王権の軍事を担う「大伴《おおとも》」という氏の場合、氏を統率する中央豪族には大伴連《おおとものむらじ》、彼らに支配される地方豪族には大伴直《おおとものあたい》という異なる③姓が与えられていた。また彼らの領有民（部民《べみん》）は、氏の名に「部」という標識を加えた「大伴部《おおともべ》」と呼ばれた。古代の人々は王権が設定した氏集団を単位にして仕事と地位を世襲しており、こうした古代の制度は氏《し》姓《せい》制や部《べ》民《みん》制などと呼ばれている。

その制度や古代氏姓の実態には諸説あるが、七世紀半ば以前の氏姓は人名の一部というより、その職と地位を示す肩書に近いものであった。例えば大伴連狭手彦なら、「軍事を担う大伴氏《うじ》という集団の、それを支配する最高位の連を与えられた一族の、狭手彦」という表示である。大伴連と大伴直は同じ「大伴」でも必ずしも血の繋がりはなく、むろん大伴部は彼らの血族ではない。「大伴」という②氏は天皇から与えられた政治的集団の呼称であって自ら決めた称ではなく、父系血統を表示する中国的な「姓《せい》」とは本来異なる。なお人名表記は前記のほか、物《ものの》部連《べのむらじ》（②＋③）、入鹿臣《いるかのおみ》（①＋③）なども用いられた。この時代の③姓《かばね》は、その地位を表示する重要性ゆえにまず省略されない。ちなみに氏姓を与える側である天皇（皇族）に氏姓はない。古代氏姓の本質からすれば当然である。

†氏姓の「姓」化

七世紀半ばの大化改新《たいかのかいしん》以降、部民制が廃止され、氏姓制も再編されていく。天皇が土地や人民を公有して個人を官僚に任用する、律令国家への転換が進められたためである。

天智天皇九年（六七〇）、律令国家の基礎台帳となる戸籍が作成され（庚午年籍《こうごねんじゃく》）、人々は「戸《こ》」を単位にして戸籍に登録されていく。この「戸」は血縁による自然な家族ではなく、複数の夫婦やその家族、所有する奴婢《ぬひ》も含めて編成された複合家族で、「戸」や「戸籍」といっても現在とは全く異なる。もちろん「家」経営体はまだ出現していない。

この戸籍において、奴婢を除くすべての一般庶民は、物部牧夫《もののべのまきふ》、葛野《かどの》部乎《べのお》麻呂《まろ》、大伴部麻与《おおともべのまよ》佐《さ》などと、主に①氏の名に「部」を付けたものを氏姓（②③）に宛て、①名に冠して記載された（物部など氏の名に「部」が含まれるものには重ねて「部」は付かない）。これは部民として属していた氏の名とも、戸籍を作成した地方官が一方的に決めたともいわれる。氏姓＋名による人身把握は、人頭税の徴収や兵士の徴発、さらに後の班田《はんでん》収授など、律令制国家の支配のために必要となった作業であった。

天武天皇一三年（六八四）には③姓《かばね》の種類を真人《まひと》・朝臣《あそみ》（後世アソンと訓じる）・宿禰《すくね》・忌寸《いみき》などに再編して豪族の諸氏を序列化し（八色《やくさ》の姓《かばね》）、③姓《かばね》は天皇からみた、その一族の格付けを示す爵位的要素に性格を変えていった。

大宝元年（七〇一）の大宝律令で官制が整備されると、氏姓は職そのものと無関係となり、個人に与えられた職務や地位を示す官位（官職と位階）は①氏の前に記された。つまり大蔵卿従《おおくらきょうじゅ》三位《さんみ》藤原朝臣魚名《ふじわらのあそんうおな》、従五《じゅご》位下山上臣憶良《いのげやまのうえのおみおくら》、式部少丞《しきぶのしょうじょう》大伴宿禰池主《おおとものすくねいけぬし》などと書くようになる（個人の地位を氏の前に書く方式は冠位十二階制で既にみられる）。なお兵部卿橘奈良《ひょうぶきょうたちばなのなら》麻呂《まろ》朝臣などと、③姓《かばね》を①名の下に書く方式も引き続き行われた。

氏姓制から律令制への転換、すなわち氏集団を基礎とする社会が官僚制に再編されたことで、氏姓は実際の職務や地位を表示する役割を失うと同時に、父系血統を表示する中国の「姓《せい》」的な用途へと変化していった。律令制下では①氏単独、または①氏＋②姓をも「姓《せい》」といい、やがて③姓《かばね》単独を指す場合には「尸《し》」（カバネ）とも表現するようになる。

ただし律令制以降も、氏姓を変更する「改姓」は必ず天皇が勅許《ちょっきょ》・賜与《しよ》する形式で行われ、一族の格を表示する性格も完全には消滅せずに残り続けていく。

†嵯峨天皇と「名」の変革

九世紀初頭、嵯峨天皇は唐風文化を積極的に移入し、人名にも良房《よしふさ》、基経《もとつね》、忠平《ただひら》など、字義を踏まえた漢字二字による命名法を持ち込んだ。これが従来の①名の形――八世紀には何麻呂《まろ》、何足《たり》、何人《ひと》などが多かった状況を一変させ、九世紀半頃までに定着していく。この形式の名は、後に諱《いみな》などとも呼ばれた（便宜上、本書も以下諱と呼ぶ）。

これと同時に、幼少期には童名《わらわな》（ドウミョウ）を名付け、元服時に諱へと改名する慣習も中国から持ち込まれた。菅原道真《すがわらのみちざね》の童名「阿呼《あこ》」などが古い例で、童名も九世紀半頃には定着したと考えられている。貴族の場合は童形《どうぎょう》（幼い子供）のうちに位階を与えられて朝廷に出仕するため、その段階で「鶴君《たづきみ》」などという童名から「頼通《よりみち》」などの諱に改名した。童名はそれ単独で用い、通常これに氏姓は冠しない。

なお童名は後に幼名《おさなな》（ヨウミョウ）とも呼ばれ、一〇世紀後半以降は千寿丸《せんじゅまる》、牛若《うしわか》丸、力王《りきおう》丸、夜叉《やしゃ》丸、亀《かめ》千与（代）丸、逆法師《ぎゃくほうし》丸のような何丸という語尾の形がよく用いられた（「丸」は麻呂が転じたともいわれる）。さらに「丸」を略した戒寿《かいじゅ》、今若《いまわか》、松王《まつおう》など、語尾が寿・若・王・千代・法師・夜叉などとなる童名が中世までに代表的な形となっていく。

天折が多い時代であるため、童名には寿・千代・亀・鶴など長命を祈念する文字や、仏神の加護を求めて明王《みょうおう》（〜王）、観音、地蔵、夜叉、法師など、仏教に関わる語を名付け、子供が無事に成長するよう願った。このほか死を招く邪《じゃ》を避けるべく、わざと阿古久曽《あこくそ》（＝糞《くそ》）などと醜い名を付けたり、犬《いぬ》千代丸や菖蒲《あやめ》丸など、魔除けの力があると信じられた動植物の名を負わせることもよく行われた。

†官位で呼ぶ

朝廷では明治初年まで、律令制の④官位＋氏姓（②③）＋①名を正式な人名表記に使用し続けた。しかし一〇世紀末から一二世紀頃の王朝文学などをみると、讃岐守大江清通《さぬきのかみおおえのきよみち》、左衛門佐《さえもんのすけ》元方《もとかた》、源為善《みなもとのためよし》などと、実用性の失せた③姓《かばね》を略した表記も多くなり、さらには②氏も略し、元方の大納言《だいなごん》、敦忠中納言《あつただちゅうなごん》、中納言師時《もろとき》、右兵衛督忠君《うひょうえのかみただきみ》などと、④官位と①名で個人を指称するようになっている。

特に高位の人物は、次第に中納言殿《どの》、三位《さんみ》殿、民部卿《みんぶきょう》殿などと④官位（特に官名）のみで呼び、それが事実上個人名の役割を果たすようになる。同官者が複数いる場合には、官名に②氏の一字や「新《しん》」〈新任者の意味〉を冠し、源大納言《げんだいなごん》、新大納言、あるいは兼任する官名を冠して宰相中将《さいしょうのちゅうじょう》、頭中将《とうの》などと呼ぶことで識別した。

また摂政・関白や大臣などには、九条殿、粟田殿など居所の名が尊称として名前のように用いられた。これらの居所やゆかりある地名などを官名に冠し、小一条《こいちじょう》の左大臣《ひだりのおとど》、三条《さんじょうの》大納言、丹波《たんばの》中将、北野《きたのの》三位などとも呼んだ。この〈居所名など＋④官名〉を「称号《しょうごう》」といい、一一世紀までに高位の個人に対する称呼として定着する。この段階では「三条」や「北野」だけを称号というわけではない。なお①名を称号で修飾した桃園《ももぞのの》中納言保光卿《やすみつきょう》などという表記もこの頃から用いられた〈卿は公卿《くぎょう》に付ける敬称〉。

†実名と仮名の並立

一〇～一二世紀頃の貴族は童名のほか、幼少期には太郎君《たろうぎみ》、二郎君など、長男や二男を意味する排行《はいこう》〈輩行《はいこう》。生まれ順〉＋君などでも呼ばれたが、成長すると官位や称号が日常的な呼称となった。一方官位を持たない人々は、①名を幼名から諱に改名する際、それとは別に普段呼ぶための名前――⑤通称《つうしょう》を設定する慣習が一一世紀頃までに生まれてくる。

それは排行に②氏の一字などを冠して平三郎《へいざぶろう》、源太郎《げんたろう》、あるいは「郎」を略して平三《へいざ》、源太などというのが主流であり、さらに在名《ざいみょう》（所領や居住地などの地名）などを冠して大庭三郎《おおばのさぶろう》、宇佐《うさ》美平太《みのへいた》などと称した。元服時に設定するので烏帽子名《えぼしな》ともいう。『今昔物語集』には平良文《たいらのよしふみ》が村岡《むらおかの》　五郎、源　充《みなもとのみつぐ》が箕田《みたの》源二、藤原秀郷《ふじわらのひでさと》が田原藤太《たわらのとうだ》などと称した例がみえ、通称は一〇世紀半ばには出現したらしい。あまり指摘されていないが、この段階では後世の⑦苗字に相当する要素と排行がやや不可分に一体化しており、〔在名など＋排行〕という形全体を⑤通称とみた方がよい。⑤通称は④官名と同様、①名があって後に設定されるため、①名を修飾して大庭三郎景親《かげちか》、宇佐美平太政光《まさみつ》などの形も使用された。この段階では名実とも「景親《かげちか》」など①名が本当の名、すなわち「実名《じつみょう》」であり、対して通称は普段使う「仮《け》名《みょう》」――仮の名前、俗名《ぞくみょう》・俗称《ぞくしょう》と位置づけられていた。

なお木《き》曾冠者義仲《そのかんじゃよしなか》のように、元服した少年を意味する「冠者《かんじゃ》」（カジャとも訓じる）や、渋谷庄《しぶやのしょう》司《じ》重国《しげくに》のように、渋谷荘《しぶやのしょう》の下司《げす》（荘《（庄）》園の現地役人）などの職名も通称として使用された。所領や根拠地がない場合、源九《げんく》郎義経《ろうよしつね》や藤九《とうく》郎盛長《ろうもりなが》のように在名なしの通称もある。

さらに④官位を得た場合、普段の名が⑤通称から④官名に置き換わるか、官名を混ぜた新たな⑤通称となった。例えば蒲《かばの》冠者範頼《のりより》は三河守《みかわのかみ》範頼、小山小《おやまのこ》四《し》郎朝政《ろうともまさ》は小山　兵衛尉《ひょうえのじょう》朝政、梶《かじ》原《わらの》源太景季《かげすえ》は梶原源太左《さ》衛門尉《えもんのじょう》景季などへと置き変わる。飛《ひ》騨三郎左《だのさぶろうざ》衛《え》門《もん》のように「飛騨守の三男の左衛門尉」などという意味を示す通称も存在する。

④官名と⑤通称は、どちらも日常的に個人名の役割を果たし、官名は通称の上位互換の如き観も呈している。これらは「景季」などの①名では伝わらない、現実的に重要な情報――どこの誰で、どんな地位か――を知らせるために生まれた実用的な名前であった。

かくして一二世紀、鎌倉時代に入るまでには、人名には実名（①名）と仮名（④官名・⑤通称）という起源と用途の異なる二系統が並立し、使い分けられるようになった。

†家名の「姓」化

続く一二世紀から一六世紀頃までの人名表記を概観すると、表面上は前代に似つつ、一五世紀頃までに性質が漸次変化している。要点を先に挙げると、家名としての苗字・称号の定着、官位自称の蔓延、《名前》と《姓名》の主客逆転《しゅかく》の確定――の三点である。

中世社会では、財産と仕事が一体となった「家《いえ》」と呼ばれる経営体が、次第に社会的な基礎単位となる。すると「三条大納言」や「大庭三郎」という個人を示す通称から、「三条」や「大庭」などが「家」の名称、すなわち家名《かめい》として代々継承されるようになる。朝廷社会ではこういう家名を称号（⑥）、武家など一般には名字《みょうじ》（のち⑦苗字）と呼ぶ。

中世武士の名字は「家」経営体の名であって、父系血統を表示する「姓《せい》」ではない。天皇から与えられる氏姓（②③）とは異なり、名字（⑦）は原則自ら称する。ゆえに本拠地や所領が変われば当然変えるし、分割相続が基本であった中世中期までは、惣領(本家)と庶子(分家)の名字は異なることが普通であった。

しかし家は子孫に継承され、かつ所領に左右されない名字の継承——「足利」に居住しなくても引き続き「足利」と称する——などの慣習も一四世紀頃までに広がり、名字は「家」経営体の名称でありつつ、血統で繋がる一族の名、つまり「姓《せい》」的用途も帯びるようになる。そのため江戸時代には、名字は苗裔《びょうえい》(一族)が代々共有する、姓(②氏)のような家名として、「苗《みょう》氏《じ》」や「苗字《みょうじ》」という表記も普通になっていく(ただし本家の苗字を分家に名乗らせない慣習を持つ家は江戸時代にもある)。称号と名字とは元来異なる歴史を持つが、江戸時代までに同様の家名的な要素へと帰結していった。なお一四世紀までに家名と通称・官名との間には「の」を挟むことが少なくなり、一六世紀半ばまでに入れない方が一般的となる。

官位の自称と主客逆転

一四世紀以降、次郎左衛門や大和守《やまとのかみ》などと官名を名乗っていても、多くがその官職の実態を伴わず、ただ社会的地位を示すために朝廷から付与される、いわば格の高い通称と化していった。さらに一五世紀半ば以降の戦国乱世になると、朝廷の許可なく勝手に官名を自称することも蔓延していく。特に何兵衛・何右衛門・何左衛門などは、成人男性の名乗るありきたりな通称の定型としか認識されなくなっていった。

そんな⑤通称（④官名を含む）に家名（⑥⑦）を接続した宮崎安房守《あわのかみ》、佐土原八郎兵衛尉《はちろうびょうえのじょう》などが普段の名前として機能したため、「義弘」などの①名（諱）が武家では「名乗《なのり》」と呼ばれ、儀礼的形式的な後付けの〝設定〟と化した。そのため必要のない①名を設定せずに生涯を送る状況も生まれた。同時に①名の修飾要素である氏姓（②③）も不要となり、朝廷から官位を与えられるとか、そういう必要な状況が生じた場合に、自家の扮飾《ふんしょく》に都合のよいもの――源朝臣《みなもとのあそん》とか平朝臣《たいらのあそん》などを自称するに過ぎなくなっていった。

人名世界の下剋上――といえばやや語弊もあろうが、戦国時代の秩序紊乱《びんらん》とともに、「木下⑦藤吉郎⑤」のような《名前》（⑥ないし⑦＋④ないし⑤）が人名の主役の座を占め、本来の人名であった「豊臣② 朝臣③ 秀吉①」などの《姓名》（②＋③＋①）が《名前》よりも後で設定される、あるいは設定すらされないものへと変化した。この《名前》と《姓名》の主客逆転は朝廷社会を除き、一六世紀頃までにほぼ確定・定着した。

†庶民の名前

官位とは無縁の一般庶民の名はどうだろうか。古代戸籍の編製はおよそ一〇世紀末には途絶えたが、一四世紀頃の村人たちも秦家恒《はたのいえつね》、弓削重房《ゆげのしげふさ》などと《姓名》（②氏＋①名）での人名表記を行っていた。ただしこれらは古代の氏姓が継承されたものではなく、新たに設定・自称したものが多いと考えられている。
　彼らも藤井国広《ふじいのくにひろ》が藤次郎《とうじろう》などと、《姓名》以外の⑤通称も併せ持ち、日常的な名前はこれら排行式の⑤通称が一般化したらしい。一四世紀半ば、若狭国太良《たらの》荘《しょう》の人々の起請文《きしょうもん》をみると、「秦正守」など《姓名》らしきものと「平大夫」「弥太郎」などという通称、その両方が記名でも混用されている（写真4-1）。しかし《姓名》の日常的使用は次第に姿を消し、一五世紀頃の人名は通称ばかりになっていく。かつ民間にも官名自称の風潮が及んで、何右衛門、何左衛門、何兵衛などが急増、名前の典型として定着していった。

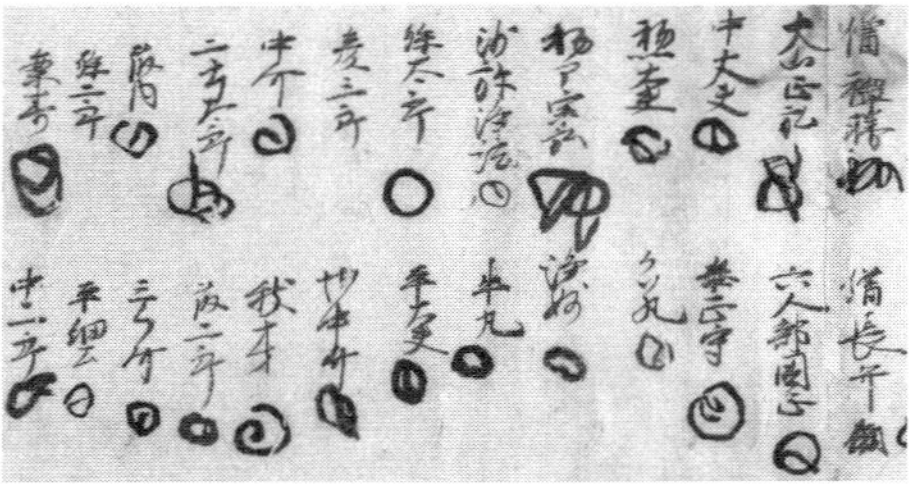

写真 4-1　14 世紀前半における百姓等の人名表記
出典：建武元年（1334）8 月 21 日「若狭国太良庄大山貞重等連署起請文」（東寺百合文書。京都府立京都学・歴彩館所蔵）部分。上位層は大山正弘、秦正守など姓名、それ以下は弥太郎、平大夫、牛丸などの名前で記名されて並ぶ。いずれも本人による略押やシルシが記されている。

　一七世紀、江戸時代に社会秩序が回復されると、信濃守《しなののかみ》、左衛門尉などの④官名は自称できなくなったが、何右衛門などは誰でも名乗れる⑤通称の典型として利用され続けた。さらに家の当主が代々四郎《しろ》右衛門を名乗る——というような襲名慣行が、特に一七世紀後半頃から広く定着を見せていった。

また江戸時代には、何丸、何千代などの古い形式の幼名が公家や大名以外では使用されなくなり、源次郎や藤八など、本来成人の通称に用いた名前が幼名として名付けられた。そのため江戸時代の幼名は①名ではなく、人生最初の⑤通称という位置づけに変化しており、大名の世《せい》嗣《し》も「黒田順丸」や「上杉龍千代」、公家の子も「一条奈良君」「河鰭《かわばた》寿丸」などと、家名（⑥・⑦）がこれを修飾するようになっている。

†庶民の苗字

百姓一般の苗字は一四世紀頃から出現し、一五世紀以降一般化していく傾向が確認される（坂田二〇〇六。丹波山国荘の事例）。これも家の名ではあるが、百姓の場合は擬制を含む血縁関係、地縁により連帯した同族の名としての機能が大きい。江戸時代の百姓もこの流れを汲む苗字を有するが、村内や同地域に「同苗《どうみよう》」（同じ苗字）が多いのが普通であるため、権兵衛とか源右衛門など、代々襲名する当主名の方が家の名として機能している。

一八世紀以降になると、公儀は通称を苗字で修飾した名前の公称――役所など公儀に対してそれを使用し、公儀からも苗字付きで称呼されること――を、支配側の許可する特別な身分標識の一つとして活用した。ゆえに苗字公称を特別な身分標識とみる認識が全国化したが、民間での苗字の私用は、それとは関係ないものとして行われ続けた。

江戸時代後期における百姓の私的な帳面――香奠《こうでん》帳や祝儀帳などを繙《ひもと》くと、村内外の人々が全員苗字付きで書かれた例はいくらでもある。こうした名簿での人名表記は、全員を(1)「武石《たけし》村」とか「長久保古町」とかいう地名を肩書にして「久四郎」や「喜右衛門」などと苗字なしで記す形式や、(2)地名＋「小林久四郎」「橋詰喜右衛門」などと苗字付きで記す形式など様々である。同時期・同家の香奠帳をみても、同一人物が(1)でも(2)でも書かれるし、一冊の中に(1)や(2)が特に意味もなく混在する場合もあるなど、統一性は全くない。ただし日常は⑤通称のみで事足りた時代ゆえに、村内の人ばかりの名簿は通称単独が普通である。なお苗字単独を個人名の表記として使う例はまずない（前章写真3-1、後掲写真4-4参照）。

このほか江戸時代の庶民には、庄屋、名主《なぬし》、組頭、百姓、大工、鍛冶などの職名、または商家の屋号が⑤通称を修飾し、百姓六右衛門、名主源左衛門、木屋作十郎などの人名表記もある。屋号は江戸時代に一般化した人名的要素で、その性質は後ほど説明する。

†人名的要素は浮気しない

男性名は長い歴史の中で、《姓名》と《名前》の二本立てとなった。江戸時代には《名前》が人名としての実を持ち、《姓名》はごく一部を除き、設定すらしないのが普通である。

しかし朝廷社会だけは、江戸時代にも《姓名》をあくまで人名の本体と位置づけて、世間の《名前》を脇役とみなす建前を維持した。この世間一般と朝廷の認識齟齬《そご》が明治初年の「氏名の誕生」につながっていく――のだが、それはまた別の話である（前著『氏名の誕生』はこの点を主題として扱っている）。

前掲の図表4-1を見ながら、江戸時代後期における人名的要素を整理しておこう。

まず個人名として主体となる人名的要素は、〔①名〕か〔④官位か⑤通称〕の二種だけで、それ以外はすべてその修飾要素である。前者〔①名〕には②氏・③姓《かばね》が修飾して《姓名》を構成し、後者〔④官位か⑤通称〕には⑥称号・⑦苗字・⑧職名・屋号のいずれかが修飾して《名前》を構成する。ただし⑧の屋号は経営体の名であるため、類似の性格を持つ⑦苗字と同時に通称を修飾できない。ゆえに〝山田屋山中治兵衛〟のような表現は江戸時代において通常の記名には用いられない。

現代人は、人名を片岡＋源五右衛門とか、藤原＋道長とか、二つの要素で一組だと、近代氏名の常識でとらえがちである。だが前近代の人名は、主体（核）となる個人名に修飾要素が付いたものである。②氏・③姓・⑥称号・⑦苗字・⑧屋号などは、元来単独では人名たりえない修飾要素――個人の名に付く飾り《ヽヽ》であるという原則を忘れてはならない。

もっとも江戸時代の《名前》の核である〔④官位か⑤通称〕は、本来《姓名》ないし①名の修飾要素であるから、松平⑦ 越中守④ 源② 定信①などと、《名前》と《姓名》両方にまたがった表現も可能だが、《名前》と《姓名》をすべて繋げた人名表記は通常使用されない。かつ人名的要素の修飾関係は、歴史的経緯で決まっているために、それに反した表現——例えば本章冒頭で述べた〝藤原平蔵〟（②+⑤）とか〝長谷川宣以〟（⑦+①）は当時の人名表記として、まず一般に通用しないのである（前著『氏名の誕生』も参照されたい）。

さあ江戸時代の女性名は、以上の話とどう関係してくるのだろうか——。

2　女性名の変遷

†「売」圧倒の時代

八世紀の戸籍にみえる古代の女性名は、広虫売《ひろむしめ》、家刀自売《やかとじめ》、弥佐利売《やさりめ》、宇麻古売《うまこめ》、和子売《なごこめ》、宿奈売《すくなめ》、千依売《ちよりめ》、玉津売《たまつめ》、刀良売《とらめ》、由伎売《ゆきめ》、美久売《みくめ》、赤売《あかめ》、千売《ちめ》などなど、主に一〜四音節に接尾語「売《め》」（賣）が必ず付き、志祁多女《しきため》、塩手女《しおてめ》など「女《め》」も「売」に用いた。

古代の女性名には、「売」（「女」）という符号が必須である。なお古代の人名は、漢字の音訓を借りて日本語の音声を表記したものであり、漢字自体の意味は意識されていない。

七世紀頃までの上流の女性名には、堅塩媛《きたしひめ》、法提郎女《ほてのいらつめ》など比売《ひめ》（媛《ひめ》・姫《ひめ》）や郎女《いらつめ》（娘《いらつめ》）などの符号も用いられたが、八世紀後半には庶民同様に売（女）が付くか、それを省略した多理《たり》、諸姉《もろね》、等能古《とのこ》、若子《わくこ》、広刀自《ひろとじ》、子虫《こむし》、糸手《いとて》など様々な形が用いられた。

古代の女性名は前掲図表4-1の①名である。ゆえに氏姓（②③）が接続し、伊福吉部臣徳足《いふきべのおみとこたり》比売《ひめ》、置始連祁志女《おきそめのむらじきしめ》、藤原朝臣袁《ふじわらのあそんお》比良《ひら》、石上《いそのかみの》朝臣真屋《まや》、巫部刀美古《かんなぎべのとみこ》など、男女共通の《姓名》（②＋③＋①）を構成した。

八世紀律令制以降の氏姓は父系血統を表示する。ゆえに庶民の戸籍でも、戸主物部牧夫《もののべのまきふ》の妻は大家部咩豆売《おおやけべのめつめ》、その娘は物部裟婆売《さばめ》と記されている。なお物部裟婆売は夫と死別ないし離婚したらしく、娘とともに父物部牧夫の戸に属したが、その娘は肥君堅魚売《ひのきみかつおめ》という、夫のものとみられる氏姓で記されている。

†貴族女性の「子」

九世紀初頭、嵯峨天皇が娘に正子《まさこ》、芳《よし》子、業《なり》子などと漢字一字＋「子」という名を付けた。この新型「何子」は、男の諱と同じく漢字自体の意味を意識して選定された名で、「子」は女性名だと示す符号である。この形式はたちまち貴族女性名の世界を席巻し、九世紀中には定型の位置を占めた。嵯峨天皇は内親王に何子、臣籍降下させた娘には潔姫《きよひめ》・全《また》姫などと名付け区別したため、藤原時姫《ふじわらのときひめ》・正妃《まさひめ》など、何姫（妃）という名の形も行われたが、およそ一一世紀までに貴族女性名は、すべて「何子」型一色になった。

もっとも九世紀には明子《あきらけいこ》、高子《たかいこ》、多子《まさるこ》、清子《きよいこ》など一字三音節以上の訓や、真屋子《まやこ》、安萬子《あまこ》など二字＋子もあったが、次第に貞子《さだこ》、鎮子《しずこ》、香子《たかこ》、徳子《のりこ》など、漢字一字で必ず訓読みの二音節＋子という形に画一化していく。

なお、こういう名は後世には訓が不明となったものが多いため、学術上はとりあえず藤原威《ふじわらのい》子《し》、安子《あんし》などと、すべて音読みで済ませる慣例が江戸時代後期頃から現在まで行われている。ただし貴族女性の《姓名》としての「何子」は、幕末に至るまで必ずサダコやノリコなどという訓読みであり、テイコやトクコという音読みは存在しない。

†新型「何子」は形だけ

嵯峨朝以降、貴族女性にも童名《わらわな》が付けられるようになった。早期の例としては、菅原道真の娘「阿満《あま》」、在原棟梁《ありはらのむねはり》の娘「おほつぶね」などが僅かに知られている。

さらに幼少の貴族女性は、大姫君《おおひめぎみ》（大君《おおいぎみ》）、中姫君《なかひめぎみ》（中君《なかのきみ》）、乙《おと》姫君、三君《さんのきみ》、六君《ろくのきみ》などと呼ばれ、それが事実上名前の役割を果たした。これらは男の太郎君などに対応する生まれ順による呼名で、「大」は長女、「中」は二番目、「乙」は「弟《おと》」の意味で姉がいる場合の名、数字は三女・

六女などを意味し、これに敬称の姫・君・姫君などがついている。「閑院《かんいん》のおほいきみ（大君）」（源宗于《みなもとのむねゆき》の娘）、「四条大納言《しじょうのだいなごん》の中姫君」（藤原公任《きんとう》の娘）などと、父の居所名や称号を冠することもある。これらは①名を避けて人を指称する呼名、いわば男の⑤通称に近いが、通称のように自称はしないようである。

貴族女性は、裳着《もぎ》（着裳《ちゃくも》。女性の成人儀礼）や女官として出仕する時や位階を得る時に至り、初めて「何子《なにこ》」という名を設定した。叙位任官した女性名の表記は掌侍《ないしのじょう》従五位下《じゅごいのげ》安倍朝臣《あべのあそん》厚子（訓不詳）などとなり、「何子」は①名として「頼通」など男の諱に相当している。

しかしこういう「何子」は、嵯峨朝以前の名のように普段の呼称には原則使用されず、婚姻や宮仕えなど、必要になった際に設定する、ごく形式的なものと化した。そのためか一〇世紀末には、源高明《たかあきら》の娘は高子《たかこ》、藤原伊周《これちか》の娘は周子《ちかこ》などと、父の名の一字（偏諱《かたいみな》）を流用するごく簡便な設定方法も定着し、この方法は幕末まで確認される。摂関家など最上級の貴族は頊子《もちこ》、竴子《よしこ》、佶子《さねこ》、宰子《かみこ》など、父の名に拠らない、当時でも難字難読の名を学者に考えさせて設定したが、これも普段使わないからこそといえよう。貴族女性は「何子」設定後も、童名や大姫などの呼名が普段使用されたと考えられており、嵯峨朝以降の「何子」は、当初から日常的に用いるものではなかったらしい（妻の呼称は後述）。

女官になると、源式部《げんしきぶ》、小兵衛《こびょうえ》、大輔《たいふ》、播磨《はりま》、など官名・国名を用いた呼名が設定され、これが普段の名となった。この慣習は九世紀頃には確認され、呼名に掌侍や命婦《みょうぶ》などの官名、あるいは敬称「君」などを接続して、「侍従《じじゅう》の命婦」とか「大納言の君《きみ》」などとも呼ばれた。この式部や大納言は呼名であり、男の官職である式部卿や大納言に任じられているわけではない。

　こういう呼名は、当初女官の父や夫の官職・本姓などにちなんで個別に付けられていた。父が讃岐入道と呼ばれた歌人だから讃岐典侍《さぬきのすけ》、父が清原氏なので清少納言、紫式部の「紫」はその著書『源氏物語』の登場人物、紫の上に由来する呼名とされている。しかし一二世紀頃までに、女官の呼名は前章でみたような一種の通り名のようなものになっていく。一三世紀初頭には、下級の女官（下臈）の名に、うれしき、ひさしき、などという官名でも国名でもない呼名が用いられており、こうした名を候名《さぶらいな》といった。同時期における雑仕など最下級の女官には、はなさく、さゆりば、はつはな、あげまき、さゞなみ、などの候名が用いられており、いわば源氏名の源流がみられる。

　なお貴族女性の童名は、一二世紀頃には愛寿御前《あいじゅごぜん》、閉王《とじおう》御前、辰《たつ》御前、龍前《りょうのまえ》、鶴殿《つるどの》など、同時代の男と変わらぬ童名に、敬称の御前《ごぜん》（ゴゼとも読む）・前《のまえ》・殿《どの》をつける形だったことが確認される。

†にょ・こ・のまえ・ごぜん

貴族以外の女性には、使わない「何子」の設定は不要であり、日常的呼称として実用する①名だけを持っていた。庶民が非識字層であることも忘れてはならない。

　角田文衞氏は、一〇世紀の畿内や近国では庶民にも「子」型が優勢になるというが、実際は屎子《くそこ》、後安子《しりやすこ》など嵯峨朝以前から存在する形が多く、貴族女性風の「何子」は少ない。都より遠い地方では「女」(売)を接尾語とする従来型が断然圧倒的で、如女《ゆきめ》、安良《あら》女、山道《やまじ》女など二〜三音節＋女、高刀自女《たかとじめ》、真《ま》刀自、乙町女《おとまちめ》、戌子女《いぬこめ》、宮子売《みやこめ》のような、一〜二音節＋刀自・町・子＋「女」(売)などが主な形であった。

　一一世紀末から一三世紀には、貴族女性名やその日常的な呼名の影響を受けたような、二つの代表的な女性名が現われる。一つは大姫や中君などの庶民版の如き、太子《おおいこ》、姉子《あねのこ》、仲子《なかんのこ》、三《さん》子《のこ》など、生まれ順を示す語＋子という形で、もう一つは貴族と同じような童名に接尾語「女」が付く形——鶴若《つるわか》女、愛寿《あいじゅ》女、薬師《やくし》女、金剛《こんごう》女、祇王《ぎおう》女、袈裟《けさ》女などで、「女」を省略した吉祥、観音、地蔵、夜叉《やしや(さ)》、勢至《せいし》なども用いた。これらは貴族女性の呼名や童名と同じ形だが、庶民女性の場合は成人後も用いる①名として使用している。

　さらに同時期、鶴御前《つるごぜん》、福王前《ふくおうのまえ》、徳寿殿《とくじゅどの》などの名も定型として広がった。この御前・前・殿は敬称ではなく、「女」と同じく女性名の接尾語として、個人名の一部に組み込まれている。ただし「殿」は長く続かずに消えたようである。

かくして一三世紀頃における貴族以外の女性名は、亀石《かめいし》女、姫犬《ひめいぬ》女、満《みつ》女、梅《うめ》女、目々《めめ》女、十良《とら》子、犬子、地蔵前《じぞうのまえ》、犬御前《いぬごぜん》、大姫御前など、主に二音節〜四音節を核にして、女《によ》・子《こ》・前《のまえ》・御前《ごぜん》などを付けた形が基本となる。この頃には何刀自女・何町女などの形はほぼ消滅し、「売」の字もほぼ消えて「女」だけとなる。なおかつ「かめわうによ」（亀王女）と記名された史料もあるように、「女」は「メ」ではなく「ニョ」と読むことが多くなっている。

この段階の女性名は依然として①名であるから、修飾要素は氏姓（②③）である。ただし③姓《かばね》は日常的に用いなくなるため、②氏を接続した藤原姉子《ふじわらのあねのこ》、たいらのあねのこ（平姉子）、当麻氏《たいまうじ》さんのこ（三子）、中原薬師《なかはらのやくし》女、藤原犬王《ふじわらのいぬおう》女、渡会瀧寿子《わたらいのたきじゆこ》、藤原舎那御前《ふじわらのしやなごぜ(ん)》などの記名が確認される。ただし氏を略した①名単独の使用も次第に増加するようである。

†おの字名への混沌

一一世紀末頃〜一四世紀の売券《ばいけん》（土地や権利の売買証書）などには、藤井氏子《うじのこ》、藤原氏女《うじのによ》、みなもとのうぢの女《によ》、などいう記名もみえる（写真4-2）。これは男の「藤井貞安」（②氏+①名）や「左衛門太郎」（⑤通称）などの記名と並んで使用され、「丹波氏女伊《たんばうじのによい》夜前《やのまえ》」のように①名に接続している例もある。何々氏女は①名ではなく、男の通称のような役割だったらしい。中世前期には女子を含む子供全員に家産が分割相続されるのが基本であったため、女性も対外的に表示する①名以外の通称が必要になったとみられる。なお「藤原姉子」と記名している女性が「福寿女」という名を持っている例などが確認されるので（『鎌倉遺文』）、生まれ順によるこの手の記名も、場合によっては何氏女《なにうじのによ》と同様に通称的な用途で用いられたものと考えられる。

　しかし中世後期になると家は惣領《そうりよう》（一人の相続男子）への単独相続へと移行したため、売券に女性名が記されること自体が減少する。さらに一四〜一六世紀は長い戦乱期に突入し、女性名を知り得る史料自体が少なくなる。そのため簡単な傾向変化しか示せないが、この期間に女性名は大きく変貌し、江戸時代のおの字名へと収束していく。

　一四世紀頃には、姉子や三子など、生まれ順＋子という形が消滅し、さらに符号・接尾語としての「子」と「前」も次第に消え、概ね「女」と「御前」が残った。

　一五世紀頃になると、何氏女という記名方式も消滅する。接尾語も「御前」が衰退して「女」だけとなり、さらに「女」が付かない形も増加した。かつて隆盛を誇った何寿・何王・何夜叉などは女性名ではほぼ絶滅し、千代《ちよ》鶴《つる》女、松鶴女など鶴・虎・犬・熊・亀・松・菊・乙・若・千代など二音節の語を二つ組み合わせた四音

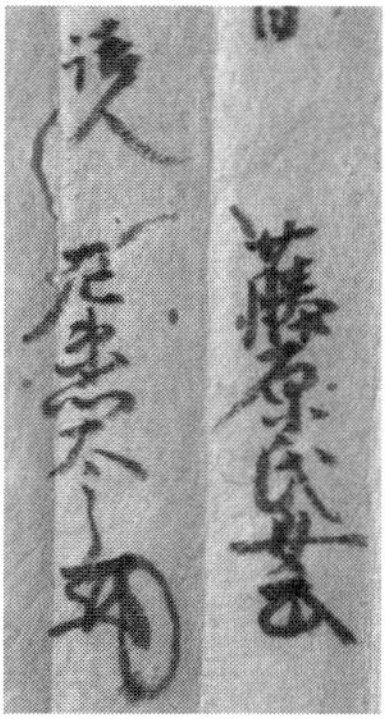

写真4-2　藤原氏女

出典：徳治2年（1307）3月「藤原氏女田地百姓職売券」（東寺百合文書。京都府立京都学・歴彩館所蔵）、差出部分。左は「左衛門太郎」。

節＋女や、鶴女、亀女、禰々《ねね》女など、二音節＋女の簡素な名前が多くなる。頭に「お」（「御」）のつく庶民の名はこの頃に出現するが、「御ふく女」のように「御」と「女」が付くなど後世とはまだ用法が異なる。

一六世紀頃には、くり、くま、ねゝ、めゝ、つる、かめ、はつ、など平仮名二音節の類が多く出現した。「お」も勢力を伸ばし、同地域におつる、おらく、御なゝ、くり女、むこ女、ひめ、こま、さつ、などが混在する状況となる。この時期の「お」は江戸時代のように一律に付かず、「お」の有無には区別があったようにも見受けられる。

江戸時代の原型がみえ始めたようだが、まだ簡単に繫がらない。例えば貴族男女の童名であった阿茶《あちゃ》が一般に広がり、一六世紀にはその派生形のような、茶阿《ちゃあ》、阿茶ち、あこ、あかゝ、あやゝ、あちや〱、などの名や、あねゝ、しまあ、にや〱、ちふい、など二音節型以外の女性名も多く、二音節も、たあ、まあ、くぼ、さる、などがある。江戸時代の〝おの字名一強〟はまだ遠い――という混沌した様子をみてとれる。

一七世紀に徳川氏により社会秩序が回復されると、女性名の符号は接頭語「お」が占めて、接尾語の「女」は日常からはほぼ退場する。一八世紀を過ぎる頃には、あちや、ひめ千代、さいかめ、のような二音節型以外の名が消えて行き、おの字名が普遍的な定型となる。なお第一章でみた武蔵安戸村の「いぬ」は、中世の童名にみられた女性名の名残であろう。江戸時代女性名の地域差には、こういう歴史的継承も含まれている。
女性名には古代以来、売《め》・女《にょ》・おなど、女性だと示す符号が存在している。これは男の名前には生まれなかった、女性名ならではの特徴である。

繁姫源郁子

貴族女性の童名、つまり日常の名は一三世紀以降庶民と同様になっているが、さらに一五、六世紀になると、公家も大名の娘も、阿茶、御あちゃ〳〵、ちよぼ、弥々《やや》、あい、さい、伊弥《いや》、御《お》春《はる》、御《お》満《みつ》など庶民との差がなくなり、江戸時代以降の女性名は、朝廷から庶民まで二音節型によって占められた。ただし公家や大名は「姫」が付くことは前述した。

江戸時代にも皇族や公家の娘だけは、あの「何子」を婚礼や宮仕えの際、形式的に設定し続けている。皇族の和宮《かずのみや》は親子《ちか》、公家の裏松家の娘正姫は直子などであり、普段使用する名前の二音節と、「子」につく二音節部分は共通しない（絢《あや》姫にして絢《あや》子ということはない）。

大名の娘は「何子」を設定しないが、公家に嫁いだ場合などには設定している。例えば公家の大徳寺家（本姓藤原）に嫁いだ高松城主松平讃岐守（本姓源）の娘は、墓石に「繁姫源郁子《しげひめみなもとのふみこ》之墓」と刻《きざ》まれている。朝廷社会では何姫という普段の名を「字《あざな》」（通称）、何子を「諱」と男の名に准《なぞら》えた例がしばしばあるが、これは当時一般には受け入れられていない。

†女性名に苗字は付かない

男女の人名は九世紀頃から異なる道を歩み、それぞれ別の変化を遂げた。男と女の名前は根本的に異なる――という点は、もはや十分理解されたことだろう。

男性名は《姓名》と《名前》が並立して後者が人名の主役を占める、という主客逆転の歴史を経た。江戸時代には専ら⑤通称ないし④官名が男の名前であり、①名は設定しない方が普通になった。そんな男性名には家名(⑥・⑦)という特有の修飾要素も生まれた。

対して女性名は、古代の刀良売《とらめ》から中世の愛寿女《あいじゅ》、犬御前《いぬごぜん》、江戸時代のおみつまで、一応同じ①名の線上にある。貴族女性のみ貞子《さだこ》、寛子《ひろこ》など諱的な①名も設定したが一般には広がらず、①名とは異なる通称的な「藤井氏女《ふじいうじのにょ》」なども生まれたが、これは中世のうちに消えた。女性名は《姓名》と《名前》の二本立てにならず、男の苗字のような特有の修飾要素も生み出さなかった。

しかし江戸時代の女性名は、男の①名である「家康」や「忠邦」などとは対応関係になく、男の⑤通称ないし④官名に相当する名前として機能した。ゆえに弥兵衛とおまさ、溝口伯耆守《ほうきのかみ》と誠姫《まさ》などと並べたのである。江戸時代の女性名は男の①名ではなく、男の《名前》の位置に相当しているが、どうしても⑤通称や④官名ではない。女性一般の個人名は男の人名要素のなかに、ピタリと一致するものがないのである。

江戸時代の女性名はそれ単独で用い、男性名のように修飾する人名要素がない。氏姓〔②③〕は日常世界から消えたため〝源《みなもとの》おみつ〟などという表現は行われないし、⑦苗字は男性名の世界で生まれた〔④官位か⑤通称〕の修飾要素であるため、〝長谷川むめ〟や〝徳川鶴姫〟などと女性名を修飾することは原則としてありえない。人名の歴史を踏まえれば、それはあまりにも当然なのである。

女性名に苗字を付けるわけがない。それが江戸時代の常識である。しかし実際には「小林おきせ」とか「松井梅子」などという表現も、江戸時代特定の条件下では見出される。

結論からいえば、それは人名の形としてはあり得ないが、表現としてはあり得るからである。次節では女性名と苗字の関係を、江戸時代後期の実態からみていこう。

3　苗字と女房

†公儀の常識

公儀は裁判において「牧野越中守領分　河州渋川郡久宝寺《きゅうほうじ》村　百姓　惣七」などと、その人

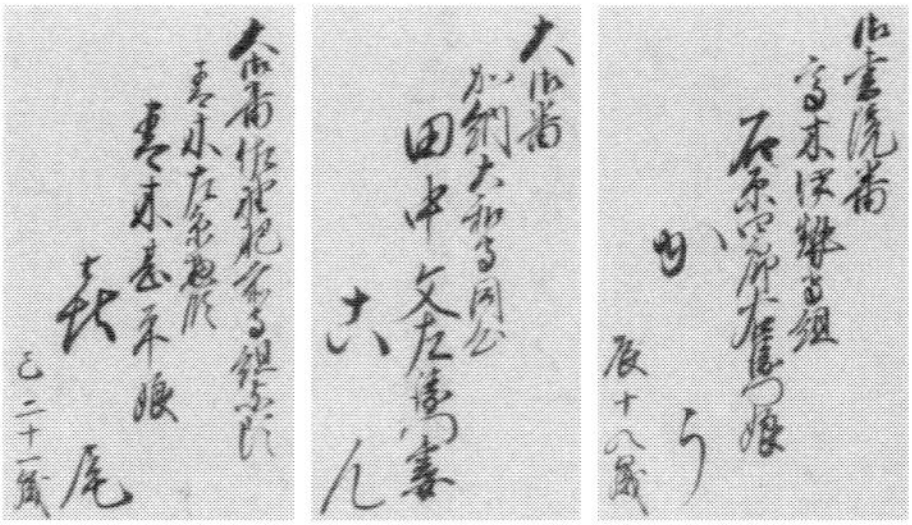

写真4-3　大奥に雇用された女性の名前表記

出典：文化2〜7年（1805〜1807）「女中帳」（国立公文書館所蔵）。妻は乳母としての採用。

の身分と名前を長々と正確に表記する。こうした公式な人名表記で、公儀が武士の家族名をどう書いているかをみよう（以下事例は『御仕置例類集』・『近世法制史料集』）。

注目すべきは苗字の付け方である。まず武士の男性家族の場合、「松平内蔵頭《くらのかみ》家来　渡辺儀助悴《せがれ》　渡辺定助」、「百人組之頭　水野播磨守《はりまのかみ》組与力　塚原竹太郎父隠居　塚原友之助」などと、家族個々人にも必ずいちいち苗字を付けている。「渡辺儀助悴　渡辺定助」を〝渡辺儀助悴　定助〟などとは決して略さない。同じ苗字を何度も書く手間になるが、これはどうしてもそうしているのである。

一方武士の女性家族の場合は「吹上奉行　金子彦八郎妻　ゆふ」「火消役　小笠原勝三郎組同心　内藤相吉郎母　とせ」「佐竹亀丸家来　徒士《かち》　諏訪宇右衛門娘　きた」などと記される。女性名に苗字を付けて〝内藤とせ〟などと書くことはない。

公儀のこの方針はかなり一貫して認められ、第三章でみた大奥の「女中帳」でも、奥女中に採用された女性の名は「御書院番　高木伊勢守組　石原四郎右衛門《しろえもん》娘　かう」「大御番　加納

大和守同心　田中文左衛門妻　こん」「大御番佐野肥前守組与頭《くみがしら》　青木左京惣領　青木甚平娘きを」などと記されている（写真4-3）。

女性名に苗字は付けない。それは人名の歴史的修飾関係が正確に理解されていた――という より、「女に苗字は付けないもの」という感覚が常識として定着していたためであろう。この 事実は明治初年、女性と苗字の問題を理解する際に極めて重要な前提となる。

†近世苗字の三大要素

江戸時代には、武兵衛、おみつ、などという個人名単独が〝フルネーム〟である。苗字という修飾要素をいちいち付ける人間の方が、よほど少数派であることを思い出してほしい。

江戸時代の苗字は「家」経営体の名としての役割と、それが主に血統で相続されることから育《はぐく》まれた父系血統を示す姓《せい》のような役割とがある。さらに一八世紀以降、その公称は特別な身分標識としての役割を持った。すなわち江戸時代における苗字の特徴は【A】家名、【B】姓、【C】身分標識――という三大要素を兼ね備えている点にある。

この【C】ゆえに、本人一代限りで苗字御免となった百姓は、宗門人別帳にも本人だけ「田口甚右衛門」と記載される。この場合の苗字御免は家族には及ばず、同居する悴《せがれ》もあくまで「丹蔵」であって〝田口丹蔵〟と公称することは許されない。実際父の死後に相続・襲名した丹蔵は「甚右衛門」としか宗門人別帳に記載されていない（弘化四年・越後木落村の実例）。公儀において「渡辺儀助倅　渡辺定助」か「田口甚右衛門倅　丹蔵」かは格の違いを明示している。ゆえに公式な人名表記で「渡辺定助」の「渡辺」は安易に省略され得ないのである。

苗字の【A】家名（現在所属する家の名）と【B】姓（出自・血統の表示）という性格は、養子の場合両立しないが、必ず【A】が優先される。例えば山田何太郎が田中誰右衛門の婿養子になれば「田中何太郎」と称する。するとその「田中」は彼の出自・血統を表示していないが、田中家を継ぐのに【B】を重視して「山田」を名乗り続けることはない。家を基礎とする社会では、血統の表示より家名の継承が重要だからである。江戸時代における家の相続は血統に必ずしも執着しない。血統は擬制でも構わないのが家相続の常識である。

なお商家の場合、越後屋とか米屋とかいう⑧屋号が通称を修飾した。京・大坂などでは宗門人別帳や裁判でも「和泉屋治兵衛」などと記載されることが多い。屋号には姓の役割は全くなく、もちろん身分標識でもない。つまり経営体の名称という点で、苗字の【A】に似た役割を持つが、苗字とは混同しようもない別の代物である。

人名的要素としての⑧屋号は、事実上江戸時代に広く出現して隆盛を迎えた。そのためそれ以前の男女人名の歴史に影響されず、経営体の主なら男女を問わず修飾する。ゆえに女性も当主なら「井筒屋あい」「住吉屋ふち」などという形が公私ともに使用された。ただし屋号に

【C】身分標識の役割はないから、「河内屋房吉同居父　伝七」とか「油屋新兵衛妻　こう」などといって、家族個々人には逐一付けないのが通例である。

†佐藤のおせん

公儀は公式な人名表記で、女性名に苗字を冠しない。しかし私的な日常世界では、苗字を付けた表現も見受けられる。

桑名藩の下級武士渡部平太夫《わたなべへいだゆう》による『桑名日記』（天保一〇年～嘉永元年）は、口語に近い文体で日常を記述した日記である。桑名藩士たちの祖母・母・妻・娘など、女性も多く登場し、「おこん、おせん、となりのおこふ」「おきんさ（さん）」などと、他の日記同様おの字名単独での記述が多いが、「片山のおてつ」「横村のおきやう」「浅野のおいし」「加藤のおうた」などと、苗字＋「の」＋おの字名という形も多く使用されている。

「片山」や「加藤」は苗字だが、これはその女性が現在所属している家の情報を平太夫が付けた修飾表現で、いわば〝加藤さんちのおうた〟などを意味している。日記には「浅野おいし」などと「の」を略した箇所も確認されるが、意味はもちろん同じである。

この表現の苗字に出自・血統を表示する姓《せい》の役割はない。それは「加藤のおうた」が離縁されて実家江川家に戻って以降「江川のおうた」と書かれていることや、佐藤留五郎に嫁いだ渡

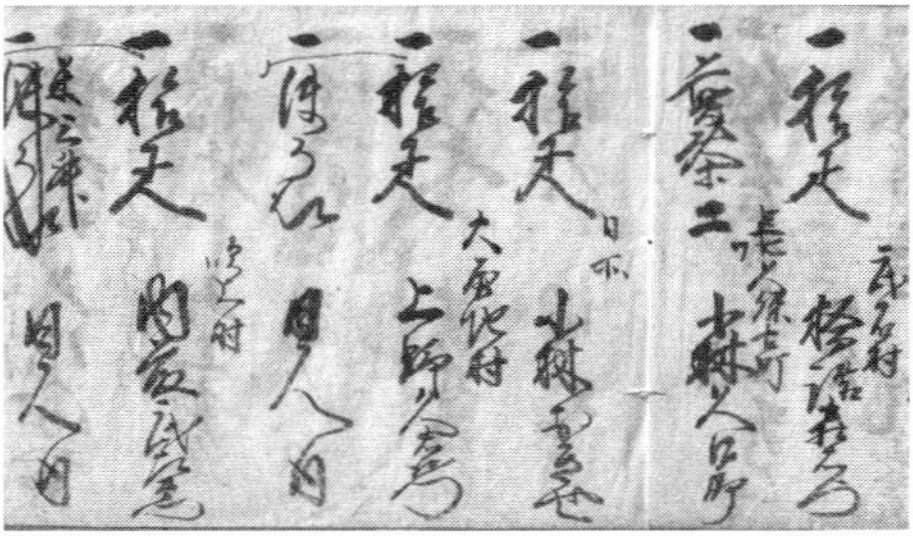

写真4-4　香奠帳の中の「小林おきせ」

出典：文政9年（1826）7月「香奠帳」（信濃国佐久郡牛鹿村川瀬軍蔵家文書。個人蔵）。右から三番目に「小林おきせ」がみえる。全員苗字付きだが、いずれも中山道長久保宿とその近在の百姓で、場所柄旅籠屋などの商業者がいるとみられる。

部平太夫の娘おせんが「佐藤のおせん」と書かれていることからも明らかである。もっともおせんは平太夫の娘であるから、単に「おせん」とだけ書かれることの方が断然多い。

親しい藩士の場合、男も「留五郎」や「忠太夫」など苗字なしでの記述もあるが、多くの藩士は「鈴木藤右衛門」「小林平兵衛」「相沢清兵衛」などと記載されている。男の「鈴木藤右衛門」の「鈴木」は《名前》の一部で苗字の三大要素を備えているが、女の「浅野おいし」の「浅野」は女性名の一部ではなく、身分情報を補助する肩書的な表現であり、現在所属の家名、すなわち【A】家名の意味しかない。

なお文政九年、信州佐久郡牛鹿《うしろく》村の百姓軍蔵が亡くなった際の香奠帳には「長久保古町　小林久四郎」に続いて「同所　小林おきせ」という女性名がみえる（写真4-4）。この香奠帳では、妻女は夫に続き「同人内」と記されているので、おきせは久四郎と同苗だが、別の家の女当主（先代の後家や娘など）と考えられる。この場合の「小林」は「井筒屋あい」や「浅野おいし」など同様、現在彼女の所属する【A】経営体としての家名を付した表現である。

†赤林幸

女性自筆の私信をみてみよう。第一章で述べたように、差出人は「かめ」などと名前単独での使用が普通だが、そこに自ら村名や苗字を肩書として書く場合がある。

赤林剣蔵という人物（武士とみられる）に嫁いだ近江真野《まの》中《なか》村（真野郷の中村。単に中村ともいう）の郷士中村氏の娘ゆきが、明治三年八月頃、実家の兄と姉に金の無心をした手紙をみよう（写真4-5の①）。この手紙でおゆきは「赤林」と肩書して「幸《ゆき》」と自署し、「御兄様・御姉様江《え》」という宛名に「中村」という肩書を添えている。いずれの苗字もそれぞれが現在所属する家の名であり、ゆきの自署は、いわば自分で書いた〝赤林のおゆき〟のような表現といえる。

写真4-5の②は江戸時代後期、「せた」を肩書とした「いさ」の手紙の断簡で、「中むら」を肩書に記した「御《お》藤《ふじ》さま」に宛てている。

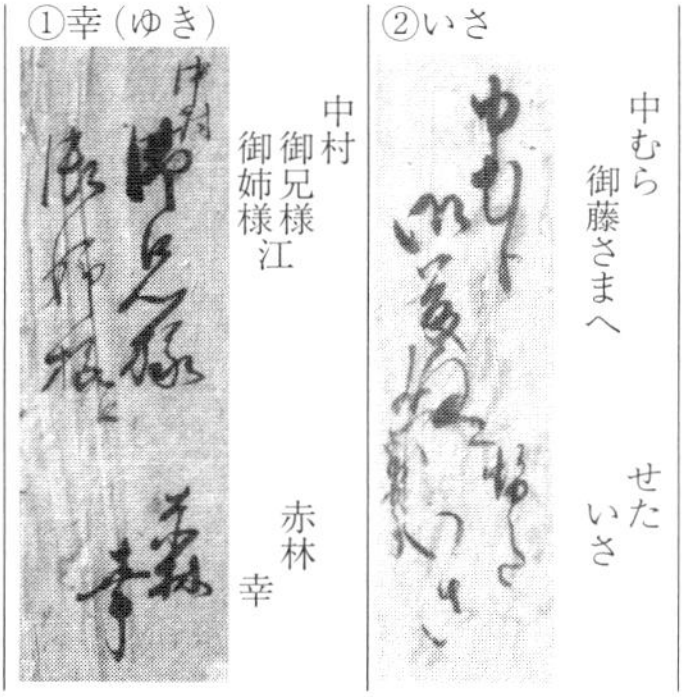

写真4-5　女性の手紙の差出宛名（肩書付き）

出典：近江国滋賀郡真野郷士関係文書（個人蔵）。「御藤さまへ」の「さま」は女筆（第一章写真1-2参照）。

「せた」は近江瀬田村《せた》（江戸時代は勢多《せた》と書くことが多い）と考えられるが、宛名の「中むら」は村名（真野中村《まのなか》のこと）か苗字か、この史料だけでは断定できないが、「せた」に対応させているので村名とみておきたい。

このように名前の肩に所属する家名や町村名などを書くことは、江戸時代後期においてごく一般的なものであり、苗字が人名の一部ではなく、地名と同じく現在の身分を示す肩書のような用途で使われていることがわかる。なお他者が女性名を表記する場合も、村の集落名を肩書に付けて「柳沢　おそで」などと書いた例はいくらでもみられる（前章写真3－1参照）。

苗字は女性名を構成する一部にはなり得ない。だが「佐藤のおせん」「小林おきせ」「赤林幸」などという表現は、現在所属の家情報を示す用途から存在した。家を基礎とする社会であるから〝どの家の誰々さん〟なのか知らせることが重要だからである。もとより江戸時代は父系血統を表示する姓《せい》を必要とする社会ではなく、男女とも苗字を人名必須の構成要素と捉えている世界でもない。古代とも現代とも社会的前提が全く違うことに注意してほしい。

✝女房という名前

渡部平太夫の日記をみると、既婚女性は「片山のお婆さ」「野本のおかみさん」「郡《こおり》のおくさん」「岩田の嫁」「稲塚のあねさま」「大寺のよめさま」「山崎のごけさま」——などなど、家の当主を基準にした呼称が多く使用されている。当然日常的には単に「おかみさん」「お婆さ」などと呼ぶのが主流だったと考えられるが、江戸時代には、このような既婚者の呼称が単なる呼び方だけに止《とど》まらない。

宗門人別帳のごく標準的な書式の一つでは、結婚前まで「しの」と書いてあった女性が、婚姻すると単に「女房」とだけ記載される。この書式では息子が当主になると「女房」は「母」、夫が亡くなって家の当主となると「後家」と書かれる。「しの」という名は、離縁などで実家

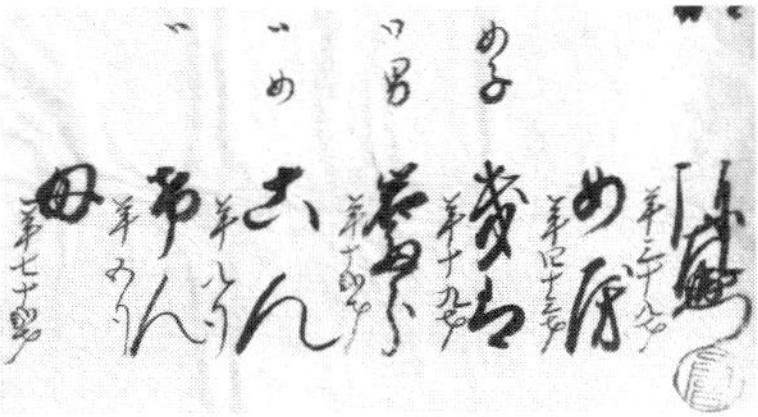

写真 4-6　宗門人別帳の女房・母

出典：弘化２年（1845）「越後国魚沼郡浄土真宗宗門人別改帳」（前掲木落村文書）。右から弥左衛門（当主）、女房、最後に母がみえる。その他は悴と娘。

①藤五郎の「後家」

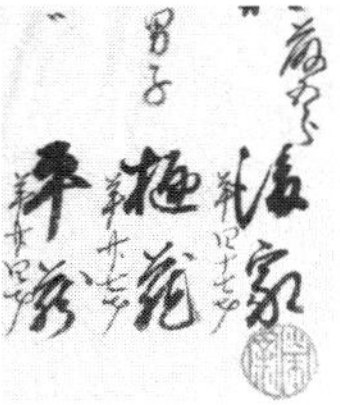

②重太郎の「女房」

写真 4-7　女房・後家の記名捺印事例

出典：①弘化２年「越後国魚沼郡浄土真宗宗門人別改帳」（前掲木落村文書）、②弘化４年７月「奉拝借証文之事」（八戸藩士接待家文書。青森県史デジタルアーカイブスシステムより）。いずれも部分。

の「娘」に戻らない限り書かれない。こうした「女房」「母」「後家」はその人の名前として、弥左衛門・こん・けんなど、その他の男女の名と並んで記載される（写真4‐6）。

江戸時代の宗門人別帳、あるいは金銭貸借や売買の証文には、「藤五郎後家」とか「同人（重太郎）女房」などという記名に捺印した事例も少なくない（写真4‐7）。「女房」や「後家」「母」などはその人の名前として、公的にも効力を持ち通用していた事実がある。

越前国羽生《にう》郡大樟浦《おこのぎうら》の宗門人別帳には、この状況に関する興味深い記述がある。これも既婚者を原則「妻」（「女房」と同じ意味）や「母」「後家」とだけ記す様式だが、文久元年、治三郎がりんという女性を妻に迎えた際、次のように記した貼紙が付けられている。

「りんと申す者、佐五兵衛方《さごべえかた》より貰受《もらいうけ》、縁組 仕 候《つかまつりそうろう》、則《すなわち》りん事《こと》、妻と改名」。

ちょっと首をかしげたくなるだろう。「りん」が「妻」へと「改名」？ だがこれと類似の書き込み（貼紙）は大樟浦ではいくつもある。例えば弘化二年、夫又右衛門の死後、当主となった「後家つな」が甥の千太に家督を譲ったとき、千太は又右衛門へと「改名」、同時に後家つなは「母と改名」、さらに又右衛門は同浦の又治郎娘あまを妻に迎えて、あまは「妻と改名 仕 候《つかまつりそうろう》」——と書いてある。

既婚女性が「妻」や「後家」「母」とだけ表記される様式は、当時の宗門人別帳ではごく一般的なのだが、それを「改名」と明記した例はいささか珍しい。

†慣習としての女房

宗門人別帳の上では、確かに「りん」が消えて「妻」に置き換わっているから「改名」にみえる。すると「妻」「女房」「母」などは、女性個人の名前なのであろうか。

公儀はそう考えてはいない。公儀が裁判で既婚女性の名を記す時には、「百姓勘右衛門女房ろく」「近江屋仁兵衛妻いそ」「伊代助母てつ」「平兵衛後家かね」という書式を用いており、既婚女性の名前は必ず書いている。「勘右衛門女房」を名前として扱うことはない。

宗門人別帳に「女房」とか「後家」としか書かれていなくても、本人や周囲は「ろく」や「いそ」などという名も記憶し続けていたのは確実であろう。宗門人別帳での記載が「女房」や「母」に置き換わることは、正確には「改名」とは言い難い。

また宗門人別帳の書式は様々であって、既婚女性も「女房 いし」とか「母 りん」などと、個人名を明記し続ける書式も一般的である（第一章扉写真参照）。宗門人別帳に既婚者の名前をどう表記するかは、概ねその村の先例・慣習に任されており区々《まちまち》である（支配側が人別帳の書式を規定している場合もあるが、全国的統一書式はない）。

女性は婚姻によって何右衛門の「女房」とか「妻」とかいう呼名を獲得し、それを従来の名前に代えて称することも社会的に認められる――というのが当時の実態である。大樟浦の「改名」という表現は正確ではないが、そのような意識を示唆した一例でもあろう。

この時代の「女房」「母」「後家」などは、他の個人名と並んで記載され、公的な書類でも時に人名として通用している。まずはこの慣習を素直に受け止めねばならない。

今とは違う人名文化

近世と近代では、社会も文化も慣習も大きく異なる。むろん人名の形もそれをとりまく文化も、今の常識では計り知れない。当時の女性名のあり方は、今とは違う異文化として観察すべきものである。

それを宗門人別帳に「女房」や「母」とだけ書かれているのをみて、「女だけ名前を書いてもらえない！」とか「個人として尊重されていない！」などと、現代「氏名」の認識や価値観で感情的に〝評価〟してしまったら、当時そう書いていた意味はもう何もみえてこなくなる。江戸時代の社会構造や秩序を踏まえて、こういう表現に向き合わねばならない。

敢えて何度も繰り返すが、江戸時代の人々は「家」という経営体を大前提として基礎に置く。各家の当主は庶民なら村や町、武士なら家中（家臣団）の組などと、各家はそれぞれ特定の社会集団に属して生きており、家の当主以外は当主を介して社会と結び付いている。父、母、悴、娘、兄、弟、姉、妹、下男、下女……それぞれ異なる身分があり、それぞれが分相応に行動することを重視する。それは公儀ら支配側だけではなく社会全体が追求した、当時の正義であり秩序であった。身分格式による差別《しゃべつ》は、この時代にはなくてはならないものなのである。

名前や呼び方は身分の違いを明示する。その役割ゆえに身分が変われば「改名」した。社会でどう名乗り、どう呼ばれるか。それは男女ともに極めて重大な意味があったのである。

江戸時代の婚姻は、女性にとって身分の変わる〝就職〟でもある。奉公で新たな名前を得るように、婚姻は「女房」という新たな地位と呼名を得る機会でもある。結婚した「みよ」を「女房」と呼ばない、あるいはそう表記しない方がむしろ失礼な社会なのである。

†妻の呼び方

前近代の社会では、個人名と呼称の垣根が低い。平次郎とか源兵衛とかいう男の名前も、もとは身分を表示する呼び方であって、本来個人の名ではない。名前ではない呼び方が世の慣習に任せて名前そのものになる——それが日本における人名の歴史でもあった。

既婚女性は誰々の妻とか母とか呼ばれて、事実上それが名前のようにもなる。そんな状況は平安時代からある。貴族の妻は北方《きたのかた》、母は大上《おおうえ》や大北方《おおきたのかた》と呼ばれ、これに当主の居所・称号を付けて「粟田殿の北の方」「式部卿の大上」と呼ばれた。北方は単に「上《うえ》」ともいい、「大将《だいしょう》殿《どの》の上」などと呼ばれた。天皇の后《きさき》は複数いるので「二条の后」「麗景殿女御《れいけいでんのにょうご》」とか居所や殿舎の名、父親の官職に由来した「弁《べん》の御息所《みやすどころ》」（左大弁の娘）などといった。

妻の呼び方は夫の身分に応じて格の違いがある。江戸時代後期の場合、将軍（公方様）の妻は御台様《みだい》、将軍世嗣の妻は御簾中様《ごれんじゆう》、大御所（隠居した将軍）の妻は大御台様と呼ばれた。大名や旗本の当主は殿様、妻は奥様と呼ばれるが、御家人や陪臣（諸藩士）の場合、男は旦那様、妻は御新造様《ごしんぞう》というのが江戸では基本であった（『徳川盛世録』）。

庶民の口語における妻の呼び方も、地域の慣習で違いがある。男はおおよそ旦那と呼ばれたが、江戸の商家の大家《たいか》では妻を御新造様といい、中等以下ではおかみさまといった。京坂では奥様やおいえさま、尾張ではごつさま（御新造の略）などといった（『守貞漫稿』）。

地方の村でも家の格により、妻の呼称には明確な区別があった。宮本常一の郷里山口県大島郡白木村長崎では、極めて高い家格の妻はオウラカタ——なのだがほとんどおらず、地侍、神主、医者などの妻はオカタサマ（オカッサマ）、庄屋くらいだとオゴウサマ、一般にはオカカという呼び方で区別されていた（『家郷の訓』）。なお男も庄屋以上はダンサマ（旦那様）というが、一般にはトオサアといい、やはり格により区別していたという。

家の当主の地位が変化すれば、同時に妻の呼び方も変わる。例えば御家人が御目見《おめみえ》以上（旗本）の役職に出世すると旦那様ではなく殿様と呼ばれ、妻も御新造様から奥様に変わった。その際周囲が「俄《にわ》かに奥様々々と呼びしこと、けだし別人の如《ごと》し」というありさまだったという

（『徳川盛世録』）。これらは強制されたのではなく、自然に形成された慣習である。身分が変われば呼び方も変える。それがこの時代の常識であった。「女房」や「後家」などが公的に名前となり得る文化は、こういう江戸時代の身分秩序を踏まえてみつめる必要がある。それらは一五〇年ほど前までの日常であるが、今やもう思いも寄らない。一体人名とは何なのだろうか——そう思わずには、いられなくなってくる。

4　文雅の世界は無理をする

†およしは葭女、おさとは高子？

古くは女性名の符号だった「子」と「女」は、江戸時代の日常からは消えた。しかし文雅人《ぶんがじん》——高い識字能力を身に付け、学芸を嗜《たしな》む人々の世界では、これらがやや変形して生き続けた。しかもそこでは女性名に無理に苗字を付ける光景もみられる。順を追って話そう。

まず江戸時代後期の女流文人は、自ら和歌の短冊などに「何子」や「何女《じょ》」などと署名することがある（この「女」は通例ジョと読む）。おのぶが信子《のぶこ》、およしが葭女《よしじょ》などと、日常の「お」を省き、代わりに「子」や「女」を付ける、いわば昔めかした文学的表現である。自分でこう書いている場合は、その女性本人による雅号のようなものである。

この場合の「何子」は日常の名前と全く関係のない場合もあり、例えば旗本川路左衛門尉（聖謨《としあきら》）の妻おさとの場合、和歌を詠むと「高子《たかこ》」と書いた。夫の川路はこのことを「常《つね》の名、さと〻申候、たにさく《（短冊）》などには高子と記し候」（『川路聖謨遺書』）と記している。

この「何子」という署名は、当時の女流文人、特に和歌を詠む女性の間で一つの慣習のようになっていた。これには当時から批判の目も向けられており、江戸時代後期の国学者藤井高尚《たかなお》は、随筆『松の落葉』で次のように述べている。

> 女の名、哥《うた》よむ人は、なに子といふをみやびたりとこゝろえて、たれも〳〵なに子、くれ子とぞいふなる、いにしへにこそさやうの名はみゆれ、今の世のなべてのふりにあらねば、わろきこと、なに彦、くれ麻呂のごとし。

つまり和歌を嗜む女性は、雅《みやび》な感じだと思って、誰もが自ら「何子」などと称するが、そんな名前は今の一般的慣習からみれば変だ。それは男の文人が、何彦とか何麻呂とか、今では不自然な昔風の名を称するのと同じで、実によろしくない——というのである。

しかし藤井の批判は、この慣習が広く浸透していた証左でもある。実際文雅に関わる女性

——例えばおきくが「菊子」などと書く慣習は、明治以降にまで引き継がれていく。また『浮世風呂』は国学を学び読書や和歌を嗜む婦人二名を登場させて、互いを「鴨子《かもこ》さん」「鳧子《けりこ》さん」と呼ばせている。女流文人は気取って「何子」と口にもしたらしい。

†飾りの子と女

本人の意志とは全く無関係に、他者によって何子・何女と表記されることもある。有名無名の人の伝記『近世畸《き》人《じん》伝』（寛政二年刊、伴蒿蹊《ばんこうけい》著）では、甲斐《かい》の百姓の妻を「甲斐栗《くり》子《こ》」、若狭《わかさ》の某士に仕えた小女《こおんな》を「若狭綱子《つなこ》」などと、女性名には主に「子」を付けている。また『続近世畸人伝』（寛政一〇年刊、三熊花顛《みくまかてん》著）では、同様の意味から「浪華鶴女《なにわつるじょ》」とか「栢《かい》原捨女《ばらすてじょ》」などと、主に「女」を付けている。

これらは彼女たち自身がそう名乗ったのではない。例えば「甲斐栗子」の場合、公儀の記録では「（甲斐国）八代《やつしろ》郡南田中村　百姓安兵衛妻　くり」（『孝義録』）なのだが、修辞を貴《たっと》ぶ文雅の世界では敢えて世俗と違《たが》えて、栗子やら栗女だのと、恰好を付けて書いたのである。

こうした場合の「子」と「女」は、同様に使用されるのが普通であった。例えば「若狭綱子」の記事をみると、本文中では単に「綱」や「綱女」と書かれていて「綱子」は標題にしか出てこないし、逆に「栢原捨女」という標題なのに、本文には「田氏《でんし》女捨子」としか出てこなかったりする（田は苗字）。

どれが彼女たちの正しい名前なのだ——と頭を抱えても無駄である。これらは、おつな・おすてなどという名前に、他人が文学的な飾り・符号を付けただけのものである。

文学的表現は日用の文書では用いない。ただし「女」は俗な文章にも出てくることがあり、寺送り状などで他人の子女を「一文字屋佐兵衛娘栄女《えいじょ》ト申《もうす》もの」などと書いた例が折々見受けられる。しかし「子」がこのような用途で使用された例はまずみない。「子」は「女」より文学的な表現とされていたらしく、俗用されないのが普通であった。

江戸時代後期にみかける「何子」には、【a】文学的表現として他人が付けた飾り・符号、【b】文学的表現として自ら名乗る号、【c】朝廷世界で諱に相当させる何子——という異なる三種が存在し、武家や民間にあるのは【a】か【b】であった。なお芸妓の名にみられる「てる子」などの「子」は、文学的表現から着想を得たものとみるのが妥当である。

†松本順女と広田濃婦子

過去の人名を扱う伝記類では、女性名を何子・何女という形にした上で、さらに居所その他の情報で修飾することも多い。『近世畸人伝』では、「甲斐栗子」のような居住国名もあれば、京都祇園林《ぎおんばやし》の茶店の娘を「祇園梶子《かじこ》」、長山《ながやま》七平の娘を「長山霄子《しょうこ》」、井上儀右衛門の娘を「井上通女《つうじょ》」などと地名や苗字、あるいは職業を冠して「遊女大橋《おおはし》」などと様々であり、こうした修飾表現の種類には全然統一がみられない。

『近世畸人伝』の著者伴蒿蹊はこれら区々《まちまち》な表現について「いひならはせるまゝにて差別に意なし」――世間に通じる表現を使っているだけで差異にこだわりはない、と断っている。文雅の世界においても、唯一の表記とか表現の統一などにはこだわらない。右の「祇園梶子」も、他の本では「祇園梶女《ぎをんのかぢぢょ》」と書いてあったりする（本章扉写真参照）。だが「長山霄子」のように、苗字で女性名を修飾すると、現代人には気になる問題が生じてくる。

『当時現在広益諸家人名録』という、江戸市中に在住した文雅人の名簿がある（初篇天保七年刊、続篇同一三年刊）。ここには「松本是輔《これすけ》」「松井亀太《かめた》」などの男の名前に混ざって、女性も「松本順女」「松井梅子」という形で載っている（写真4‐8。もちろんこの子・女は【a】である）。

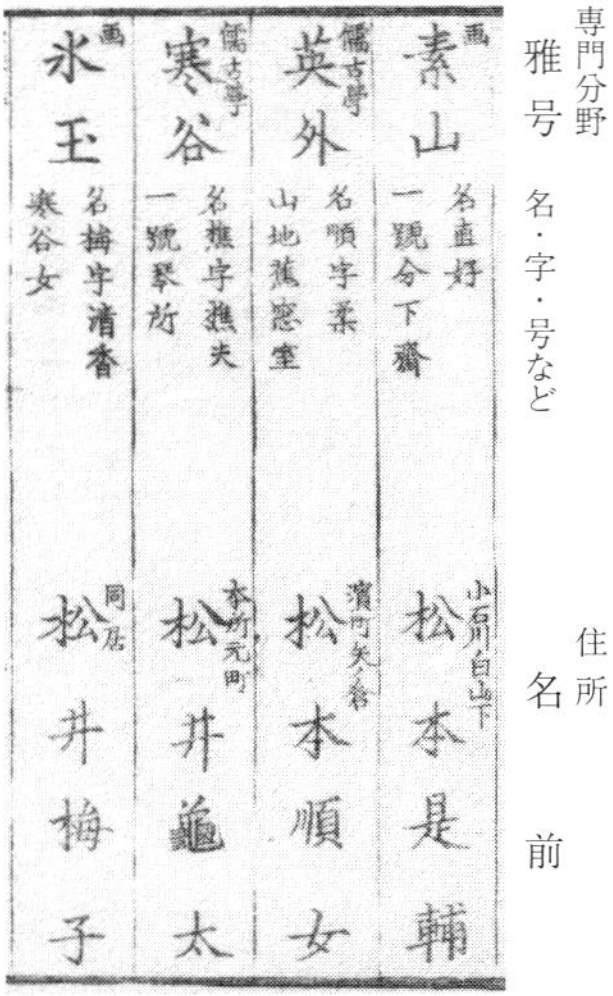

写真 4‐8 『当時現在広益諸家人名録』
出典：天保 13 年（1842）刊『当時現在広益諸家人名録二編』。部分。

これは文雅人名録の体裁上、武士も庶民も男女も問わず、名前を苗字＋個人名の形式に揃えてイロハ順に配列したことによる。さらにそれぞれの雅号（素山《そざん》や英外《えいがい》など）と専門分野（「画」とか「儒古学」など）を上段に記し、中段には名（諱）、中国式の字《あざな》、別号などの情報を載せている。ここでいう「字《あざな》」とは文雅人が中国を真似て設定し、交際上で用いる号のようなもので、いわゆる⑤通称とは全く別のものである。

だがこの書式には無理がある。男は雅号が「素山」で名前は「松本是輔」、名（諱）は「直好」などと記載できるが、女に諱はない。そのため雅号「英外《えいがい》」の「松本順女」は「名順《なはじゆん》」、雅号「氷玉《ひようぎよく》」の「松井梅子」は「名梅《なはうめ》」などと、普段の名前を諱としても挙げている。あるいは名前を「平井連山女《れんざんじよ》」（名は聯《れん》）、「西村春香女《しゆんこう》」（名は豊《とよ》）など、苗字＋雅号＋「女」と書いた箇所もあるが、この場合は「連山」「春香」という雅号の情報が重複する。男女の人名を男性名基準の書式で揃えようとすれば、こういう無理が生じざるを得ない。

同じく名簿の体裁ゆえに、女性名にも苗字も付けて男性名の形に合わせるが、既婚女性には生家の苗字を付けた「松本順女」（夫の苗字は山地《やまじ》）と、夫と同じ苗字の「広田濃婦《のぶ》子」などが混在している。「村田千尾子」のように名前は夫の苗字で記しつつ、中段に「青木氏」などと生家の苗字を注記した箇所もあり、これまたてんでバラバラの不統一である。

同書は「凡例」で「掲載した本人に逐一名前や号を問い合わせて確認していない」と記しており、編者は知りえた苗字情報で女性名を修飾しているに過ぎないらしい。ゆえに「子」と

「女」の場合と同様、苗字の付け方には一定の方針も意味も見出せないのである。

†無理からみえる道理

伝記や人名録は文学的表現と体裁上の問題から、女性名に苗字を付けるという、あり得ない無理をやってのけようとした。その際、苗字の【A】家名（所属する家の表示）、【B】姓（出自・血統の表示）という性格ゆえに、既婚女性に付ける苗字には二つの〝正答〟が並立する。

苗字を【B】の性格で扱うなら、既婚女性にも生家の苗字を付けるのが適当となる。ただしこれは律令制以降の古代日本の氏（姓《せい》）に准《なぞら》えているというより、苗字を中国の姓に相当させた中国趣味的な表現であった。当時の文雅人は中国式の表現を貴んで、その真似を雅俗の「雅」とするのを当然としていたからである。

だが苗字は姓ではなく家名である。ゆえに「佐藤のおせん」のような表現が俗世界では普通であった。その現実に基づけば、既婚女性にも夫と同じ苗字を付ける。ただし中国では通じない方式だから、雅俗でいえば「俗」とされ得る。

しかし江戸時代にはどっちでもよい。所詮は文雅人の気取った表現上の無理でしかないのである。どちらが正しいとか、統一しようとか、そんな悩みは誰も抱かなかったろう。

――女性名に苗字は付かない。現実世界では、それが何より当たり前だったからである。

†巫女の名

最後に神職に関わる女性名をみておきたい。江戸時代後期、神職の妻やその他百姓町人の母・妻・娘らには、神職を支配する公家の吉田家ないし白川家に入門し、巫女などの職分に必要な千早《ちはや》などの装束着用の許可を受け、神職としての呼名も得ることがあった。

その呼名は、いとが「岸和泉」、むめが「木村式部」などと、男の神職同様に国名《くにな》や百官名《ひゃっかんな》が多いが、すえが「安藤織江《おりえ》」、いさが「入江磐野《いわの》」、いそが「込山岩尾《いわお》」、たかが「井上美雪《みゆき》」などという名も確認される（『白川家門人帳』）。漢字二字による三音節、特に二音節＋語尾え・の・を、語頭に「美」を付けた名を名乗る傾向がある。なかには、とくが「入江篤野《とくの》」、きくが「安井菊江《きくえ》」、ゆきが「小林靫負《ゆきえ》」、すえが「生野美末《みすえ》」など、普段の名をもじったものも間々《まま》ある。

彼女たちの苗字は「設楽筑前妻設楽伊勢」など夫と同じ苗字が多いようだが、「稲垣寿作」の妻が「遠山内匠」である例もみえる。また神職五百磐《いにわ》越後（平貞方）の妻で、巫女の五百磐民江が「平晴子」という姓名を設定している例もあるが、《姓名》の設定は、格の高い専業神職の家などにみられる稀有な例である。

もっとも呼名を得ても、公儀が「和泉屋宗兵衛娘さく」と把握し続けている場合、神職の職分でのみ「小西佐久江」と称する壱人両名《いちにんりょうめい》（一人で同時期に二つの《名前》を有して使い分ける二重身分的存在形態）であり、奉行所や裁判などでは町人の娘としての身分と名前で扱われる。ただし公儀が「京都八坂上ル町　陰陽師　豊田みつき」（貢とも表記）という女性を磔《はりつけ》に処した例もあり（陰陽師《おんみようじ》は公家の土御門家の支配に属し、神職同様の呼名を称した）、これは当時独身で専業の陰陽師という身分だったためとみられる。

ただし一般にトヨタミツギといえば男性と判断される名である。巫女などの呼名は、男性名である国名・百官名、ないしその音声を擬したような三音節が多く、純粋に女性名とは言い難い面もある。宗教者の女性名はまだ不明な点が多く、なお検討すべき課題である。

†やり直しの始まり

江戸時代後期の女性名は、近代の「氏名」からは思いもよらない、様々な慣習・文化に彩られていた。おの字名の圧倒、改名と身分の関係、女に苗字は付かない——。それらは古代から男女別々に発展してきた人名の歴史、江戸時代の社会構造や身分秩序、識字状況などなど……様々な事情が絡み合って形作られていた。江戸時代の人名の形は、誰かがそう決めたのではなく、長い歴史と多くの慣習が積み重なった結果であった。

江戸時代後期の人名は、余りにも現代と違う。男女で違うばかりではなく、人名の果たす役割など、より根本的な差異に多くの読者が戸惑いを覚えたことだろう。そこには親から名付けられた最初の名前へのこだわりや、夫婦が同姓とか別姓とかいう現代人の関心事が、そもそも影も形も存在していない。ここから一体何がどうなって、現代における人名へのこだわりが生まれていくのか——。

次章はいよいよ近代に話を進めたい。ここまでみた江戸時代後期における人名の形や文化は、明治初年、明治新政府により人為的に破壊され、結果的に近代氏名という新たな形式が創出される。日本の人名文化は「氏名」の登場により、そこから〝やり直し〟が始まるのである。

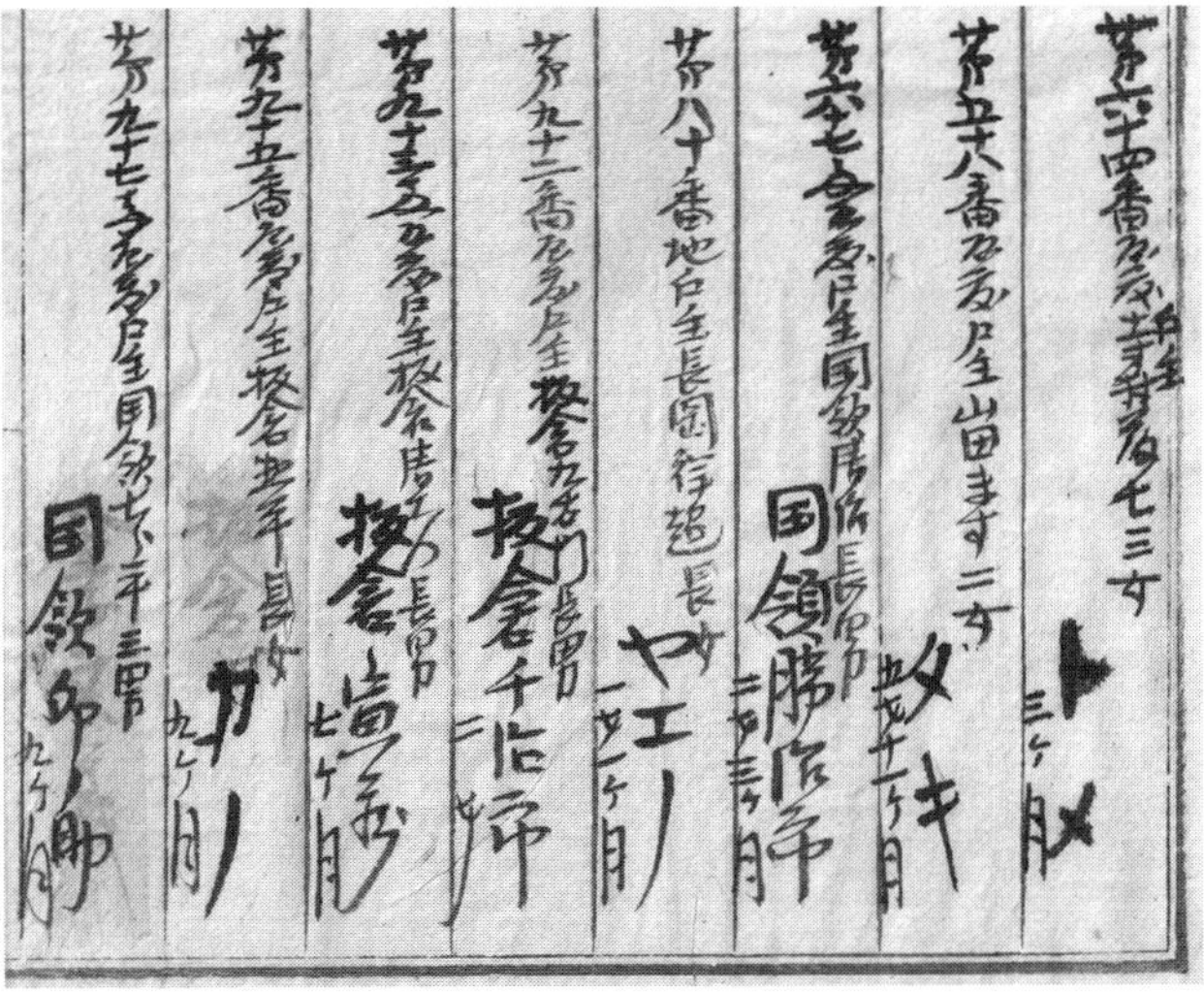

第五章

明治の「氏」をどう扱うか?

明治10年9月15日「種痘初度再度人名取調書」(滋賀県愛知郡下中野村福永謙造家文書。個人蔵)、部分。本章で触れる種痘人名簿の書式【1】の事例。

1　近代氏名の時代へ

†日常の瓦解

慶応三年（一八六七）一二月九日、いわゆる明治新政府が樹立されて以降、社会も文化も大きく改変されていく。新政府は政争の果てに政権を奪取した、一部の公家と薩摩藩や長州藩の人物らを中心とする勢力であるだけに、自らを正統化する「王政復古」という大義名分を必要とした。実際には西洋化を推進しながらも、それさえ「復古」と言い繕って変革を強権的に断行していったのである。

しかし新政府内部の政治理念は一枚岩ではなく、かつ周到な計画なく重大な変革が実行されたため、多くの混乱や反発も引き起こされていった。一般庶民にとっての「御一新《ごいっしん》」とは、「太政官《だじょうかん》」などという復古的名称を負った新たな「政府《おかみ》」から、前例のない命令が雨霰《あめあられ》と降り注ぎ、従来の日常が一方的に破壊されていく日々でしかなかったのである。

人名も明治五年（一八七二）までにいくつかの段階を経て、近代氏名という全く新たな形式へと創り変えられていく（前章の図表4－1参照）。その詳細は『氏名の誕生』で述べたので、ここではその概要と女性名への影響をみていきたい。

おいよ・おうたにゃ関係ない

明治二年七月八日、新政府は形骸化していた律令官制の廃止を布告し、新たな官制を「職員令」により設定した。「百官廃止」といわれたこの措置により、従来地位ある男性が名前にしていた越前守《えちぜんのかみ》、左《さ》衛門尉《えもんのじょう》などの正式な官名のほか、摂津、加賀、豊前などの国名《くにな》や、掃部《かもん》、主水《もんど》、玄蕃《げんば》のような百官名《ひゃっかんな》を個人名（通称）として使用することが禁じられ、該当者は改名させられた。国名・百官名を呼名にしていた巫女などもこの禁に伴い改名したと考えられる。名前で社会的地位を表示する慣習は以降次第に解体されていく。

この時、何右衛門《なにえもん》・何左衛門《ざえもん》・何兵衛《べえ》の類まで禁止した地方もあった。そのため新兵衛が新吉、五郎右衛門が勇次郎などと別の名前に改名したり、官名と同字同訓でなければよいと考え、源《げん》与門（よもん≠ゑもん）、長《ちょう》在門・金才門（ざいもん≠ざゑもん）、五平（へい≠へゑ）などと改名したりする事態にもなった（右の名前は越前国の事例）。

この何右衛門・何左衛門・何兵衛などの禁止は一部の地方官による行き過ぎた対応だったらしく、その後多くは元の表記に戻った。ただし富与門などが戸籍名となり、そのまま一生過ごした人も確認される（第一章で使用した『高齢者写真名鑑』にもこの手の名が散見される）。

百官廃止は男性名に大きな影響を及ぼしたが、女性名一般には対岸の火事でしかなかった。伊予《いよ》、雅楽《うた》、靫負《ゆきえ》などの国名・百官名は禁じられたが、いよ、うた、ゆきえ、などの女性名は、もとより官名とはみなされず、そのまま通用していることが確認される。

†女官たちの改名

しかし朝廷の女官は百官廃止の影響を受けた。第三章で見たように、彼女たちは宰相典侍《さいしょうのすけ》、中将掌侍《ちゅうじょうのないし》、伊予、越後など、官名や国名を呼名にしていたからである。

明治二年一〇月一二日、女官の官制も新たに設定され、旧来の呼名は全廃された（国立公文書館所蔵「東京宮中日記　第六」）。典侍は大典侍・二典侍・三典侍・新典侍、掌侍は勾当《こうとう》掌侍・二掌侍・三掌侍・新掌侍、命婦は一命婦・二命婦・三命婦・新命婦・権命婦・新権命婦などと、序列を単純に表示する「称呼」に改められた。隠居した女官や上臈たちにも「地名」への「改号」が指示され、例えば新大納言は坊門《ぼうもん》、藤大納言は京極、按察使《あぜち》は菖蒲小路《あやめのこうじ》、宮内卿《くないきょう》は匣《くしげの》小路、藤宰相は筑紫野《つくしの》、左衛門は室町、侍従は音町、丹波は青柳《あおやぎ》、駿河は篠波《ささなみ》などと改めた。

ちなみに近代の女官には早蕨《さわらび》典侍、榊《さかきの》命婦などと、源氏名風の名を付ける新たな慣習が行われたが、これは昭憲皇太后（明治天皇の皇后）が始めたといわれており、職員令よりもなお後年のことと考えられる。むろんそれらは戸籍名とは別に存在した呼名である。

†苗字自由令と戸籍

明治三年九月一九日、新政府は「自今《じこん》平民苗氏被差許候事《みようじさしゆるされ》」――今後平民に苗氏（苗字）の公称を許可するとの布告を発した。僅か十一文字の布告文だが、ここで近世苗字の三大要素のうち【C】身分標識の役割が消滅した。

この布告は現在、苗字自由令とも呼ばれるが、当時そんな法令名が付いていたわけではない。実際は「今後公文書などでの記名には苗字を付けろ」という公称指示として受け止めた地域が多いらしく、町村役人らの記名はこれ以降苗字付きとなる傾向がみられる。

この頃全国各地では既に戸籍が編製され始めていた。まだ管轄する地方官（府・藩・県）や町・村により書式は一様ではなかったが、およそ戸主には「農」などの職業と、「重吉亡次男」（故重吉の次男）などという前戸主の情報を記し、母・妻・養子など他家から入籍した家族には「当村源右衛門長女」や「馬上免村《ばじょうめむら》農鈴木武兵衛姉」などという生家の情報も記すようになっている。官に把握される家や個人の情報が宗門人別帳より詳細となり、既婚女性も「女房」「後家」ではなく、それぞれ名前を記すようになった。

では苗字自由令以降、戸籍の個人名に苗字はどのように記載されたか。明治四年における越前国の村々の戸籍をみると【I】～【III】の三種の書式が確認できる（写真5‒1）。

【Ⅰ】全員苗字記載なし

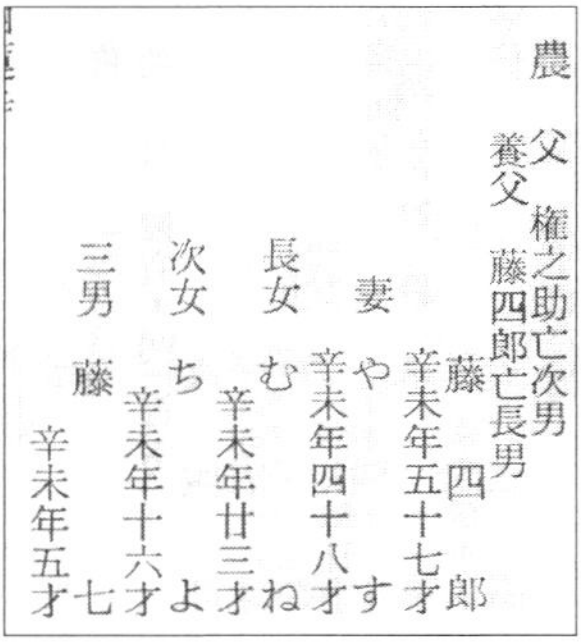
農
父 権之助亡次男
養父 藤四郎亡長男
藤四郎 辛未年五十七才
妻 やす 辛未年四十八才
長女 むね 辛未年廿三才
次女 ちよ 辛未年十六才
三男 藤七 辛未年五才

【Ⅲ】男性のみに苗字記載

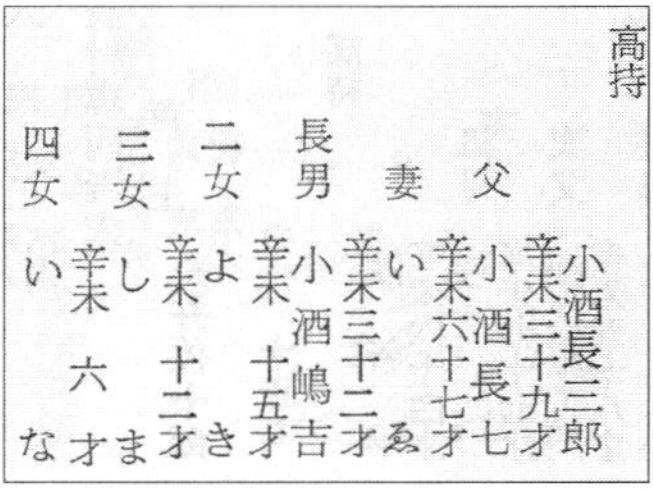
高持
小酒長三郎 辛未三十九才
父 小酒長七 辛未六十七才
妻 いゑ 辛未三十二才
長男 小酒嶋吉 辛未十五才
二女 よき 辛未十二才
三女 しま 辛未六才
四女 いな

【Ⅱ】戸主のみに苗字記載

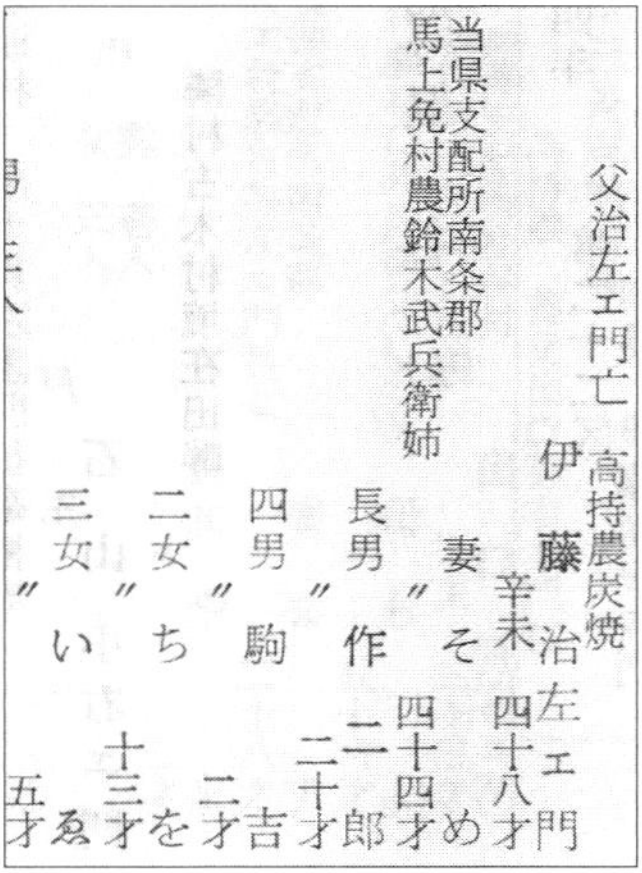
父治左ェ門亡
高持農炭焼 伊藤治左ェ門 辛未四十八才
当県支配所南条郡馬上免村農鈴木武兵衛姉
妻 〃 そめ 四十四才
長男 〃 作二郎 二十才
四男 〃 駒吉 二才
二女 〃 ちを 十三才
三女 〃 いゑ 五才

写真 5-1　明治 4 年戸籍における人名表記の例

出典：佐久高士編『越前国宗門人別御改帳』全六巻（吉川弘文館、1967～1972年）より引用。各出典は下記の通り。
【Ⅰ】明治 4 年 8 月「戸籍御改帳」（坂井郡長畝村）
【Ⅱ】明治 4 年 3 月「戸籍御改帳」（丹生郡左右浦）
【Ⅲ】明治 4 年「戸籍帳」（南条郡温谷村）
いずれも人名部分周辺を切り抜いて例示した。

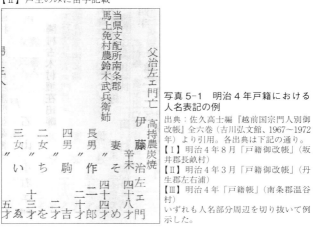

まず【Ⅰ】全員に苗字を付けない書式である。これは従来の宗門人別帳と同じように、藤四郎、やす、むね、ちよ、藤七……などと記し、どこにも苗字は記載されない。ただしこの書式は、およそこの頃を最後に消えていく。

【Ⅱ】は各戸主のみ「伊藤治左エ門」などと苗字を冠する書式で、以下の家族は、そめ、作二郎、駒吉、ちを……などと名のみを書く。後家の女戸主の場合、亡夫の苗字を付けて「山際りさ」、未婚の女戸主は亡父の苗字を付けて「山田いち」などと書かれている。

【Ⅲ】は戸主、父、息子など、男にだけいちいち苗字を付けて、女性には女戸主、妻、母、娘、誰であろうと苗字を付けない書式である。そのため戸主小酒《こさか》長三郎、父小酒長七、妻いゐ、長男小酒嶋吉、二女よき、三女しま、四女いな……などと、男は苗字＋個人名、女は個人名のみである。従来の「女に苗字は付けない」という常識と、かの「渡辺儀助倅《せがれ》　渡辺定助」の慣習を踏襲したような書式ともいえよう。

この【Ⅲ】は特異な書式ではない。明治初期の戸籍を研究した新見《しんみ》吉治《きちじ》氏が「この頃の戸籍は家族男子の苗字は全部記載してあるが、女子の苗字は母でも妻でも全部書いていない」（新見一九五九）と指摘している通り、翌五年からの壬申戸籍以降でも【Ⅲ】は【Ⅱ】とともに全国的にみられた標準的書式なのである。

なお壬申戸籍とは、明治四年四月四日の戸籍法に基づき、翌五年二月から編製された近代最初の全国的統一戸籍である（書式からは明治五年式戸籍とも呼ばれる。なお宗門人別帳の作成は四年一〇月三日の布告で廃止）。しかしこの戸籍法には、人名をどんな書式で記載するのか明確な規定がなかった。そのため壬申戸籍でも【Ⅱ】【Ⅲ】どちらの書式も確認されている（前掲新見著書）。

†そらそうよ

ここまで順に読み進めてきた方々は、「まあ当然そうなるよね」「そらそうよ」という感想を抱かれると思う。こういう書式にならない方が、むしろおかしな話なのである。

【Ⅱ】【Ⅲ】いずれの書式も、苗字自由令への対応から生まれたものである。政府は「平民に苗字を許す」と布告したが、その「平民」が当主（戸主）だけを指すのか、家族も含むのか、従来の常識を破って女にも付けるのか……何一つ説明していない。ゆえに地方官や村役人の判断で、【Ⅱ】【Ⅲ】という二種が生じて併存したのである。

女性名と苗字をめぐる困惑や迷いは、明治四年頃には滲み始めている。書式【Ⅱ】では女戸主も「山際りさ」などと書かれる――といったが、実はそう単純ではない。明治四年に書式【Ⅱ】で作られた越前国南条郡の村々の戸籍をみると、男の戸主は例外なく苗字付きだが、女戸主には「高倉惣右ェ門亡　後家　しほ」という書き方も多く混在している。「高倉しほ――は耳慣れない」という違和感が、どうにも禁じ得なかったらしい。

書式【Ⅲ】にも迷いが滲んだものがある。明治四年に書式【Ⅲ】で作られた越前国今立郡新《しん》出《で》村の戸籍をみると、吉村五平の妻は「藤井みよ」、中村利之助の母が「福岡ちの」など、夫とは異なる生家の苗字を付けた人名が四人だけいる。何故四人だけ苗字を書いたのかも不明なのだが、少なくとも「女に苗字を付けるとしたら、生家のものではないのか」という認識があるのは確かである。村役人には文雅に通じた者もかなり多く、中国式の「姓《せい》」に准《なぞら》える表現を知っているだけに、どうも難しく考えてしまっているらしい。

前代未聞の問題が、静かに頭を擡《もた》げつつあった——。

†氏名の誕生

新政府の「復古」政策は、「大久保一蔵」のような《名前》ではなく、「藤原朝臣利通《ふじわらのあそんとしみち》」のような《姓名》を正式な人名として復活させようとした。しかし現実を無視したこんな「復古」は当然無用な大混乱を引き起こした。結局明治四年一〇月一二日、政府は《姓名》の公用を廃止し、「大久保利通」のような「苗字＋実名《じつみょう》（名乗）」という、新たな人名方式を公用として誕生させた（前章図表4-1の（⑥ないし⑦）＋①）。

しかしその方式は、官員が私用では苗字「児玉」＋通称「七十郎」と称し、公用では苗字「児玉」＋実名「之修《ゆきのぶ》」と名乗る状況も生み、通称と実名の併用が問題となったため、明治五年五月七日、政府は通称・実名どちらか一つだけを「名」として選択・使用するように布告した。この時公家華族の女性は、あの諱的な「何子」を「名」に選択した者が多いとみられるが、男性同様、各自ないし各家で個別に判断したと考えられる。

かくして通称・実名を統合した近代の「名」が誕生し、これに苗字を接続する人名の形――近代の「氏名」（苗字＋「名」）が誕生した。以降今日まで、日本ではこの形だけが唯一絶対の公的な人名の形となっている。「苗字名」「氏名」「姓名」などと呼ばれたそれは、かつて存在した《名前》でも《姓名》でもない、全く新たな第三の人名方式であった。

さらに同年八月二四日、政府は苗字、名、及び屋号の改称を禁止する。これは同八年頃から条件付きで緩和されるが、改姓名禁止という大原則は以来今日まで維持されている。様々な地位の変化を改名で示した江戸時代の慣習は、改名を容易に行えなくなったことで、日常世界から次第に消滅していくことになった。

†男女人名の再合流

江戸時代に存在した奥女中や下女の通り名、あるいは遊女の源氏名が、ここまでの過程でどう扱われたのかは、まだ追跡できていない。現時点では、明治初年における戸籍編製の過程で二音節型など一般的な女性名で戸籍に登載され、奉公中の呼名や源氏名は、戸籍名とは別に存在する芸名の類として分離した、と推測しておきたい。なお明治八年一〇月、内務省は戸籍に登録された本名以外に芸名を使用するのは問題ないと判断している。

近代氏名の誕生は、男性名の世界、なかでも官員・華士族の人名をめぐって発生した混乱の帰結点であった。そのため女性一般の名は、その誕生には全く関与していない。

しかし「氏名」の誕生は女性にとっても、もはや対岸の火事ではなかった。男の個人名が通称・実名を統合した「名」となった時、女性名も自動的に「名」と位置づけられた。つまり男女の「名」はどちらも「氏名」を構成する、本質的に同じものになったのである。「名」の誕生は、長らく別々の道を歩んでいた男女の人名が、一本に合流した瞬間でもあった。それは大きな画期だったが、女性名の混乱はここから始まる。次節では女性名と苗字をめぐる、今や忘れ去られた重大な物語を繙《ひもと》いていこう。

2 苗字と女性と新政府

†新制「氏」の誕生

苗字を姓《せい》、氏《し・うじ》、姓氏《せいし》と呼び、苗字＋個人名を氏名《しめい》、姓名《せいめい》などという。これらの表現は江戸時代から見受けられるが、《名前》を構成する苗字と《姓名》を構成する姓《せい》(氏)は、全く別の人名的要素であるため、近代以前にそれら自体が混同されることはなかった。

明治五年、通称と実名を統合して「名」が生まれたが、近代の「氏」は《名前》の苗字と《姓名》の姓(氏)とを統合したものではない。明治四年《姓名》の公用廃止によって「藤原朝臣《ふじわらのあそん》」などの姓(氏姓《うじかばね》・姓尸《せいし》)が人名世界から退場し、以降公的に氏、姓、姓氏などといえば、「大久保」や「伊藤」などの苗字だけを指すことになったのである。

近代の「氏名」の「名」に接続した「氏」は苗字である。かつての公家たちも「実美《さねとみ》」や「具視《ともみ》」という実名《じつみょう》由来の「名」に接続させたのは、「藤原」や「源」という姓ではなく、「三条」や「岩倉」という称号(苗字と同様の家名)であった。「名」の登場とともに、苗字がそのまま新制「氏」へと移行したのである。

では近代氏名の「名」に付く「氏」としての苗字は、如何《いか》なる人名的要素と位置付けられたのだろうか。男性名(通称・官名)を修飾する従来の苗字とは異なり、女性名にも付けるものだとすれば、どういう法則で接続するのか——そんな問題が浮上してくる。

この問題を初めて政府の審議に掛けることになったのは、かの伊藤博文であった。

†内務卿の思惑

明治六年一〇月の政変により、政府は大久保利通を中心とした政治体制となっていく（いわゆる大久保政権）。同年一一月には内務省が設置され、大久保自身がその長官たる内務卿《ないむきょう》に就任して国内行政を進め始めた。ただし大久保は明治七年八月から一一月まで清国に出張したため、その留守中は大久保の右腕ともいうべき工部卿《こうぶきょう》伊藤博文が内務卿を兼任した。

明治七年八月二〇日、伊藤博文は内務卿として、太政大臣三条実美に宛てて「一般婦女姓氏ヲ冒《おか》シ候義《そうろうぎ》ニ付伺《つきうかがい》」を提出した（国立公文書館所蔵「公文録」明治九年・第百七巻）。伊藤は「一般に女性が他家の「姓氏」を名乗る（＝冒す）ことに問題はないのか。良いのだとすれば、次のことについてお伺いしたい」と筆を起こし、［1］養女、［2］妻、［3］後家の女戸主、それぞれの名に冠する「姓氏」の扱いについて、例を交えて彼の理解を次のように提示した。

［1］養女の場合は養家の「姓氏」を名乗る。例えば大内家が里見家の娘「花《はな》」を養子（養女）にした場合、養家の姓を名乗り「大内花」と称する。

［2］妻の場合は婚姻後も実家の「姓氏」を名乗る。例えば大内家が里見家の娘「花」を妻に貰い受けた場合、夫の姓氏を冒さず「大内 某《なにがし》 妻里見花」と称する。

［3］女戸主、つまり後家が当主となった場合は亡夫の「姓氏」を名乗る。例えば里見花の夫である大内某が死去して嗣子がなく、やむを得ず花が家督を相続して女戸主となった場合、夫の姓氏を襲って「大内花」と称する。

伊藤はこの三点が「姓氏」の法則として「今昔共用《ともも ち》ヒ来《きた》リ習慣ニ相成居《あいなりおり》候《そうろう》」との認識を示した上で、いくつかの県から「妻は「実家ノ姓氏」のままなのに、養女は「養家ノ姓氏」になるのは何故か。これは妻と養女に身分的な「軽重」があるためなのか」との問い合わせを受けている、と述べている。この「一般婦女姓氏ヲ冒シ候義ニ付伺」の提出されたきっかけが、民政の現場から寄せられた疑問だったことがわかる。

伊藤は［1］～［3］の取扱いは「漢土法《かんどほう》」、つまり中国の「姓」の理屈では適切だと考えるが、「皇国ノ法制」としてはこれでよいのか、と疑問を提起する。そしてフランスの民法では、養子は自分の姓と養親の姓、その両方を帯びるらしい――と、西洋の例にも言及し、様々な意見があるため方針を決定して下さい――と伺い出たのである。

この伊藤の伺いは、中国式の「姓」の法則にこだわらず西洋法も参考に挙げて、新たな「姓氏」の「皇国ノ法制」を検討するよう求めたものといえよう。

†妻は夫の姓氏を用いよ

同年九月四日、政府はこの伺いを審議した。

まず養女と妻とで苗字の扱いが異なるのは、身分の「軽重」ではなく、養女は実子と同様に「家ヲ継嗣スル者」だからその家の姓氏を名乗り、妻は「配偶」であって家を継ぐ者ではないから、その家の姓氏を名乗らないのだ、との見解が示された。またフランスの場合は、実家と養子先、両方から財産を分与されるから二家の姓を帯びる道理があるけれども、これは単独相続を採る日本には適用できないと斥《しりぞ》けられた。

かくして審議の結果、［1］養女と［3］後家の女戸主はこれまで通り所属した家の苗字を名乗ることとし、［2］妻の苗字については、今後次の方針で扱うように決定した。

本邦ニ於テ中古以来、人ノ妻タル者、本生《ほんせい》ノ姓氏ヲ称スル習慣有之候得共《これありそうらえども》、現今ノ御制度ニ於テ、妻ハ夫ノ身分ニ従ヒ、貴賤《きせん》スヘキ者《もの》ニ付、夫ノ姓氏ヲ用ル儀ト可相心得候事《あいこころうべくそうろうこと》

つまりわが国では「中古以来」、妻は婚姻後も「本生ノ姓氏」（実家の姓）を称する「習慣」があったが（伊藤の整理に基づく認識。実際の一般慣習は前章でみた通りである）、現在は「家」を社会の基礎単位とし、戸主の下に家族を位置づける制度であるから、妻は夫の身分に従って社会的地位が上下する。だから妻は「夫ノ姓氏」を名乗るものだと心得よ、と命じたのである。

審議では「妻ハ夫ノ身分ニ従ヒ、貴賤スヘキ道理ニ拠リ、夫ノ姓氏ヲ用ル方相当ト存《ぞんじ》候」と述べられており、妻にも「夫ノ姓氏」を名乗らせるのが現在の「道理」であり現実的で「相当」（適当）だと断言している。この時の政府は、近代の「氏」に「姓《せい》」（出自・血統の表示）と化

した古代律令制以降における氏姓の法則を適用したり、中国式の姓に相当させたりせず、あくまで各戸の「家」の名として扱い、養女・妻・女戸主、すべて一律に一家同姓で処理する方針を定めようとしたのである。

†廃案の背景

ところがこの決定は「御指令案」止まりとなり、内務卿伊藤への正式な指令としては示されなかった。いわば「廃案」になってしまったのである。

この伺いを収めた「公文録」にその理由は明記されていない。しかし審議に「参照」として添付された簡単な文書が載せてある。そこでは女性名に接続した古代「姓氏」のあり方について、①「養女ハ養家ノ姓氏ヲ冒ス」、②「妻ハ所生(生家)ノ姓氏ヲ用ユ」、③「夫ノ家督ヲ相続シタル女戸主、夫ノ姓氏ヲ襲フ」という見解が整理されている。作成者は不明だが、大宝律令の戸令、女院《にょいん》小伝、国史略、中古歌仙伝、江記《ごうき》など、古代から近世までの僅かな史料引用と、そこからの「類推」が根拠だと記されている。

②は古代の事実として疑いの余地はない。だが①と③には男子の規定からの「類推」が含まれ、かつ③は古代社会には存在しない中世以降の「家」が関係するため、別の見解もあり得る。だが①〜③が事実として正確かどうか、実はあまり重要ではない。ここではそれを正統な古代

日本の「姓氏」の法則と考え、近代の「名」に接続する苗字――新たな「氏」にもこれを適用すべきと主張した、いわば氏の「復古」派が政府内に存在したことが重要なのである。

右の指令が「廃案」となった背景には、政府内での意見の不一致があったとみてよい。実際「復古」派との対立は、翌年の末には明確に表面化するのである。

†苗字強制令

明治八年二月一三日、「すべての国民は今後必ず苗字を名乗れ」と命じる太政官布告が発せられた。これは陸軍卿山県有朋が「地方にはまだ苗字なしの者がいる。徴兵事務に支障があるから、今後は絶対に苗字を名乗れと布告を出してほしい」と要請したことによる。布告本文に「自今《じこん》必《かならず》苗字相唱可申《あいとなえもうすべし》」とあることから、現在は苗字必称令とか必称義務令などとも呼ばれるが、当時そんな法令名はもちろんない。「必称」という珍妙な造語で本質をごまかさず、苗字強制令と呼ぶのが適切である（布告の詳細は『氏名の誕生』を参照）。

苗字強制令以前、実際に苗字なしの人々が徴兵の際問題となった例がある。明治七年一〇月、歩兵第二五大隊長の林隼之助は、鹿児島・宮崎の両県で徴兵した一三名に苗字がないことを確認した。付添いの戸長に尋ねると「元農民共《ども》ニテ固《もと》ヨリ苗字無之《これなし》」とのことであった（旧薩摩藩領では門割《かどわり》制度という独自の政策を敷かれていたため、百姓は苗字を持たないのが普通である）。そこで林は「入営後、日々人員改《あらため》等之節、唯《ただ》々名ノミ呼立《よびたて》候《そうらい》テハ不都合」という軍側の事情から、本人たちにその場で苗字を決めさせ、入営時に渡す割符《わりふ》（入営割符）にもこれを記入させた。その後この行為が他の罪状とともに発覚し、林は明治八年七月に謹慎一〇日の処分を受けている（「公文録」明治八年・第四二巻）。

徴兵事務を円滑に進めるためには、全国民に苗字を名乗らせておかねば面倒だ――という山県の発想は、こうした現状を踏まえたものであったろう。もっとも徴兵対象ではない女性の苗字について、山県は毛筋ほども興味を抱《いだ》かなかったに違いない。だがこの苗字強制令の後、政府は女性の苗字のあり方について、重大な判断を迫られたのである。

†内務卿の再挑戦

苗字強制令から約三カ月後の明治八年五月九日、内務省は石川県から、婚姻後の婦人は「生家ノ苗字」と「夫家ノ苗字」、どちらを称するべきなのか、という問い合わせを受けた。そこで一一月九日、内務卿大久保利通は太政大臣三条実美に対し「婦女他家ニ婚嫁セシ后《のち》姓氏称《とな》ヘ方ノ義伺《うかがい》」を提出し、政府で審議することになった。その伺の本文は次の通りである（「公文録」明治九年・第百七巻。写真5-2）。

華士族平民ニ論ナク、凡《すべ》テ婦女、他ノ家ニ婚嫁シテ後ハ、終身其《その》婦女実家ノ苗字ヲ称ス可《べ》キ義ニ候哉《そうろうや》、又ハ婦女ハ総《すべ》テ夫ノ身分ニ従フ筈《はず》ノモノ故、婚嫁《こんか》シタル後ハ壻《むこ》養子同一ニ看做《みな》シ、夫家ノ苗字ヲ終身称《とな》ヘサセ候方、穏当ト相《あい》考ヘ候得共《そうらえども》、右ハ未《いま》タ成例《せいれい》コレナキ事項ニ付《つき》、決《けつし》兼《かね》候ニ付、仰上裁《じょうさいをあおぎ》候、至急何分ノ御指令被下度《くだされたく》、此段相伺《このだんあいうかがい》候也

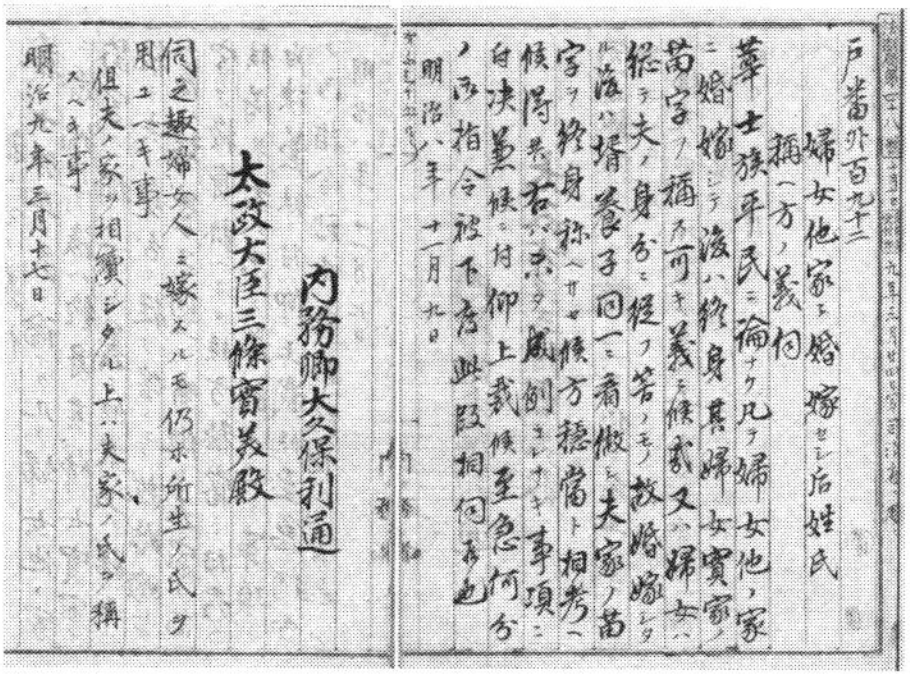

写真 5-2　婦女他家ニ婚嫁セシ后姓氏称ヘ方ノ義伺（明治 8 年 11 月）

出典：「公文録」明治九年・第百七巻・内務省伺三（国立公文書館所蔵）。後半は朱筆による明治 9 年 3 月 17 日の指令本文。

大久保は、すべての婦女は結婚後も、生涯その実家の苗字を称するべきなのか？と疑問を投げかけた上で、婦女は夫の身分に従属する身分なのだから、結婚後は婿養子と同様のものとみなし（つまり実家を離れ別の「家」に入れば、その家の苗字を名乗るものだから）、夫の家の苗字を生涯名乗らせるのが「穏当」だとの意見を述べて、いまだ「成例」（世に行われて慣例となっているもの）のないこの問題に、決着をつけるように求めたのである。

形式的には「実家ノ苗字」か「夫家ノ苗字」

かの二択を提示しているが、「夫家ノ苗字」で決着させたい意図――つまり一家同姓を目指しているのは文面からも明白である。

ここにみえる、妻は「夫ノ身分ニ従フ」から夫の苗字を称するべきだという論法は、明治七年九月の指令案と全く同じである。大久保は前年の不在中、廃案になったあの指令案を是《ぜ》として、今度こそ一家同姓の方針を確定させようとしたといえよう。

†議論の紛糾

しかし大久保の思惑通りにはならなかった。明治九年二月五日の審議では、逆に「婦女、人ニ嫁シタル者、夫家ノ苗字ヲ称スルコト不可」とする反対意見が述べられたのである。反対意見は「妻は夫の身分に従うから夫の姓を名乗るべきという理屈は、姓氏と身分の話とを混同している」と大久保の主張を前提から全否定し、女性に付ける「氏」には、古代の「姓」の法則を当て嵌《は》めるべきだと主張したのである。

近代氏名の「氏」は苗字であって、苗字は古代の「姓」（氏）ではない。だが本来の姓（前掲図表4-1の②氏）は既に公用が廃止されていた。復古派としては古い姓の役割を、新たな氏名の「氏」（苗字）に負わせたい意図があったと考えられる。

一方大久保らにとって、そういう形だけの「復古」はどうでもいい。「家」を基礎とする社会的現実に即した一家同姓こそが、「国民」管理の上でも至当だという立場であった。

文雅の世界の表現なら「どっちでもいい」で済む話であった。だが男女すべての「国民」の名を「氏名」という形式で管理する以上、方針を統一する必要が生じたのである。

†妻は所生の氏を用いよ

全く妥協点のない両派は激突し、議論は紛糾したらしい。審議は最終的に「今別ニ此制ヲ立テント欲スルヲ以テ、一《ひとつ》ノ大困難ヲ醸《かも》スナリ、右等ハ都《すべ》テ慣法ニ従ヒ、別ニ制ヲ設ケサル（ザ）方可然歟《しかるべきか》」と断じられた。つまりこんな大揉めになるのは、新たに「氏」のあり方を制度として定めようとするためであり、今は別に制度を設定せず「慣法」に従えばよいと結論付けた。いわば議論を以前廃案となった明治七年九月の段階で凍結し、棚上げとする道を選んだのである。かくして同年三月一七日、政府は大久保の伺いに対し、次のような指令を下した。

伺《うかがい》ノ趣《おもむき》、婦女、人ニ嫁《か》スルモ仍《な》ホ所生《しよせい》ノ氏ヲ用ユヘキ事
但《ただし》、夫ノ家ヲ相続シタル上ハ夫家ノ氏ヲ称スヘキ事

ここにおいて、妻は結婚しても「所生ノ氏」（実家の苗字）を使うべきこと、ただし妻が夫の

家を相続した場合は夫の家の苗字を称する――という方針が政府の公式見解として確定した。事実上は大久保らが復古派の前に折れ、一家同姓の方針は頓挫《とんざ》したのである。

ただし復古派の勝利というわけではない。指令の草案段階での但し書きでは「但、夫家ヲ相続スルトキハ何家相続人某ト署スベキ事」となっており、この場合〝谷口家相続人出口さよ〟などと記名し、女性は夫の家を相続してすらも、生家の苗字を称することになっていた。これは七年九月の「参照」で確認された「姓」の法則とは異なるが、この方が出自・血統を表示する「姓」の性格を徹底させることができる。復古派は近代の「氏」（苗字）をより「姓」化するべく修正を図ったようだが、これは採用されていない。あくまで右の指令は議論凍結の措置であり、七年九月に確認された「姓」の「慣法」とされるものに、今更手を加えることは許されなかったとみられる。

†民法までは我慢

内務省はこの指令を受けて、同年四月七日、石川県に「婦女、人ニ嫁スルモ仍ホ所生ノ氏ヲ用フ可《べ》キ事、但《ただし》夫ノ家ヲ相続シタル上ハ夫家ノ氏ヲ称スヘキ事」と回答した。大久保の伺いになされた指令が、ほぼそのまま内務省指令として示されたのである。この指令は内務省の公報『内務省日誌』明治九年第二一号に掲載され、全国の地方官に認知されていったが、広く一般に向けて布告されたわけではない。

同年この『内務省日誌』を確認した高知県は、妻個人の名を記載する場合「岡本某《なにがし》妻　山本某」などという書式で書けばよいのかと伺い出ており、内務省はその通りでよいと回答している（ちなみに高知県は日誌第二一号を見たと述べているが二二号が正しい）。その後も内務省は、妻の苗字に関する同様の問い合わせが寄せられた場合、石川県への指令に基づき、妻は結婚後も「所生ノ氏」とする回答で処理し続けていく。

この方針は大久保らにとって不本意であったろう。だがこの時期の政府はまだ「復古」を自らの正統性の根拠としており、古代の「姓」への「復古」を強硬に排除できなかった。課題の山積する大久保政権にとって「氏」の問題は喫緊の課題ではなく、かつ大久保は将来の民法制定により、様々な民政の新制度を一気に構築する見通しを持っていたらしい。

明治九年一月一四日、大久保は女戸主が結婚して夫に家督を譲った場合に生じる問題についても伺い書を提出しているが、そのなかで「諸般ノ民法御確定相成《あいなり》候マテハ姑《しば》ラク」は暫定方針で処理したい、との意見を述べている。民法編纂は既に明治初年から断続的に開始されており、明治一〇年の「民法草案」では「婦ハ其《その》夫ノ姓ヲ称ス可シ」と規定していた（井戸田一九八六）。大久保らにとって、妻は「所生ノ氏」を称するという「復古」的方針は当面堪忍《かんにん》すべき暫定措置であり、将来的一家同姓が既定路線であったと考えられる。

しかし一一年五月一四日、大久保は出勤の途次に襲撃され、民法編纂も新制「氏」の結末も、遂にみることなくその生涯を閉じた（紀尾井坂の変）。

†政府から現場へ

妻は「所生ノ氏」を用いよという内務省指令は、地方の村々でも守られていたのだろうか。妻の苗字は「夫家」のものか「実家」のものか——などという以前に、そもそも女の名前には苗字を付けない。それが常識だったではないか。平民がいちいち苗字を付けること自体も明治三年に始まり、同八年に強制された、ごく新たな慣習でしかない。

なにより明治初期の社会は、文字を読まず、文章も書かず、自分の名前も書かない・読めないという人たちが、まだ普通に暮らしていた時代である。「氏名」をどう書くべきか、女の名前に苗字は付けるのか——という問題に直面したのは、個々の男女一般ではなく、行政の末端を担い、村で戸籍などを作成した人々——かつての村役人層たちだったのである。

内務省指令後の明治一〇年代、当時の村々——行政末端の現場で作成された文書に、氏名はどのように書かれていただろうか。

3　現場の判断と種痘名簿

†戸長と種痘

庄屋、名主、年寄など、地域で様々だった村役人の職名は、明治五年四月九日の太政官布告によってすべて廃止され、戸長《こちょう》・副戸長へと改称された。戸長らはこれまでの業務はもちろん、「土地人民ニ関係ノ事件」をすべて担当した。

地方制度としての「村」も政府により大きく変化し（後述）、戸長らの仕事は増加の一途をたどった。明治一一年以降は戸長役場が設けられ（当初は主に戸長の私宅）、戸長らは布告・布達の伝達と徹底、戸籍の編製、地券台帳の整備、徴税、徴兵、教育、衛生など、厖大《ぼうだい》な行政事務を遂行させられた。改革だの刷新だのと指示することは簡単だが、それで苦労するのは常に現場の人間である。

その繁務の一つとして種痘《しゅとう》の事務もあった。種痘とは天然痘（痘瘡《とうそう》・疱瘡《ほうそう》）の予防接種のことである。天然痘は伝染力が強く致死率も高いが、一度感染すると免疫ができる。そこで一八世紀末、イギリスのジェンナーによって牛痘《ぎゅうとう》（牛の天然痘）を人間に接種して免疫を得る牛痘法が発明され、幕末には日本にも伝わって実施され始めていた。

明治政府も種痘を推奨したが、明治九年五月一八日には「天然痘予防規則」を設けて強制接種制度を敷いた。生後七〇日から満一歳までに「必ス接種スヘシ」と定め、初回接種以降、五年ないし七年ごとに再三（二回目と三回目）の接種を受けよと規定したのである。

種痘は男女を問わず個人を対象に実施するから、戸長は接種対象者の名簿を作成せねばならなかった。種痘を行う医師（種痘医）は各村を回って接種する際、この名簿を接種台帳として使用して手元に保管し、接種した本人には接種済の証明書を交付した。

本書の関心は、この種痘名簿に個人名がどのように記載されたのか、言い換えれば、戸長たちがどのように村人の名を書いたかである。以下滋賀県愛知《えち》郡で種痘を行った医師、福永謙造《けんぞう》のもとに残された種痘人名簿（個人蔵）から、具体的にその実態をみよう。

†種痘医福永謙造

福永謙造は、近江国愛知郡下中野《しもなかの》村百姓忠平の子として嘉永元年（一八四八）に生まれた。一四歳から京都の医師楢崎将作《ならざきしょうさく》（坂本龍馬の妻おりょうの父）や近江国蒲生《がもう》郡金屋《かなや》村の医師馬淵友太郎（尊王派の活動を行ったことで知られる）のもとで医術の修業を積み、二一歳となった慶応四年（一八六八）一月に下中野村で開業、以来この地域で医師として活動した。明治九年一月には馬淵のもとで種痘術の伝授を受け、九月には滋賀県に種痘免許状を申請、翌月に許可を受けて種痘医として活動を開始する。なお明治一二年から一四年までは下中野村戸長も務めた（明治末には郡会議員なども務めている）。

　現存する種痘人名簿は明治一〇〜二二年、及び同四一年のものだが、このうち各戸長らが作成した明治一〇年〜一八年の六二点を検討する。ただし一四〜一七年の分が五六点とまとまっており、一〇年は四点、一八年は二点で、一二・一三年の分は現存しない。

　この期間、福永謙造による種痘実施が確認されるのは愛知郡下のおよそ三〇カ村——君ヶ畑《きみがはた》、茨川《いばらかわ》、蛭谷《ひるたに》、百済寺《ひゃくさいじ》、大萩《おおはぎ》、上《かみ》山本、下《しも》山本、北小屋《きたごや》、市ヶ原、大覚寺《だいかくじ》、平尾、平柳《ひらやなぎ》、祇園《ぎおん》、読合堂《よみあいどう》、園《その》、上《うえ》中野、下《しも》中野、大林、中里、北花沢、南花沢、大沢、池之尻、池庄《いけのしょう》、平松、今在家《いまざいけ》、小八木《こやぎ》、勝堂《しょうどう》、常安寺《じょうあんじ》——である。

　名簿の表題は「種痘人名簿」「種痘初度人名取調書」「種痘再度三度人名御届書」「接種人名御届書」など様々であるが、いずれも福永謙造宛ての取調書や届書として作成されている。作成者（差出人）は基本的に各村の戸長だが、村の衛生委員（明治一二年以降各町村内で選任された役職）の場合もある。なお既に天然痘に罹患《りかん》して種痘不要な人名を記載した「天然痘済人名取調書」など二点も同種の名簿で、検討する六二点に含めた。

　接種対象は一歳未満から二十代前半までであり、大半の接種者は「長男」や「四女」などの肩書を持つ幼少の家族だが、若年の「戸主」や「妻」も時折見出せる。

根強い常識

では名簿に記載された人名をみていこう。書式は一定ではないが、接種名簿という性格上、全点男女混合の名簿である。接種対象者の情報は基本的に「①五番屋敷　②太田吉平　③二女　④太田きみ　⑤一年一ヶ月」などと、①番地、②戸主名、③戸主との続柄、④本人の名、⑤満年齢が記載される。なお①番地は、村の屋敷に無作為に割り振られた番号で、現在の番地（土地に割り振った地番）とは何の関係も繋がりもない。

ここで注目するのは②・③を含めた④本人の名の書き方である。その書式には【1】〜【3】の三種がある（写真5-3）。

まず【1】は、男にだけ苗字を必ずいちいち付けて、女には付けない書式である。つまり男は「田中千代蔵二男　田中与惣吉」、女は「北村林右ェ門三女　するゑ」などと書かれる。むろん妻も「岸常次郎妻　たか」と書かれており、女性名に苗字を付けない常識が依然として生きている。ちなみに本章扉写真も【1】の例であり、実はこの書式が一番多い。

それに次ぐ【2】は男女全員に苗字を付ける書式である。「小林清吉二男　小林与吉」「林与助二女　林そよ」などと、戸主も家族も男女とも、すべての人名にいちいち苗字を記す。いわ

【1】男性のみに苗字記載

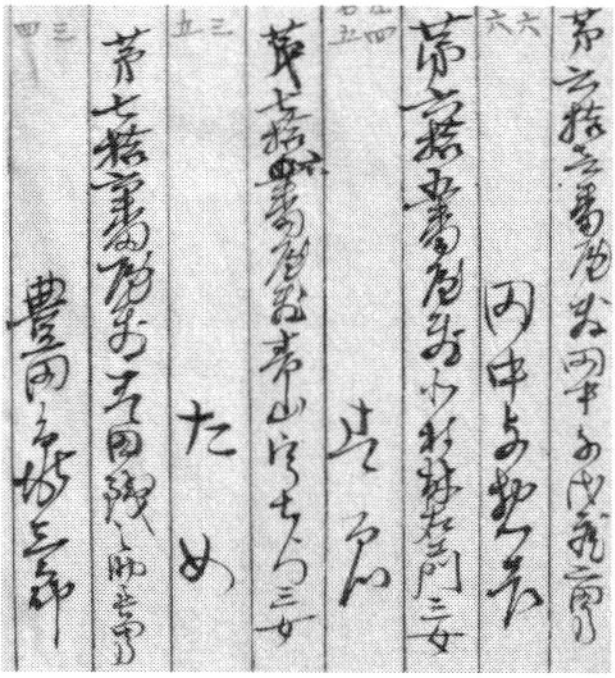

【2】全員苗字つき

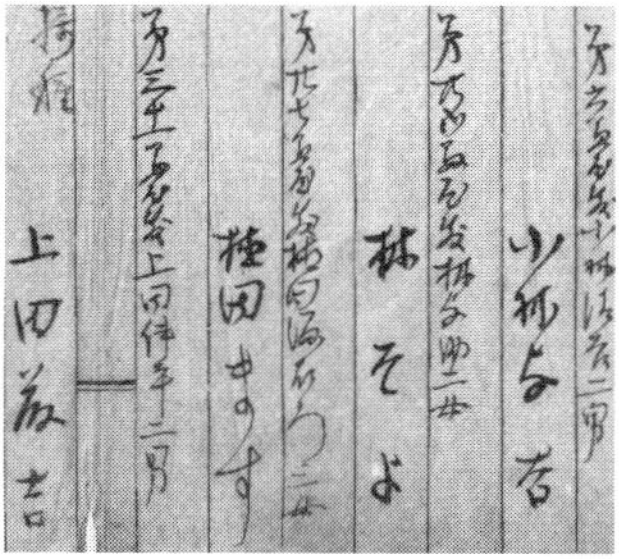

【3】男女とも個人名のみ

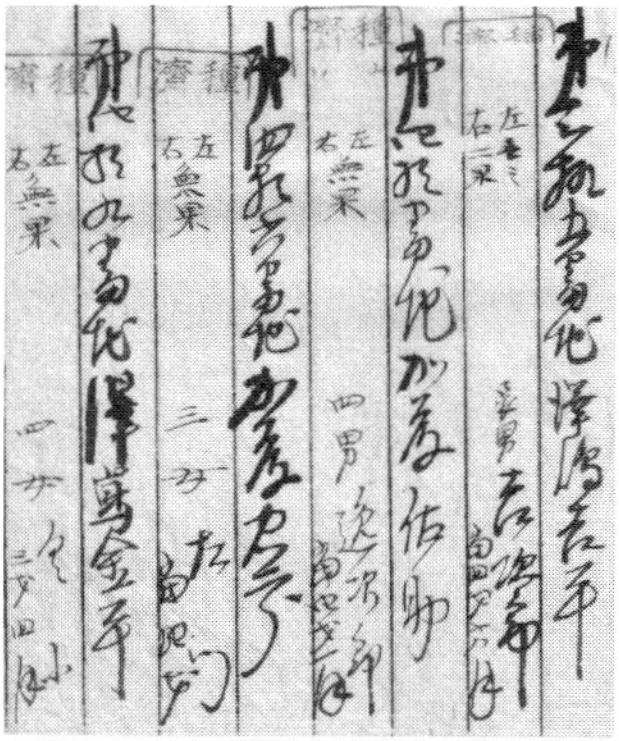

写真5-3　種痘人名簿における人名表記の書式

出典：近江国愛知郡下中野村福永謙造家文書（個人蔵）。それぞれの史料は以下の通り。

【1】明治17年6月7日「種痘人名取調書」（小八木村）

【2】明治15年4月29日「種痘人員取調書」（池庄村）

【3】明治15年5月10日「初種痘人員取調書」（南花沢村）

ば「渡辺儀助悴　渡辺定助」方式を男女全員にも適用したものといえる。
ただし「堀川小右衛門二男　仝《どう》　利平」「田中善七長女　仝　せつ」などと、前者（戸主）と同じを意味する「仝」（「同」と同字）を使った書式も多いが、この「仝」も必ずいちいち書いて略さない。なお妻の場合は「辻庄三郎妻　辻たけ」「小椋清平妻　小椋しん」などと夫と同じ苗字が書いてある。

【3】は②戸主名に苗字を付けて、男女とも本人の名は個人名のみが書かれる書式である。「澤嶋吉平　長男　吉次郎」「加藤忠二郎　三女　たつ」「村山善兵衛妻　ゆり」などと書かれる。この書式は戸主と家族が同じ苗字という前提に基づく、いわば【2】の省略形である。

六二点を単純に分類すると、【1】は二八点で一六カ村、【2】は二三点で一五カ村、【3】は一一点で八カ村で見られる。史料の現存状況を考慮しても、【1】と【2】が標準的な書式だったことは確実だが、どの書式も問題なく通用しており統一はされてはいない。

徐々に一つの書式に統一されていく、という傾向もない。明治一四〜一六年の期間、茨川や蛭谷は【1】、上中野や読合堂は【2】を連年使うが、君ヶ畑は【1】【2】【3】どの書式も使っている。大萩では明治一四〜一六年三月まで【1】、一六年七月は【3】、一八年には【2】である。戸長の交代で書式が変わる例もあるが、全く変わらない村もある。

女のみに苗字を付けない【1】の多さは、従来の常識の根強さを物語る。だがどの書式も

「藤田さと長男　藤田喜与蔵」「岸いそ四女　とよ」などと、女の戸主名には必ず苗字を付けている。なおかつ【2】方式も多いという事実は、総じて氏＋女性名という形への違和感が、かなり薄れてきたことも示していよう。

†そこにこだわりはあるか？

近代氏名の定着とともに、「女戸主は仕方ないが、女全員に苗字を付けたらおかしいだろ」という判断と、「もう男女全員に苗字を付けちまえ」という判断、この両派が併存していたことがわかる。両派はその書き方に、何か強いこだわりを持っていただろうか。

明治一〇年九月、平柳村の「種痘初度再度人名取調書」は書式【1】だが、「板倉惣平長女　板倉カノ」と誤って女性名に苗字を書いた箇所がある。しかしこの誤記は「板倉」の部分に白紙を貼り付けて、わざわざ「板倉惣平長女　カノ」に修正されている（本章扉写真はこの箇所で、よくみると「カノ」の上に「板倉」が透けてみえる）。従来の慣習に基づく【1】の書式に、多少ならずこだわりがあるらしくみえる。

【1】や【2】では「豊田銕《てつ》之助長男　豊田亀三郎」などといちいち苗字を書くが、これは一種のこだわりともみなし得る。この地域では、各村内の苗字はおよそ三、四種類で、村民の何割かがたいてい同姓である。だから同じ苗字を何度も書く作業となり、「仝」にしても、仝、

仝、仝、と何度も書く羽目になる。この煩わしいだけのことを、多くの戸長は頑なにやってのけており、これを略す【3】は少数派なのである。

だが面倒に感じる人もいたらしい。実際明治一六年五月、君ヶ畑村の戸長小椋林蔵は名簿を「瀬戸文吉長女　仝　ぎん」などと「仝」を使った書式【2】で書き始めたが、一三人目まで書いたところで「仝」を書くのをやめ、残り一〇人は「城戸長蔵　長男　亀之助」という書式【3】で書いている（上記の分類は【2】とした）。小椋林蔵は同年一〇月にも名簿を作っているが、こちらは最初から書式【3】である。彼の心情は推して知るべきであろう。

また大萩村戸長代書記の辻仁右衛門《にえもん》は、明治一六年三月は【1】、七月は【3】で書いている。別にどっちだっていい――という、こだわりのない大様《おおよう》な態度も明らかに窺える。

福永謙造はどんな書式の接種名簿でも問題にせず、接種情報などを記入して実際に使用している。名簿の様式が不統一だとか、氏名の書き方が画一的でないとか……そんなことを気にすること自体が、当時一般の感覚とはかけ離れているように思われる。

†藤田嘉蔵妻太田はる

種痘名簿に、妻を「所生ノ氏」で記載した例は一つもない。だが福永謙造旧蔵の文書群には、種痘の事務で妻に「所生ノ氏」を付けた文書も、僅か一点だけだが現存する。

それは明治一九年三月一六日、百済寺村の藤田嘉蔵から、妻はるが明治五年八月一六日に天然痘を済ませたこと（つまり種痘の必要がないこと）を福永謙造に届け出た書面である（写真5-4）。これには妻の名を「藤田嘉蔵妻　太田はる」と書いている。太田は百済寺の近村平柳などにみられる苗字であるから、彼女の「所生ノ氏」とみてよかろう。

この文書は百済寺村の戸長役場が、藤田嘉蔵に求められて作成したとみるのが妥当である。すると戸長らは、内務省の方針に従えば妻には「所生ノ氏」を書く——ということを知りながらも、種痘名簿ではその方式を一切採用していなかったことになる。

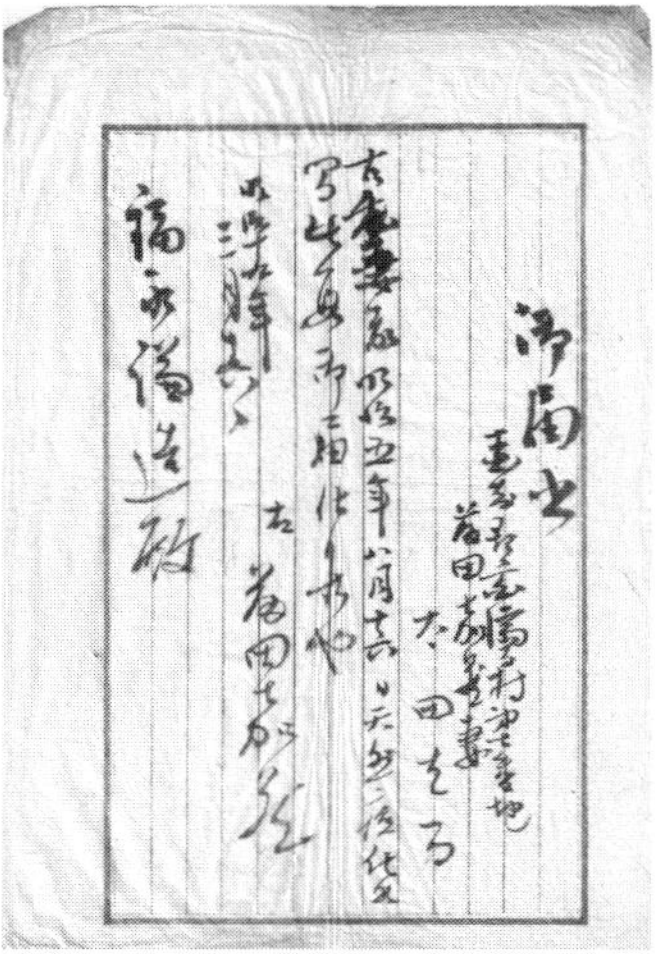

（本文翻刻）

御届書

愛知郡百済寺村第七番地
藤田嘉蔵妻
太田はる

右私妻義、明治五年八月十六日、天然痘仕候間、此段御届仕候也

明治十九年
三月十六日

右　藤田嘉蔵㊞

福永謙造殿

写真5-4　藤田嘉蔵の妻「太田はる」
出典：近江国愛知郡下中野村福永謙造家文書。ちなみに「愛」の字は「百」と誤記した上から書き直している。

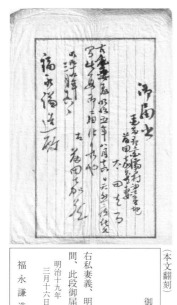

妻の苗字は生家・婚家どっちだという疑問は、書式【2】の「男女全員に苗字を付ける」派に生じる。だが現実の行政も生活も「家」を単位に行われている。ゆえに苗字を姓に「復古」させること——つまり妻や母にだけ生家の苗字を付けて他の家族と区別し、その出自の情報を示すことに、現場は微塵も必要性を感じない。むしろ無駄な手間である。ゆえにお役所向けの「藤田嘉蔵妻　太田はる」という書式の存在は知ってはいても、実際には一家全員を戸主と同じ苗字、すなわち一家同姓で処理するのを当然とした。近江愛知郡の戸長たちは「氏名」を「佐藤のおせん」方式で表記することに、少しも迷っている様子がない。

明治二〇年代に入ると、男女一律の近代氏名という人名の形が定着し、「女に苗字は付けない」という常識は消えていく。しかし大久保らが望んだ一家同姓の方針は、民法施行の遅延によってなかなか実現せず、妻は「所生ノ氏」という方針がなおも命脈を保っていく。

そのため各地方からは、内務省の「所生ノ氏」という非現実的な「復古」方針に対して、次第に強烈な不満と怒りの声が上がり始めるのである——。

4　民法による決着

†戸籍用紙の先行

「家」制度を基礎に置こうとする日本式の近代国家は、新たな「氏」に古い「姓」の法則を適用する現実的必要性を持たない。民法の編纂が進められる中、かつて大久保らの目指した一家同姓の布石は、やがて密やかに打たれ始めた。

明治一九年一〇月一六日、内務大臣山県有朋は内務省令第二二号「戸籍取扱手続」を発して、今後戸籍には専用の「戸籍用紙」を使用するよう規定し、ここでようやく全国共通規格の戸籍簿が誕生した（いわゆる明治十九年式戸籍）。戸籍用紙に記入する人名の書式も、筆頭に記載する戸主は「田中一郎」などと「氏名」を書き、以下の家族は「富太郎」とか「リツ」などと「本人ノ名」のみを書くことが規定された（写真5-5）。戸籍の書式には以降も改訂があるが、この人名の書き方自体は今なお続く方式である。

つまり女のみを苗字なしで書く書式と、全員に苗字を書く書式は、この段階で公式に否定されたことになる。家族の苗字を省略するこの書式の採用は、戸主の苗字が家族全員に及ぶこと――つまり戸籍上、一家は全員同姓で処理する方針をも意味していた。

むろん「家族の苗字は書いていないから、妻や母は「所生ノ氏」かもしれない」とも読み得るところが、なんとも心憎い一手である。しかし先の内務省伺いや、この二年後の民法草案を見れば、その本心は明らかなのである。いわば戸籍の書式は民法にも先んじて、事実上一家同姓での処理を開始したのである。

†ボアソナード民法

とはいえ内務省指令による、妻は「所生ノ氏」という方針はなお引き続き使用された。

明治二〇年一一月三〇日、山口県は、妻の氏名が「民間ニテハ（中略）或《あるい》ハ生家ノ姓ヲ称シ、

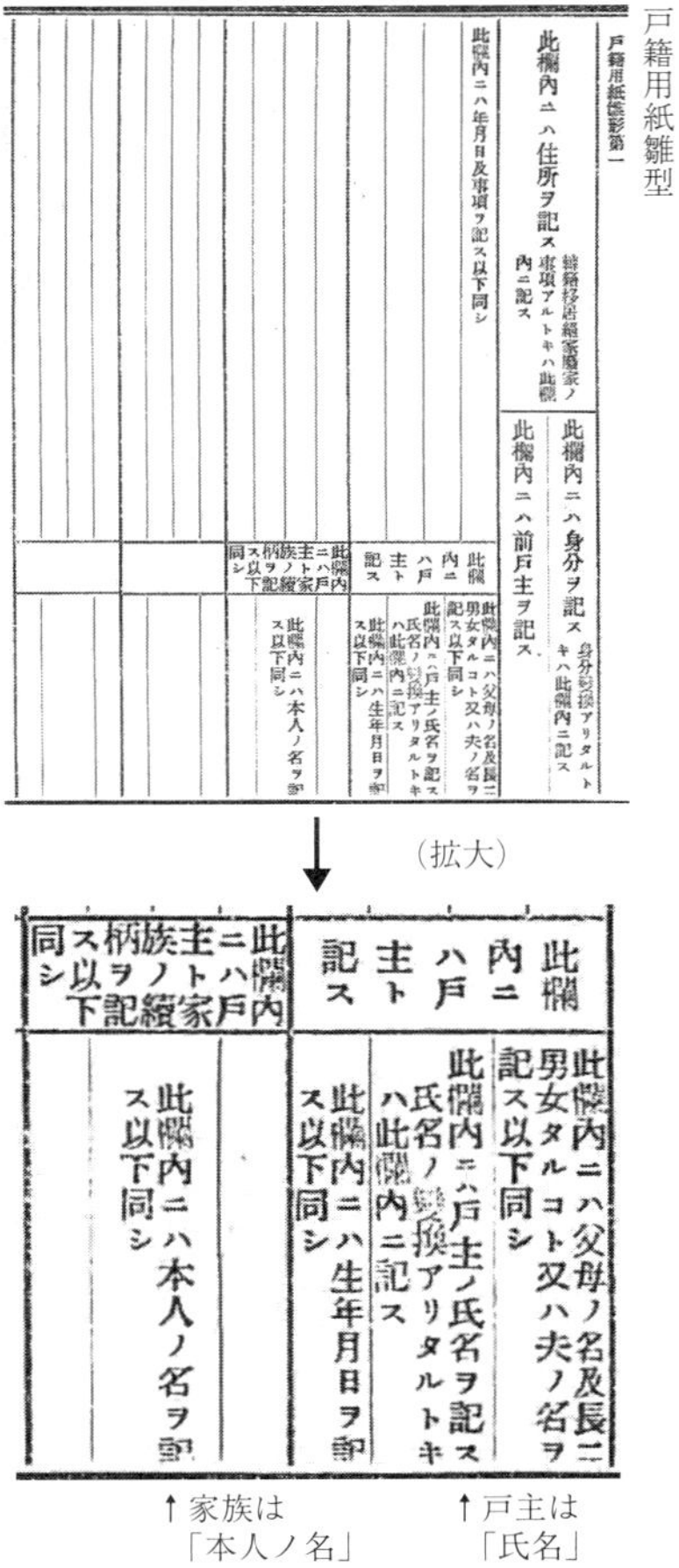

写真5-5　明治19年「戸籍用紙」
出典：明治19年（1886）10月16日『官報』990号。

又ハ夫家ノ氏ヲ用ル等、区々一定ナラス」という現状であると問題視し、県下に向けて、婦女は生家の姓を使用せよと布令を出してよいか、と内務省に伺い出た。つまり政府方針が「所生ノ氏」ならば、それを一般に周知徹底させる措置を県独自に行いたい、というのである（以下府県などの伺は『改氏改名法規実例類集』・『改姓名ニ関スル例規集』による）。

当時の山口県（知事は原保太郎）は「婦女タル者ハ他家ヘ入嫁ノ後ト雖《いえど》モ、生家ノ姓ヲ称スヘキハ古来ヨリノ成例」と述べており、「姓」への「復古」を支持していたらしい。しかし内務省は山口県に対し、管下への「布達ノ義ハ見合《みあわ》スヘシ」と指示した。県独自の行動は容認できないとの理由が第一だろうが、この頃には早晩民法により、「所生ノ氏」という方針が否定される見通しだったことも関係していよう。

翌二一年一〇月、遂に民法の「第一草案」が府県知事らに示された。その第三六条には「婚姻ニ二種アリ（中略）、婦ガ夫ノ氏ヲ称シ、其《その》身分ニ従フトキハ、之《これ》ヲ普通婚姻ト謂《い》ヒ、夫ガ戸主タル婦ノ氏ヲ称シ、其身分ニ従フトキハ、之ヲ入夫婚姻ト謂フ」――つまり入夫（婿）以外の婚姻では、妻が夫の姓を名乗るという方針が明記された。明治七年に廃案となった「妻ハ夫ノ身分ニ従ヒ、貴賤スヘキ者ニ付、夫ノ姓氏ヲ用ル」という方針が、ようやく断行される時が来たのである。

かくして明治二三年、第一草案は大幅な修正を経て「民法」として公布された（いわゆるボアソナード民法)。同年一〇月に公布された民法人事編では「戸主及ヒ家族ハ其家ノ氏ヲ称ス」(第二四三条)と規定され、近代氏名の「氏」(苗字)が家名であること、ゆえに一家同姓で処理する方針が盛り込まれていた。

しかし民法は氏名だけの規定ではない。それは従来の様々な生活や道徳に変革を迫る内容だったため、公布を契機にして議論が一層の高まりを見せ、大論争が巻き起こった。いわゆる民法典論争である。その結果、民法施行は二九年までの延期が決定された。かくして一家同姓の方針は決定しているのに実行できない――まさに宙に浮いた状況になったのである。

†現場の憤懣

民法草案以降、一家同姓の方針が広く示されたが、内務省は建前上、引き続き「所生ノ氏」という方針で処理せざるを得なかった。

明治二三年三月五日、呉《くれ》鎮守府海兵団は内務省に対し、海軍軍人の戸籍明細書をみていると、妻には「生家ノ姓ヲ冒スモノ」と「本夫ノ姓ヲ冒スモノ」の二通りが確認されるけれども、これはどういうことなのか教えてほしい――と照会してきた。

内務省総務局長はこれに対して、妻は夫の家を相続したもの以外「生家ノ姓ヲ称用スヘキ筈」ではあるが、戸籍(明治一九年式戸籍)には戸主のみに姓を記し、その他の家族には姓を記載しない例である――となんだか歯切れの悪い回答をしている。ここで戸籍の書式を持ち出したのは、こちらの本音を忖度《そんたく》せよということだったかもしれないが、建前上「所生ノ氏」の方針はまだ覆せない。内務省は苦しい対応を迫られている。

だがもっと困ったのは地方行政の現場である。政府の本音が一家同姓であることは、民法草案で周知の事実となっているのに、内務省に訊《き》くと依然として妻は「所生ノ氏」だと指示されるのだからたまらない。二三年五月二日（民法人事編公布の五カ月前）、東京府（当時の知事は高崎五六）は内務省に次のように伺い出て、ついにその怒りを爆発させた。

> 凡《およ》ソ民間普通ノ慣例ニ依《よ》レハ、婦ハ夫ノ氏ヲ称シ、其《その》生家ノ氏ヲ称用スル者ハ極メテ僅々《きんきん》ニ有之《これあり》、然《しか》ルニ右御《ご》指《し》令《れい》有之《これある》カ為《た》メ、公文上ニ限リ強《しい》テ生家ノ氏ヲ称用セシメサルヲ得《え》スシテ習慣ニ反シ、往々苦情モ相聞《あいきこ》へ、実際ノ取扱上ニ於テモ錯誤ヲ生シ易キ儀ニ付、夫家ノ氏ヲ称セシムル方、事実適当ナルノミナラス、既ニ民法人事編草案第三十六条ニモ、婦ハ夫ノ氏ヲ称用云々ト有之、法理ニ於テモ可然《しかるべき》儀ト相信シ候ニ付、自今夫家ノ氏ヲ称用セシメ候様致度《いたしたく》、此《この》段相《あい》伺《うかがい》候也

東京府曰く――現在民間普通の慣例では、妻は夫の苗字を称しており、生家の苗字を称する

ものなぞ極めて少ない。しかるに内務省からは「生家ノ氏」にせよという指令があるから、公文書の方だけ、皆嫌々生家の氏を書いているのだ。これは一般の「習慣」に反するし、往々苦情も受けている。実際自分たちが取り扱う上でも（夫婦の苗字が違えば）間違いを生じやすい。夫の氏を名乗らせるのが事実適当であり、民法草案の第三六条（前出）にも、妻は夫の氏を称すると書いてあるではないか。その方がいいと確信している。だから今後、妻には「夫家ノ氏」を名乗らせるようにしたいがどうですか――というのである。

東京府は民法を待たず、一刻も早く「夫家ノ氏」で処理したがっている。背景には現場での「苦情」や「錯誤」という切実な事情があろう。しかしこれに対しても内務省は「従前ノ通心得ヘシ」――つまり「所生ノ氏」でやれという、端的な指令を返しただけであった。

この東京府の伺い以前にも、明治二二年一二月に宮城県が「（妻が）婚家ノ氏ヲ称スルハ地方一般ノ慣行」だから認めてもよいかと内務省に伺い出ているし、滋賀県（明治二三年四月）や愛知県（二四年九月と一〇月）は、「所生ノ氏」という方針に対し「本当に今でもその方針でいいのか」と内務省に繰り返し確認している。

「所生ノ氏」という方針を疑問視するこの種の伺いは、明治二七年頃まで各地から毎年出され、合計三〇数件にも達するという（井戸田一九八六）。なかには「所生ノ氏」への固執は世上混乱のもとだとまで批判したものもあったが、内務省としても、民法施行まではその建前を変えようがなかったのである。

†「氏名」の確立

明治二九年四月二七日より順次新たな民法（明治民法）が公布され、三一年七月一六日から施行された。近代日本の「家」制度を明文化したこの民法で、「戸主及ヒ家族ハ其家ノ氏ヲ称ス」（第七百四十六条）「妻ハ婚姻ニ因リテ夫ノ家ニ入ル」（第七百八十八条第一項）「入夫及ヒ壻養子ハ妻ノ家ニ入ル」（同第二項）と規定されたことにより、一家同姓の原則が遂に確定した。近代氏名の「氏」をどう扱うかという問題は、江戸時代の苗字の第一義、すなわち「家」の名として扱うことで決着したのである。

苗字はもとより「姓《せい》」ではない。「家」が原則血縁で継承されるがゆえに「姓」的な要素も帯びた「家」経営体の名である。中世に出現した家の名を、古代の「姓」そのものにしようとした「復古」的目論見は、明治初年の現実社会からも、近代国民国家形成を目指す立場からも、到底受け入れられるはずがなかった。しかし明治初期における「復古」派の存在や民法典論争などによって、一家同姓の確定まで想定以上に長い時間を要したのである。

明治三一年七月一六日を以て、近代氏名は確立したといえる。老若男女の例外なく「氏名」を人名とする常識が定着していくにつれ、かつての《名前》と《姓名》の違いも、女性名に苗字が付かなかったことも、苗字が人名の必須要素ではなかったことも、すべて忘却の淵へと沈んでいった。常識は上書きされる。やがてすべてを忘れた人々は、戸籍上の唯一の「氏名」を、古くからの普遍的な人名の形とさえ思い込むようになる――。

しかし苗字はアイデンティティだから結婚しても変えたくないとか、それが結婚で変わるのは不便だとか、逆に一家同姓は家族や夫婦のつながりを感じる大切なものだ――などという、より〝近代〟的な現代人の意識は、「氏名」確立の時点において、まだその萌芽さえも見受けられない。

そのこだわりは、「氏名」の誕生や確立を超えた、まだ見ぬ世界の先にある。

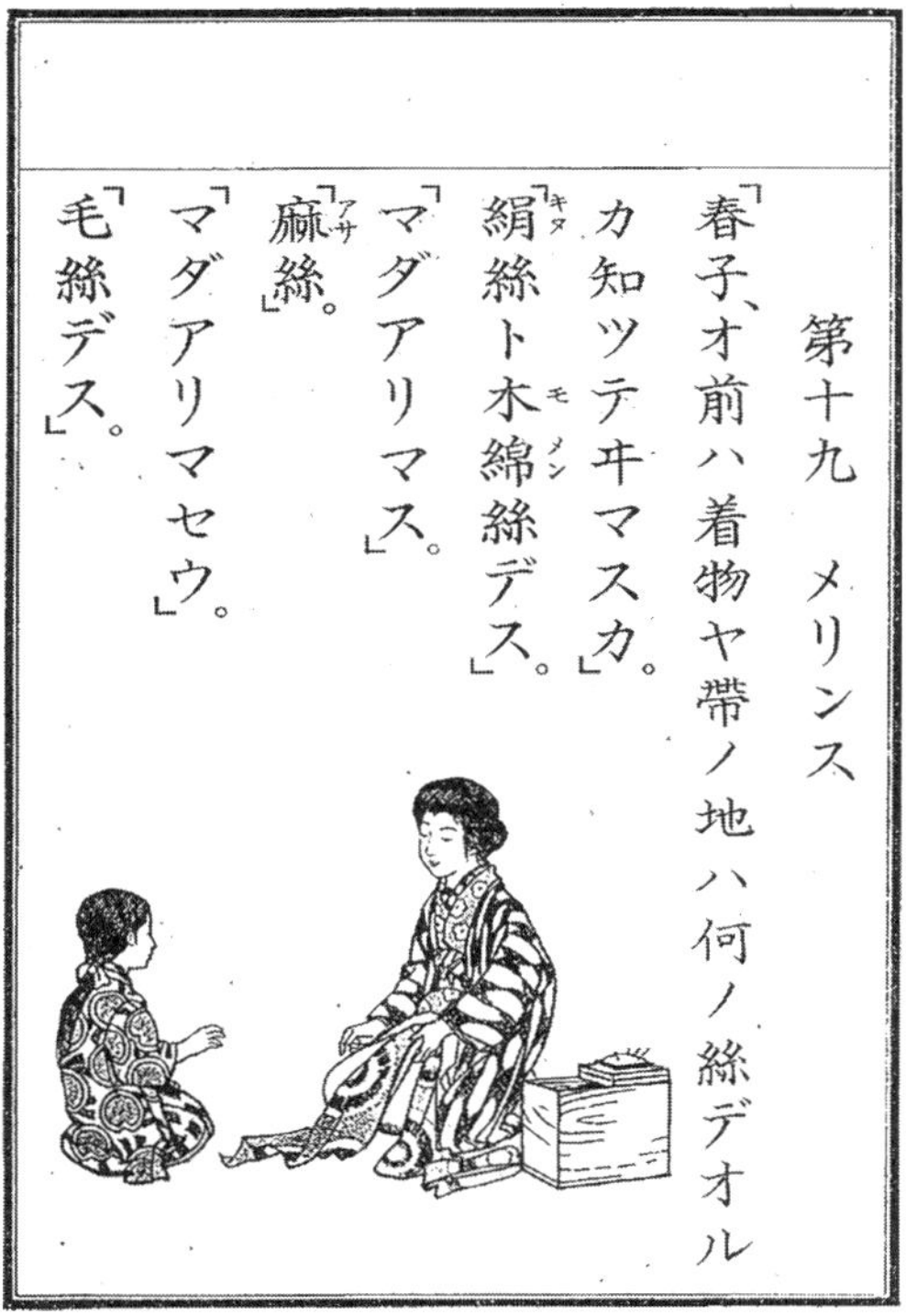
第十九　メリンス

「春子、オ前ハ着物ヤ帯ノ地ハ何ノ絲デオルカ知ツテヰマスカ。」

「絹《キヌ》絲ト木綿《モメン》絲デス。」

「マダアリマス。」

「麻《アサ》絲。」

「マダアリマセウ。」

「毛絲デス。」

第六章

「お」と「子」の盛衰

大正9年刊『尋常小学国語読本 巻六』(国立教育政策研究所教育図書館 近代教科書デジタルアーカイブより一部抜粋)。大正7年から使用された第三期国定教科書。

1 「子」の字の流行と変質

†国民国家への改変

近代氏名が確立した明治三一年（一八九八）までに、江戸時代の社会的前提は次々と覆され、近代国家国民としての日本――「大日本帝国」が形成されていった。

明治四年七月の廃藩置県は、領主と領民という支配関係を完全に消滅させ、六年七月からの地租改正は、土地所有者個人が直接納税の義務を負う仕組みへと変えて、従来の村請制を解体した。そのほか明治六年一月の徴兵令を始め、人々に「国民」としての義務や負担を強いる政策が強権的かつ性急に進められたのである。

さらに明治一一年には、地方制度を一新する三新法《さんしんぽう》の公布により、村は「国家」を構成する「地方」という部品に過ぎなくなる。二二年には市町村制の施行に伴い合併が進められ、二一年に七万一三一四あった町村は、翌年には一万五八五九にまで激減し、江戸時代の村々は新しい村（行政村）の下に位置する「大字《おおあざ》」という単位となった。かくして旧来の村という社会集団、及び各村の慣習や秩序は社会的な拘束力を弱め、「国家」の利害や「国民」として秩序が優先される社会へと変化していった。

同じく自由民権運動（明治七〜二二年頃）、大日本帝国憲法の発布と国会開設（同二二〜二三年）、日清戦争（同二七年）などを通じて、民衆自らも「国家」を前提とした「国民」としての自覚を高めていく。民法による近代「家」制度と「氏名」の確立は、そういう時代の中にあった。国民化には教育政策も大きく関係するが、その点は第七章で触れる。

明治中期以降、女性名の表面的な形（類型）や慣習にも変化が生じている。その代表的変化が「子」の付く女性名の流行だが、これがなかなか複雑なのである。本章はまず女性名の形と慣習だけに限り、昭和三〇年（一九五五）頃までの動向を追っていきたい。

†三音節型はいつ全国化するか

角田文衞氏によると、明治以降はきくえ、はなよ、といったいえのよを型や小の字型の女性名が全国的にみられるようになるという。その傾向はおよそ事実として認め得るが、それが明治のいつ頃からか、どの程度広がったのかはよくわかっていない。

明治一〇〜二〇年代の初め、村の若い女性にはどんな名前が多かったのか。明治二二年の春、滋賀県愛知《えち》郡東押立村《ひがしおしたて》（江戸時代の一四カ村が合併）と角井村《かくい》（同じく九カ村が合併）の種痘名簿から女性二一九名を抽出すると図表6-1のようになる。生年は明治七〜二二年までの幅があるが、当時一五歳未満の女性名を窺える（明治一〇年以降に生まれた女性が二〇四名を占めている）。

両村では二音節型が二〇三名、すなわち約九三％を占めており、みさ、とめ、まさ、みゑ、みつ、などは同名者が九〜五人存在し、これらが当時この地域でありふれた名前だったことがわかる。その他にも種類は豊富だが、江戸時代の常識を逸脱した名前はなく、「子」の付く名

類型	名前	同名者数
二音節型	みさ	9人
	とめ、まさ、みゑ	各7人
	みつ	5人
	きぬ、すみ、やす、やゑ	各4人
	うの、こと、さと、すて、その、たけ、ちゑ、つね、はつ、ます、まつ、よつ、りせ、わの	各3人
	いそ、いと、うた、かつ、きく、きせ、きみ、きよ、さの、じゆん、すゑ、そよ、ため、つぎ、つる、とせ、ふさ、みわ、やを、りゑ	各2人
	あい、いく、いさ、かづ、かね、かの、きさ、ぎん、くに、くら、くり、志津、この、こま、さた、しげ、しを、すか、すが、せつ、そて、そと、そめ、そわ、たき、たず、たつ、たみ、たよ、ちよ、つま、つよ、てつ、とく、とし、とま、とみ、とよ、なつ、なを、のぶ、のゑ、はな、ひさ、ひろ、フミ、ふみ、ふゆ、みか、みき、満、みな、みの、みや、みよ、むめ、もと、もゑ、やさ、ゆか、ゆき、よし、よね、よみ、りさ、りそ、りの、わき、わゑ、ゑき	各1人
三音節型	ゆきゑ、よその	各2人
	きくの、きしゑ、くのゑ、たみの、ちつゑ、ちよの、とめの、ひさの、政ゑ、まさゑ、まつゑ、よしゑ	各1人

図表6-1　明治22年東押立村・角井村の若年女性名

出典：「愛知郡東押立村分　明治廿二年春期種痘接種人名簿」・「〔明治二十二年角井村分種痘人名簿〕」（前掲福永謙造家文書）。

註：平仮名・片仮名・漢字（仮名ではなく楷書体で記したもの）の表記の別、濁点の有無は史料ママとした。

前もまだみえない。いえのよを型は、ゆきゑ、ちよのなど、え型・の型が一六名、約七%と少数ながらも確認される。

前章で検討した明治一〇〜一八年の種痘名簿にも三音節型はごく少数見られる。確認できる最古の例は平柳村のヤエノ（明治九年生まれ）で、絹江、菊野などの漢字表記や、小《こ》すき、小町《こまち》、などの小の字型も確認できる。神職などの知識人が娘に、みえ鶴《づる》、まさを、などと敢えて稀な名を名付けたらしい例もみえるが、特に上層でもない平民の娘にも、え型・の型が存在しており、三音節型に何か特別な階層を表示する機能はないようである。

明治一〇年前後には村や地域の慣習の枠が緩み、三音節型も女性名の選択肢に入って来た——とも解釈したくなるが、この地域が明治以前に二音節型一〇〇%だった明確な証拠を示し得ないから、ひとまず推測材料の一つとして提示するにとどめる。

明治末期から大正初期、二音節＋江《え》・乃《の》・代《よ》（表記は色々）の名前は当時流行した家庭小説（後述）にも登場しており、明治中期以降、三音節型が全国的に通用する女性名の類型の一つとなったらしくもみえるが、実証的研究は今後なされるべき課題である。

なお明治安田生命による明治四五年から昭和二〇年までの「生まれ年別の名前ランキング」（同社ＨＰ）をみても、上位一〇位はハル、キヨ、正子、静子など「子」付きを含む二音節型が占め続けており、三音節型が入った例はない。人気や数の上からは、三音節型は二音節型に及ばなかったと考えておいた方がよかろう。

†近代「子」の字の起点

明治期における女性名最大の変化は、はる子とか百合子《ゆり》とか、「子」の字が付く新たな二音節型が出現したことである。この「子」は一体どこから来たのだろうか。

これまでの二音節型は、普段「お」を付けた、おみさ、おとめという三音節で通用してきた。そのため明治二一年にも、証文の宛名に「山本をのぶ殿」などと書いたものが確認される（写真6-1）。明治二四年刊『荘内方言考』によると、「婦人が自《みず》から名をいふに於花《おはな》と申《もうし》、お蝶《ちょう》で御坐《ござ》る」などと名乗る状況は、地方では相変わらず日常だったらしい。

しかしおの字名の慣習は、明治中期に「上流階級」の女性から変化し始める。帝国大学で言語学を講じたチェンバレンは、明治二三年に刊行した『日本事物誌』において「最近では、上流階級の間に、接頭辞の「お」を省略して接尾辞の「子」（文字通りでは、子どもの意）を用いるのが流行となってきた。例えば、竹子、満子《みつ》のように」と述べており、同三三年には小泉八雲も、その著『明暗』のなかで次のように述べている。

近来は、上流婦人の名前の頭に、むかしのように、敬称の「お」の字はもはや付けない。単綴音の名前のばあいでも、付けない。接頭語のかわりに、「子」という敬称の接尾語を名前に付けるのである。「とみ」という名前の百姓娘は、同輩の衆から、「おとみさん」と呼ばれるが、同じ名前でも、これが上流の婦人になると、「とみ子」と呼ばれるのである。たとえば、華族女学校の校長下田女史は、「歌」という、麗わしい名前を持っているが、来書には「下田歌子」と書かれ、返書にも同じ署名をしたためている。

つまり明治二〇〜三〇年代頃、「上流婦人」の間で、自分以外の女性名に対し、「お」の代わりに接尾語「子」を付ける「流行」が広がったこと(1)、また自署で「子」を付ける女性がいたことが知れる(2)。「お」の代わりに「子」を付ける①は、「おとみ」と呼ばれる庶民女性と差別化するため、「上流婦人」側が始めたことだったらしい。江戸時代後期にあった文学的表現の「子」(第四章)を日常世界に持ち込んだものともいえよう。

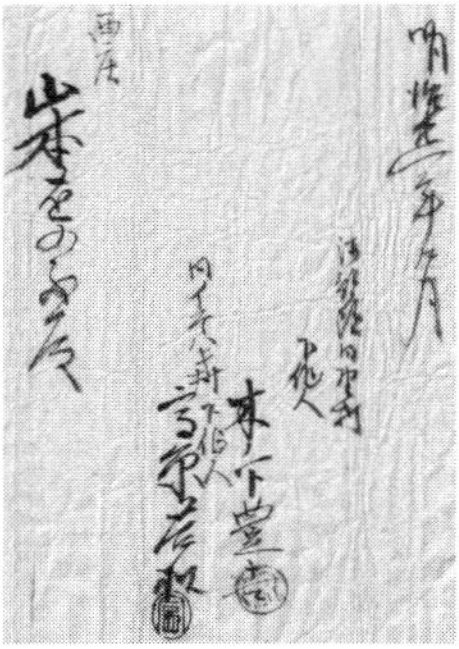
写真6-1　山本をのぶ殿(明治21年)
出典：明治21年9月「下作証書」(紀伊国海部郡西庄村山本善右衛門家文書、個人蔵)。差出宛名部分。
海部郡日野村の木ノ下豊吉・同磯脇村の高原吉松から、同郡西庄村の「山本をのぶ殿」に宛てた証文。

明治一〇年前後の「読売新聞」をみると、「華族の大河内正質君の奥方のおつねさま」(明治八年九月一三日)などと「上流婦人」にも「お」の字が付いていたが、次第に「上流婦人」に限り「故大久保利通公の奥方（ます子）さん」（同年一二月一〇日。括弧は原文ママ）、「大山陸軍卿の奥方さは子」（同一五年八月二六日）などと「子」を使う例が多くなる。ただしこの「さは子」の「子」は、男性名に付ける「氏《し》」や「君《くん》」と同様の文語的敬称で、いわばおさはさんの「お」と「さん」を兼ねた「子」であり、①とはやや異なる（③）。

なお八雲は混同しているが、女性歌人らが自ら「歌子」などと記名する②は、第五章で見た雅号の用法であり、①や③の「子」とは別種である。また明治五年の戸籍編製で女の諱に相当した「治子」を名とした華族女性も存在し、この「子」は戸籍上も名前の一部である（④）。

つまりこの時期にみられる女性名の「子」には、①「お」に代わる女性名の符号として付ける「子」、②江戸時代以来の雅号的用法の「子」、③他人が付ける敬称的用法の「子」、④戸籍上の本名の一部である「子」――という四種が存在した。より大きく分類すると、戸籍名の一部である④と、戸籍名ではない①②③の二種ともいえる。

①はこの頃に始まる新流行、③も日常的には明治以降に出現した新用法といってよい。従来の「お」は慣習的に付ける女性名の符号であり敬称ではないが、①や③との混同からか、「お」も「子」も「敬称」とみる認識が現れてくる。八雲が「敬称の「お」」といっているのもその誤認の早い例だが、その認識はこの頃から一般にも広がっていく。

†名の一部と見ることを得ず

「お」のかわりに「子」を付ける。それは「上流階級」「上流婦人」から始まったが、明治三〇年頃には庶民にも急速に流行した。いわば「子」は新時代の「お」として、爆発的に大衆化していったのである。だがこれは戸籍との関係から、予想外の事態を惹《ひ》き起こし始めた。

明治三一年六月二一日に戸籍法が改正されると、同年一〇月、司法省の戸籍担任だという中野重春らは、現場の戸籍吏のために『実地問題　戸籍法問答集成』(湊屋書店)を刊行した。同書は戸籍に関わる様々な疑問と解答を載せているが、女性名の「お」や「子」の扱いについて次のように述べている。

女の名の上に冠する「オ」なる文字、又は名の下に付する「子」なる文字は、之《これ》を名の一部と見ることを得ざるを以て、身分の登記、又は戸籍の記載を為す場合には、此等《これら》の文字を附記することを得ざるものと解せざる可《べ》からず。

要するに「おきく」とか「きく子」という名を役所に届け出られても、「お」や「子」は戸籍に記載すべき「名の一部」ではない。だから戸籍などには、単に「きく」と載せるのが適切だという見解である。たしかに流行の「子」は新時代の「お」である以上、戸籍に記載すべき名の一部ではない――そう扱うのが適切であったろう。

だがこんな疑問と解答を載せた本が刊行されたこと自体、急増する「子」付きの女性名に対する、各地の戸籍担当者らの困惑を示している。

†戸籍名「何子」の流行

しかもこの注意喚起は、もはや遅きに失していた。明治三〇年前後における戸籍編製の現場では、既に庶民女性の「子」を「名の一部」に組み込み、「はる子」「菊子」のような名がそのまま戸籍に記載され始めていたのである。

ここで二音節型女性名は、戸籍上「とみ」「菊」など二音節型そのままの形と、「とみ子」「菊子」など「子」付きの形という二種に分かれた。時を同じくして平仮名・片仮名・漢字を区別して名を設定する状況も生じるが、その事情は次章で詳述する。

前述した明治二二年の東押立・角井両村の事例でも明らかなように、概ね明治二〇年代初頭まで、全国一般的に「子」付きの二音節型はほとんどいなかった。ところが明治三〇年代前後（一九〇〇年代）、特に日露戦争後の明治三八年頃から急増し始め、昭和一〇年代（一九三五〜一九四四）には、若い世代の女性の八割前後を「子」付きの二音節型が占めるまでに至った。これが減少傾向に転じるのは第二次大戦後のことである（後述）。

当時の記録にも「子」の大流行はしばしば言及されているが、先行研究は統計的数値からも明らかにしている（図表6-2）。例えば満田新一郎氏による杉並第一小学校（東京）の名簿を用いた調査によると、「子」の付く女性名の割合は、明治三三〜三七年（一九〇〇〜一九〇四）の層では全体の四・六%だったが、大正一四〜昭和四年（一九二五〜一九二九）の層では七六・九%にまで増加しているという（岩淵ほか一九六四）。

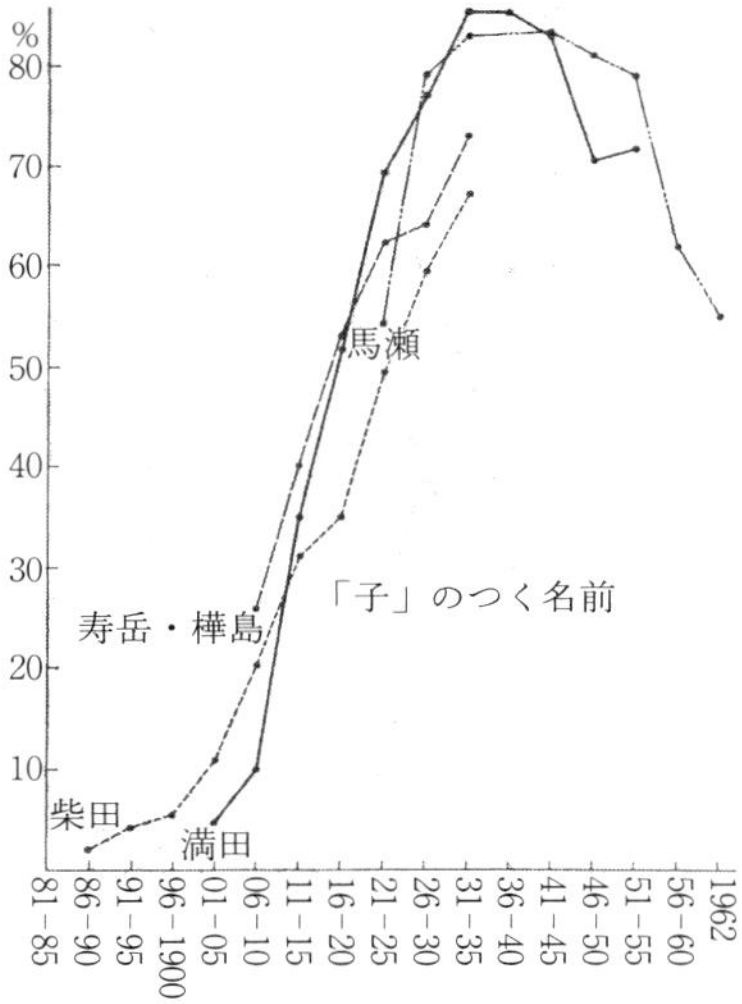

図表6-2 「子」の付く名前の急増

出典：岩淵悦太郎・柴田武『名づけ』（筑摩書房、1964年）p.35より引用。
表中の「柴田」は柴田武による「読み書き能力調査」、「寿岳・樺島」は、寿岳章子・樺島忠夫による高等女学校の名簿、「満田」は満田新一郎による東京杉並第一小学校の卒業生・在校生の名簿による調査結果。「馬瀬」は馬瀬良雄による長野市域の調査結果。

生年	「子」の割合
明治16年（1883）	ほぼ0%
明治26年（1893）	17%
明治36年（1903）	37%
大正2年（1913）	53%
大正12年（1923）	75%
昭和8年（1933）	83%
昭和18年（1943）	85%

図表6-3　世代別「子」の割合（参考）

出典：佐久間英『お名前拝見』（早川書房、1964年）。東京府立第二高等女学校、および日本女子大学の卒業生名簿や同窓会名簿による佐久間氏の試算。

逆に「子」なしの二音節型の名前は、明治三三〜三七年には九〇％だったのが、大正九〜一三年（一九二〇〜二四年）には一〇％程度にまで急下降、昭和一〇〜一四年（三五〜三九）年にはほぼゼロになる。

明治安田生命の「生まれ年別の名前ランキング」でも、「子」の流行とその定着は顕著に読み取れる。明治四五年（大正元年）の上位十位の女性名は、千代、ハル、ハナ、正子、文子、ヨシ、千代子、キヨ、静子、はる、であったが、大正九年には、文子、久子、千代子、静子、貞子、芳子、愛子、清子、キヨ、君子となり、翌一〇年には十位以上が「子」の付く名前のみとなった。この状況は昭和三一年まで変わらない。

明治三〇年頃からの流行により、「子」の付く女性名（戸籍名）が一類型として定着した。もっとも流行以前の世代も生き続けているから、世代ごとに「子」の割合が異なる状況となった（図表6-3）。同時代に生きる人の名に顕著な世代差がある――という光景は、近代国民国家――全国が一体という前提のもと、全国同時的な流行によって初めて出現したのである。

†「お」から「子」へ

しかしあくまで「とみ」という二音節が本体で、「子」や「お」は適宜加除される慣習も続いた。戸籍名が「とみ」か「とみ子」かは関係なく、普段はどちらも「とみ子」とも「おとみ」とも呼ばれ得たのである。ところがこのうち「お」だけが次第に衰退していく。

明治後期から大正初期、当時の家庭を舞台にした大衆小説が新聞に連載されて人気を博した。家庭小説と呼ばれるこれらの小説をみると、「子」が次第に広がっていく傾向が窺える。明治三〇年から連載された尾崎紅葉の『金色夜叉《こんじきやしや》』では、地の文での女性名は宮《みや》・満枝《みつえ》・お峯《みね》・お静（芸者名は愛子）など、宮以外は基本的に「お」付きであり、「子」の付く一般女性名の記述は、宮を「富山宮子《とみやまみやこ》」と表記した一カ所がある程度である。台詞では「宮《みい》さん」が多く、時に「お宮さん」とも呼ばれるが「宮子」とは呼ばれていない。

しかし同三一年から連載された徳冨蘆花《とくとみろか》の『不如帰《ほととぎす》』では、地の文で浪子、お慶、お豊、千鶴子などと、「お」の字と「子」の字の女性名が混ざって出てくる。地の文は「浪子」で一貫しているが、作中、浪子の夫である武男が浪子に宛てた手紙の宛名書きでは「お浪どの」と「浪子さま」をどちらも使っており、浪子本人は「浪より」と自署している。宛名書きの作法は「浪子さま」という表現が増えた以外、江戸時代と同様である。

同作の台詞では、母から「浪や」、武男から「浪さん」、他人からは「浪子さん」と呼ばれる場面があるが、彼女は「お」付きでは呼ばれない。しかし地の文で「千鶴子」と書かれる女性に対し、浪子は「お千鶴《ちず》さん、よく来たのね」と言葉をかけている。ちなみに浪子の乳母（使用人）は地の文でも「幾《いく》」、台詞でも一貫して「幾」と呼び捨てであり、「お」や「子」が付くことはない。これも江戸時代以来の作法と同じである。

同四〇年から連載された泉鏡花の『婦《おんな》系図』では、地の文すら「妙子《たえ》」だったり「お妙」だったりと一定しない。台詞では「お妙」「お妙さん」が多いが、「妙子さん」「妙子」も混在しており、「お」と「子」が地の文でも台詞でも無規則に使用されている。

大正元年から連載された柳川春葉《やながわしゅんよう》の『生《な》さぬなか』はこれまた様相が異なる。主要人物の女性名は真砂子《まさこ》、球江《たまえ》、岸代《きしよ》、お貞《さだ》、綾子、志津子などである。地の文での表記は一定しており、真砂子がお真砂と書かれたり、お貞が貞子と書かれたりはしない。

しかし台詞では、真砂子は自らを「真砂」と称し、夫や実父からは専ら「真砂」と呼び捨てられ、継母のお貞、姑の岸代からは「真砂さん」や「真砂」、球江や横恋慕する男からは「真砂子さん」と呼ばれている。姉妹の志津子とは「真砂《まあ》ちゃん」「志《し》津ちゃん」と呼び合っており、若い女性が「お」付きで呼ぶ・呼ばれる描写がない。地の文でもおの字名で書かれるのは、お貞のような年配の女性、または下女のお力《りき》、お千代、お松らに限られる。下女は「力！」などとやはり呼び捨てられる描写がある。

以上の諸作品からは、明治三〇年以降、「子」が日常口語の世界にも入り込み、「お」が漸減する傾向が窺える。また江戸時代の文芸作品ではあまり見かけない「宮さん」「浪さん」「真砂ちゃん」など、「お」なしに「さん」付けの呼び方がよく用いられており、「お」付きの呼び方が古臭いものになっていったようにもみえる。

当時の教科書での「子」の登場は、小説よりやや遅れている。明治四三年から使用された第二期国定教科書である『小学読本《しょうがくどくほん》』をみると、登場する女性名は、おまつ、おとみ、おはる、など専らおの字名だが、大正七年からの第三期国定教科書『尋常小学国語読本』になると、旧来のおはな、おちよ、おきくのほかに、道子、竹子、春子、さち子、などの子の付く名が多数使用されており（『明治東京逸聞史』）、そこには母親が娘に「春子」と呼びかける描写も含まれている（本章扉写真参照）。以上は小説や教科書の表現を瞥見《べつけん》したに過ぎないが、現実の変化を反映したものとして、一つの参考にはなりうるであろう。

†非難と弁護のなかで

明治末期、二音節＋「子」という形が俄かに女性名の世界に広がってきた。この形はいわば「お」を「子」に置き換えた表現であり、日常的女性名の歴史上は全くの新参者である。しかし古代以来の貴族女性名「正子」「芳子」などと見た目が同じであること、なによりもあまりに急激な増加で、なおかつ「子」を戸籍名に含むことが常態化したために、様々な戸惑い、非難、反発、誤解が発生した。

大正三年三月三一日、改正戸籍法が公布されると、同年一〇月三日には司法省令「戸籍法施行細則」も発せられた。そこに掲載された戸籍様式の雛型には、「松子」「梅子」「萩子」「百合子」などと、女性名はすべて「子」付きで例示してあった（写真6-2）。「子」付きの女性名が増加したことを踏まえた例示であったろう。

ところがこの雛型をみて「改正戸籍法の施行後は、女子全員に「子」を付けろという意味なのか？」という疑問を抱く人も出た。同年一二月、自治体吏員向けの雑誌『自治機関』一七九号（自治館）には、投稿されたその疑問に対し、雛型に掲載された「松子」などは想定される架空の名前であり「女子の名に必らす「子」の字を付して記載すへしとの意に非《あ》らす」「公文上に於《い》ては「松」と書し届出てたる名を故《ことさ》らに「松子」と「子」の字を付する必要なく、又た付すべきものに非らす」との回答を載せている。

すべてに「子」を付ける必要はないし、「松」は「松」、「松子」は「松子」と扱えばよい――と、わざわざ答えねばならないところに、当時の「子」への戸惑いが窺えよう。「子」は名前の一部にあらず――というかつての意見はもはや通用し得なくなっている。

さらにこの解答は冒頭で「近来女子の名に「子」の字を付するは所謂《いわゆる》流行ものにして、土方《どかた》馬丁《ばてい》が蓄髯《ちくぜん》すると同じく、裏屋住居下級の子に「美子《よしこ》」「艶子《つやこ》」抔《など》と称する仰々敷《ぎようぎようしき》名を付する者尠《すくな》からず」と述べて、「子」の流行に苦々しい目を向けているのも重要である。

要するに「子」の付く女性名は一時的な「流行もの」に過ぎず、「土方」や「馬丁」がヒゲを蓄えるのと似たようなもの――近代には政治家や軍人が西洋風にヒゲを蓄えたため庶民にも真似る者が出現していた――であって、裏借家に住むような「下級の子」に「美子」などの名は分不相応だ――という否定的意見である。こうした意見はこの時期かなり多くみられ、新たな「子」の流行は強い顰蹙《ひんしゆく》も買っていたのである。

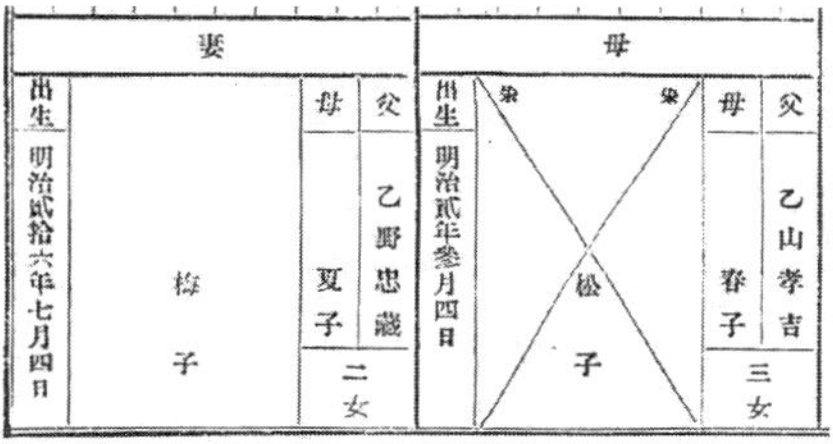

写真6-2　戸籍雛型に見える「子」付きの女性名
出典：大正3年10月3日司法省令第7号「戸籍法施行細則」（『官報』第653号）。様式雛型の一部分。

しかし「子」の字を付けることを弁護する者もいた。明治三二年三月、大日本女学会の機関誌『女学講義』は、歌人の大口《おおぐち》鯛二《たいじ》による「婦人の名の下に附くる子の字の説」を載せている。大口は彼なりに古代の「何子」という名を検討し、「身分なきものが「何子」と名乗るは僭越《せんえつ》」とか、「子」は敬称だから自分の名に付けたらおかしい、などという意見を斥《しりぞ》け、「子」の字は「上下貴賤《きせん》を通じて、何人《なんぴと》が自己の名とし、又我子《わがこ》の名に命ずとも毫《すこし》も憚《はばか》るところなし」、「自他共に「子」の字を添へて苦しからず」と主張している。

古代以来、貴族女性が用いた「何子」と外見が一致したことを大きな理由として、「子」付きの女性名はヤレ僭越だの問題ないのと、識者の間で論じられた。しかしそんな〝論争〟はお構いなしに、流行は大衆の好みのままに続いていったのである。

†「お」の字の斜陽

「子」は戸籍名の一部にも組み込まれたが、「お」の字はそうはならなかった。

もっとも皆無ではなく、昭和四年（一九二九）刊の荒木良造著『姓名の研究』（麻田文明堂）は、「女の名の上に「お」の字を付けてまつをおまつ、たけをおたけと呼ぶのは敬称の形からであるが、その「お」の字が初めから、名の中に這入《はい》つて仕舞《しも》ふて、その人の本名となつて居るのを近頃は見受ける」と述べており、「藤岡オシヅ」「満石おりう」「八田ヲコト」「三木を美喜」などの実例を学校や役所の名簿から拾い出して載せている。ただしこれらは稀な名であり、女性名の典型の一つになることはなかった。

一方同書は「子」の字について、「女の名の下に「子」の字を付けて「梅」を梅子、「やす」をやす子と呼ぶのも敬称の形からであるが、近頃は初めから梅子、やす子として子の字が本名の中に這入つて仕舞《しま》つたのが普通となつて来た。それは別に珍しくはないが、その子の字を仮名の「こ」「コ」に書いたのがある」と述べ、「太田しづこ」「竹内トミコ」「志賀千代コ」などの実例を挙げている。

注目すべきは「梅子」や「やす子」という「子」を含む女性名が近頃では「普通」で「別に珍しくはない」という証言である。「子」と「お」との差は昭和初期には決定的になっているることが知れる。かくして「お」は「子」の浸透とともに姿を消していったが、それは「子」による「お」の駆逐ではない。近代「子」の発生点を思い起こすなら、「お」は「子」のなかに呑み込まれていった――という方が適切なのである。

2 「子」なしにも「子」を付ける作法

†「子」は「お」の後継

さらにややこしいのは、戸籍上の「子」とは別に、他人が符号や敬称として付ける「子」も存在し続けたことである。明治末から昭和初期における女性の名簿には、ハルや千代という二音節の女性名に一律に「子」を付けて、ハル子、千代子などと載せたものが多い。

例えば婦人問題を取り上げた大正期の雑誌『女性日本人』第四巻第一号（政教社、大正十二年新年号）には、当時活躍した女性一一〇名余の名簿「現代婦人録」を載せ、それぞれ自署の写真と略歴を掲げている（写真6-3）。これをみると、自署は「井上秀《ひで》子」「井《い》深花《ぶかはな》」「井《い》芹《せり》せつ」などと「子」の有無は人それぞれなのだが、各見出しはすべて【井上秀子】【井深花子】【井芹せつ子】などと、二音節の女性名すべてに「子」を付けている。

現代婦人録
（いろは順）
【井上秀子】
【井深花子】
【井芹せつ子】
【石本靜枝】
【生田花世】
【池田錄子】

写真6-3 「現代婦人録」
出典：『女性日本人』第4巻第1号（政教社、大正十二年新年号）部分（国立国会図書館所蔵）。

ただし、いえのよを型の女性全員——静枝《しずえ》、花世《はなよ》、久和代《くわよ》、むめお、みさを、まつの、菊栄《きくえ》、もも代、ひさの、浪江《なみえ》、梅野《うめの》、ツチノの計一二人には「子」を付けていない（自署にも「子」はない）。「現代婦人録」各見出しの「子」は、いわば江戸時代の「お」の字と同じく、二音節型女性名に付ける符号として一律に付加されており、「お」の後継的位置を占めている。かつての文雅の世界における「女」や「子」に似たものともいえよう。

ただし筆名の「坂本真琴」（本名「こと」）には【坂本真琴子】と「子」を付けて掲載されている（自署は「坂本真琴」）。こちらは江戸時代の文雅人名簿が、雅号に符号の「女」を付けて、「平井連山女」などと書いていたのと似た用法ともいえようか。

このような「子」を付ける作法は、基本的に二音節型のみに行われたが、明治以降「子」を敬称とみる認識も広まったため、いえのよを型にも「子」を付ける判断が行われた例もある。そのため私信で「梅尾子様」などと書いた事例もしばしば見受けられ、そう書くのが作法だと言及した書籍もある（後掲『婦人手紙宝典』など）。

戸籍上の名前に「子」が付く・付かないにかかわらず、他人様《ひとさま》（女性）のお名前には「子」を付ける――この作法による名簿の場合、二音節型全員に「子」が付くため、戸籍上の名が「春子」か「春」なのか、名簿からは判別不可能である。およそ戦前の名簿をみる場合、この作法の存在を踏まえておかねばならない（もちろん、各人名を戸籍名通りに載せた名簿もある）。

また明治から昭和前期の著作物では、この作法を江戸時代の女性名にも及ぼして、おまつを「松子」、おつなを「綱子」などと叙述することも多い。むろん江戸時代当時の名ではないから、現代人には注意が必要である。

†手紙における「子」の作法

手紙の世界でも、かつて宛名の女性名に「お」を付けた作法が「子」にとって代わられている。例えば昭和三年刊の日本文学協会編『最新書簡文百科大辞典』（昭英堂書院）には次のように書いてある。

婦人が長上《ちょうじょう》に対して手紙を出す時には、自分の名に「静子《しず》」の如く、「子」の字をつけない。「子」は敬称だからである。反対に先方に対しては、「静子様」の如く「子」をつける。注意すべき手紙礼式上の心得だ。

つまり「子」を敬称だとみる認識のもと、目上への手紙では自らの名に「子」を付けず、宛名には「子」を付け、さらに「様」などの敬称をつける。それが当時の礼儀作法だといっている。かつての「お」の字と同じ作法だが、もはや「お」の字のことは言及されていない。また「子」はおしなべて女性名特有の「敬称」だという認識が、もはや誤認とはいえないほど浸透していることにも注意したい。

だがこの時期には、「子」が本名の一部となっている人も多い。すると自分が「雪子《ゆき》」で、相手が「シヅ」という本名の場合はどうするのか。差出人は「子」を削って「雪」と書き、宛名には足して「シヅ子」にするのだろうか。それはちょっと変じゃないか……？

昭和七年刊の中川文江著『働く女性の手紙』（勧学園）では、そんな現実を踏まえて次のように記している。

昔は女子の名前の「子」の字は敬称であつたので、先方へは「雪子様」のやうに子の字をつけ、自分の名前にはつけないのが作法でした。今では「絹子」とか「みつ子」とかそれ〴〵子の字も名前の一部になつてゐるのですから、子の字のついていない人にわざ〳〵子の字をつけるにも及びませんが、もと〳〵は子の字は敬称であつたのですから、自分の名前には勝手に「たま子」のやうに子の字をつけて先方の宛名に「雪様」いふやうに子の字をぬかすのは失礼です。

つまり「子」が「名の一部」であるのが普通になってきたから、「子」の付かない名前にまで、いちいち「子」を付ける慣習はやめてもいいという。しかし差出人の「たま」が「たま子」と書き宛名を「雪様」などと「子」を付けないのは、やはり失礼だと注意している。なんだか中途半端な話になって来た……。

ところで与謝野晶子（本名しやう）、岡本かの子（本名カノ）のように、「子」の付く雅号・筆名で活動している人もいる。この場合、「子」の付く雅号を自署するのも「失礼」だろうか。一体どうしたら絶対に「失礼」じゃないのか、是非教えてほしいものである。

——意地悪な言い方はやめてはっきりいおう。「子」を最初から含んだ名前が日常世界に溢《あふ》れ出した時点で、「お」を継承したような「子」の作法は破綻している。だってそれは圧倒的大多数の女性名が「ちよ」とか「ハル」とかいう二音節だという前提があって、初めて成り立つ作法だったのだから……。

†女学生の「妙な流行」

明治以降の女性名の「子」は、もともと「庶民とは違う」と示したい人々が使い始めた。なのに猫も杓子《しやくし》も「子」が付くようになったから、それを嫌がる女《ひと》も出た。「子」が大衆化し始めた明治末期、女学生たちは独特の流行を創り出している。昭和七年に刊行された北林透馬の小説『居留地の丘』（大矢書店）には、明治末から大正期における女学生（永井イワオ、木下雅子、秋岡滋子）が会話する場面に、次のような説明が注記されている。

此《この》時代の女学生は、名前の下へ「子」の字をつけるのは野暮《やぼ》臭いと言つて、わざと名前の上へ「お」の字をつけて「お千代さん」「お明さん」などと呼び、手紙などを書く時には、決して自分の名には「子」と言ふ字をつけない、と言ふ妙な流行があつた。

つまり明治末から大正期の女学生たちは、世間に溢れた「子」を「野暮臭い」といい、逆に「お」を付けて「お千代さん」などと呼んだという。ちなみに右の三人は「お滋《しい》さん」「雅《まあ》さま」「イワオちゃん」と呼ぶ設定となっている。三音節型はそのままであり、また必ずしも「お」付きではないが、「子」を含む本名には「子」を避けた呼び方をしている。

「子」を避けて「お」を呼び戻した「妙な流行」は、そう長くも続かなかったらしいが、実際に行われたのは確かである。明治二二年生まれの小説家岡本かの子、すなわち旧姓「大貫《おおぬき》」・本名「カノ」も、跡見《あとみ》女学校時代には「おかのさん」と呼ばれた。そのことを彼女の夫岡本一平は、昭和一八年刊『かの子の記』（小学館）で次のように記している。

（女学校の）級友たちは、互ひに呼び合ふのに子の字はつけず代りにおの字をつけます。故多門将軍の夫人房子《ふさ》さんがかの子の級友なので、後年に至るまでときぐ〵二人は出会つて呼び合ふのを聞いてゐますと、一方が「お房さん」といへば一方は「おかのさん」でした。（※傍点ママ。多門将軍は陸軍中将多門二郎のこと――尾脇註）

こういう流行を経験した人や、江戸時代生まれの人々は、晩年まで「お」を付けて呼び合ったろう。だが「お」の字の慣習は、日常世界からは徐々に消えていったのである。

†「子」は付けなくていい

昭和三〇年前後からは「子」の付く女性名の人気が急降下し、変わって「明美」「真由美」など、新たな三音節の名が急速に人気を得て増加する（第八章）。すると手紙の「子」の作法はどうなったのか。昭和二八年に刊行された清健介著『婦人手紙宝典』（祥文社）には、次のように書いてある（同書は三音節型にも「子」を付けることを前提に叙述している）。

相手の名前が芳野《よしの》、竹乃《たけの》、登志枝《としえ》、浜路《はまじ》などと『子』の字のつかない場合、子の字をつけるのを礼儀のように思つていた時代もありましたが、現代でも（は）あまりこれは用いません。登志枝子様と書くのはよいとして竹乃子様では失礼になりますし、考えようでは『子』をつけなければならぬと考える方が虚礼ともいへますので、今では正しい呼名を書く上にも『子』を無理につける必要はないでしょう。

もはや女性名に「子」を無理に付けなくてもよい、むしろ付けるのは「虚礼」とまでいっており、「子」の作法も戦後には消えてきたことがわかる。さらに言語学者の柴田武は、昭和三九年の著書『名づけ』において次のように述べている。

わたし、柴田（一九一八年生まれ）も、たとえ戸籍名は「はる」であっても、手紙のあて先として書くときは、「はる子」と、「子」をつけなければいけないと教わった。「子」はわたしの年代の者にも、敬称という意識がかすかに残っている。

自分以外の女性名には「子」を付けろ——という作法は、昭和三九年時点には昔話と化している。「子」の作法の終焉は、形を変えた「お」の字の慣習の、本当の最期でもあった。

†変わりゆく執着

近代以降の「子」のつく女性名は、「上流婦人」向けの「お」の代わりとして始まり、明治三〇年代以降の大衆的流行を経て一般に広く定着した。おの字名の慣習を継承した手紙などでの「子」の作法は、それを「敬称」とみる認識とともに広がったものの、やがて戦後には消えていった。ただし「何子」という戸籍名は、女性名の典型の一つとなって現在に至っている。

明治中期から終戦頃まで、約六〇年前後にわたる「お」と「子」の物語は、今ではもう忘れ去られている。多くの人は「何子」を古代からの〝伝統〟的な名前だと信じ込んでいるし、「子」の中に「お」が眠っていることなぞ、全く知らずに過ごしている。

近代に「氏名」という新たな人名形式が登場して以降も、人名におけるこだわり――人々が執着する人名の慣習や文化は変わり続けていった。現代では「ゆき」と「雪子」は違う名前として扱われ、他人が勝手に「お」や「子」を着脱してはならないし、本名「ゆき子」である限り、本人も公式な氏名表記で「雪子」と書くことは許されない。

昔なかった慣習が今はあり、過去のあり方を否定して成り立っている。とりわけ現代日本では戸籍名を唯一の本名として重視し、かつて気にも留めなかった人名の文字表記に異様なほどに強く執着している。こうもすっかり変わってしまったのは何故だろうか。

それは明治初年から始まる字形そのものの変化と、文字と人間の関係変化が引き起こした現象なのだが――ここにもまた、一筋縄ではいかぬ物語がある。次章では再び明治初期まで時計の針を戻し、文字の形に執着する、新たな人名文化の形成を追っていこう。

第 七 章

字形への執着

柳川春葉『生さぬなか』下巻（金尾文淵堂、大正2年刊）木版口絵（個人蔵）。鰭崎英朋画。

1　四角な文字と片仮名

†くずし字を先に学ぶ

人名は文字で表記される。だがその文字の常識が明治を境に大きく変わり、それが近代氏名にも重大な影響を与えた。まずは前提となる江戸時代の文字の常識を整理しよう。

今や文字といえば楷書体《かいしょたい》、特に印刷用の活字体（フォント）が身近であるため、それを標準の字形として思い浮かべる。しかし江戸時代の人々は、普段そういうカクカクした文字は使わなかった。江戸時代日常の読み書きは必ず手書きのくずし字であり、特に御家《おいえ》流と呼ばれる筆記体が公私の文章に使用された。そのため寺子屋などの「手習《てならい》」では、まずくずし字だけを学習したのである（写真7-1）。漢字の楷書体は早く書けないため、古くから行書や草書と呼ばれる筆記体、いわゆるくずし字が発達したが、その結果江戸時代には、実用するくずし字がいわば標準の字形となっていた。

楷書体は「手習」より上の段階、漢文を読む「学問」に進まない限り本格的には扱わない。だが多くの人々は「学問」には踏み込まないため楷書体は縁遠い。そのため一般には楷書体を

「四角な文字」や「四角な字」などと呼び、「学問」することを「四角な文字を読む」、楷書体やそれに近い字形で書く事を「むづかしく書く」と表現した。

くずし字より楷書の方が難しい。それが江戸時代の常識である。いわばくずし字は書けても楷書は書けない――という、現在とは真逆の普通がそこにはあった。

（1）男性用の手本

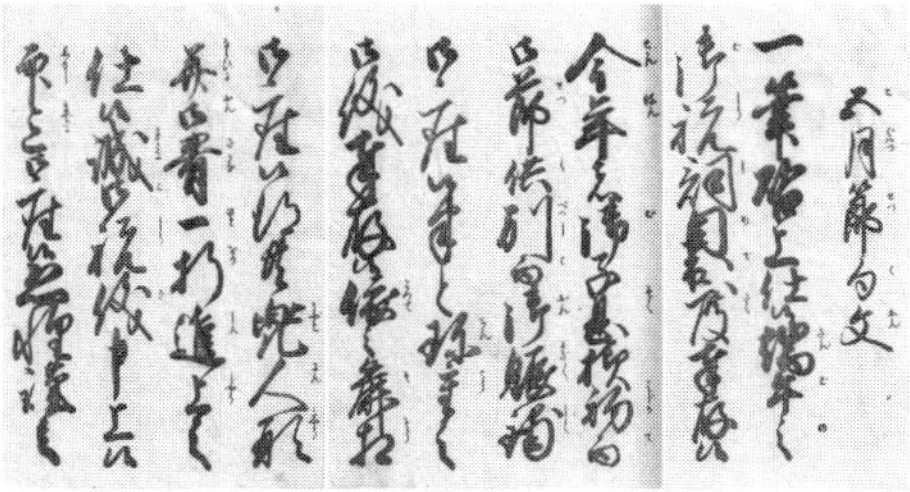

（2）女性用の手本

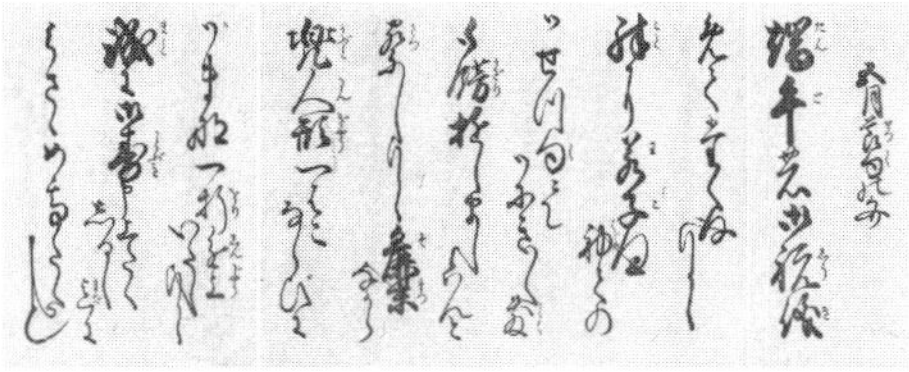

写真 7-1　御家流の手本（五月節句挨拶状の手本）

出典：（1）江戸時代後期刊『御家永楽用文章』、（2）同上『女文章大全』。いずれも刊本・部分。

（1）が典型的な御家流の書体。ただし書状の文体には男女の別があり、女性は（2）のように仮名を多用する独特の文体（「女筆」）を習って使用した。ちなみに御家流が強制された事実はない。

ちなみに「くずし字」とは、文字のくずし方に一定のルールが共有されている筆記体のことであり、我流で雑な字を書くことではない。蛇足だが念のため付け加えておく。

†文字は手書き

江戸時代は出版物も、手書きで清書した原稿（版下《はんした》）をそのまま板木《はんぎ》に彫って印刷する製版印刷（木版印刷）が普通であった。そのため活字は通常使用されず、印刷された読み物で目にする文字も、ほぼすべてが手書きであった（写真7-2）。

刊本は漢字・平仮名混じりの和文体が圧倒的多数派だが（写真7-2の②〜⑤）、手書きゆえに寸分たがわぬフォントはなく、想定される読者に応じて文字の書き振りも変えていた。漢字多めでカクカクした字ほど高度な識字者向きであり、和文体の中では楷書体に片仮名混じり（同

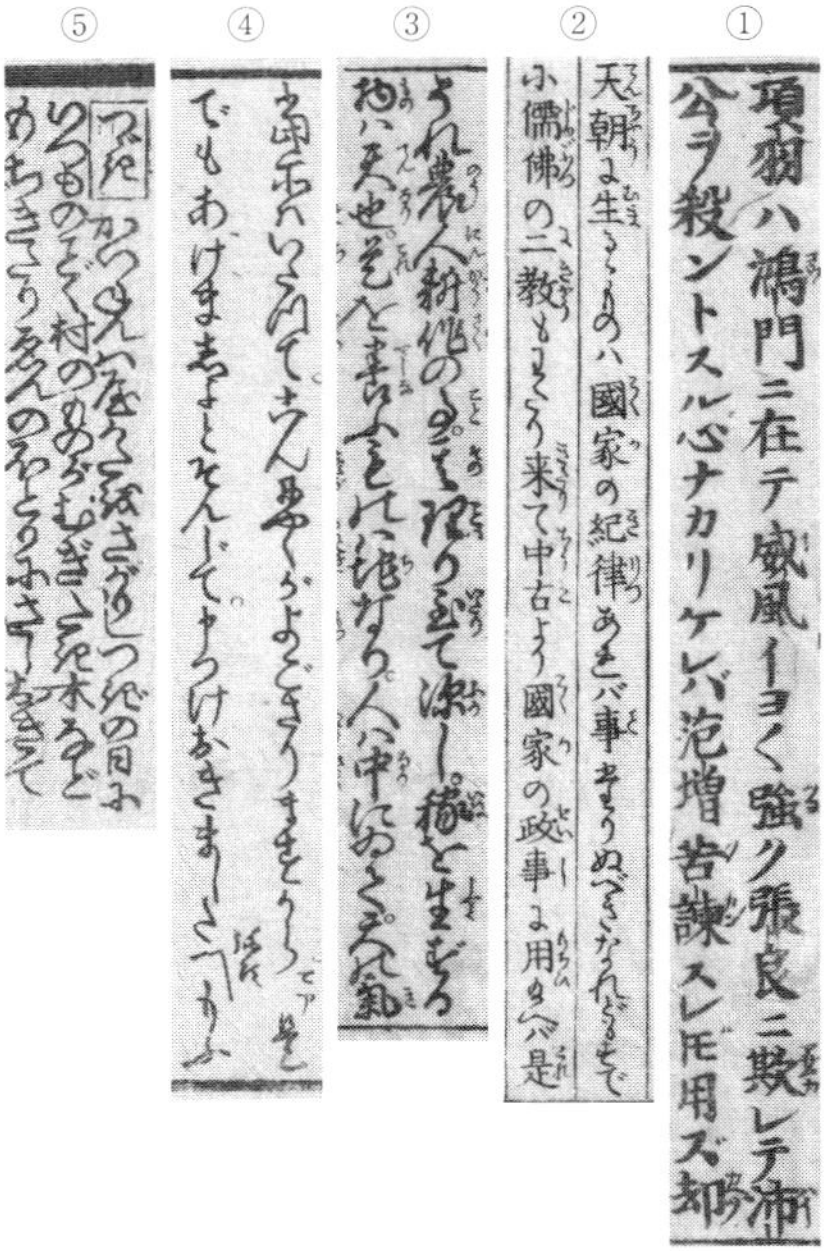

写真7-2　江戸時代刊本の文字（整版・和文体）
出典：①『通俗漢楚軍談』（元禄8年）、②『経典余師』（嘉永5年版）、③『農業全書』（文化12年版）、④『東海道中膝栗毛五編下』（文化3年）、⑤『北雪奇談時代鏡　十六編』（安政6年）。すべて整版。
各字体を読むために必要な教養では、①>②>③>④>⑤の順になる。

上①）が一番高度であった。もちろん最も高度な本は和文体ではなく漢文体である。

日用の文語体である候文《そうろうぶん》は、漢字に平仮名・片仮名の混じる独特の文体だが、片仮名はニ・ハ・ル・リなど特定の助詞や送り仮名だけに用いられた。江戸時代には片仮名だけ、あるいは片仮名を主体に日常の文章が綴られることはない。片仮名は楷書体の漢字とともに用いられる「学問」世界の非日用の文字であり、いわば「四角な文字」の仲間であった。

江戸時代の人々にとって、文字といえば手書きのくずし字である。規格化された四角い活字やフォントを標準的字形として共有しておらず、楷書体による文書は日用しない。これは江戸時代と近代以降の文字文化の根本的差異として、必ず押さえておくべき大前提である。

なお江戸時代には字体を真《しん》・草《そう》の二つに大別し、くずし字は「草《そう》字」といって日用普通の文字とされ、楷書体は「真《しん》字」といってそれより丁寧で上等な字形とされた。そのため文章は誰に対してもくずし字で書くが、尊敬の「御」や宛名の「様」や「殿」などの書体は上位者には真字、下位者には草字など、上下関係に応じてくずしの程度に差を付け、書き分けるのが作法であった。いわば文字にも上下の秩序が存在したのである。

†四角な文字の襲来

しかしそんな世界を奪取した明治新政府は、初期から楷書体と片仮名を使って布令《ふれい》（法令）

活字化後（活版）　活字化前（整版）

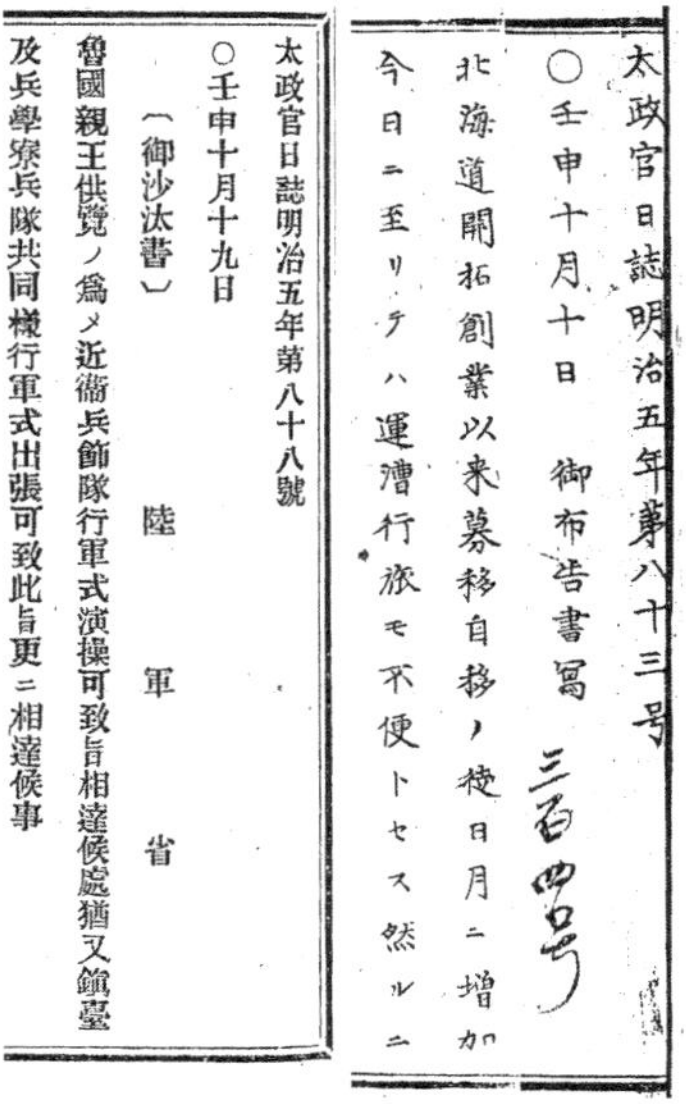

太政官日誌明治五年第八十三号
○壬申十月十日　御布告書写　三百四号
北海道開拓創業以来募移自移ノ徒日月ニ増加
今日ニ至リテハ運漕行旅モ不便トセス然ルニ

太政官日誌明治五年第八十八號
○壬申十月十九日
（御沙汰書）　陸軍省
魯國親王供覧ノ爲メ近衛兵飾隊行軍式演操可致旨相達候處猶又鎭臺
及兵學寮兵隊共同機行軍式出張可致此旨更ニ相達候事

写真7-3　太政官日誌の文字
出典：『太政官日誌』（国立国会図書館所蔵）部分切り抜き。印書局が担当した明治5年85号から活版化した。右の「三百四号」は肉筆の書き込み。

を発した。慶応四年（一八六八）二月から発刊された政府の機関誌『太政官日誌』は手書きの楷書体と片仮名による製版印刷であったが、明治五年（一八七二）一〇月からは洋式の印刷機を導入して明朝体の漢字と片仮名による活版印刷を開始した（写真7-3）。

新政府は「旧幕府」との違いを人々に印象づけるべく、様々な表面的変更を行《おこな》ったが、公用文の楷書体・片仮名化、すなわち幕府時代を象徴する御家流からの転換はその一つでもあったろう。もっとも江戸時代の御触《おふれ》がせいぜい月に数回程度の頻度で、村々に回覧・筆写させていたのに対し、明治の布令は日々頻繁に発せられたため、遂には印刷した布令書を頒布するようになった。活版印刷はその効率化のためにも導入されたのである。

明治の布令も文体は候文だが、「委任」「交際」「輿論」など、当時見慣れない漢語や難しい表現を多用し、識字層ですら容易に意味がわからなかった。そのため布令の用語を解説した辞書『布令字弁』や『新令字解』などがすぐに民間で刊行され始めている。

人々は突如始まった「四角な文字」の奔流に困惑した。明治七年四月頃、山陽道の某県では「権兵衛が種まきゃ烏《からす》がほじくる、三度に一度は追わずばなるまい」という有名な俗謡（種まき権兵衛）をもじって、「権令《ごんれい》が沙汰《さた》だしゃ、角《かく》い字でよめない、参事《（三字）》に一字は読まずばなるまい」という歌が流行したという（石井研堂『明治事物起源』）。

権令は県の長官の一種で、その沙汰（布令）は「角い字」（「四角な文字」）だから碌《ろく》に読めない、という風刺である。「参事」は県の長官に次ぐ官吏で、その意味もかけられていよう。折しも地租改正や徴兵令などへの反対運動が、政府の武力で鎮圧されていた時期でもあった。この歌には新規の命令を理解しがたい文面で強権的に押し付け、現状の生活を破壊していく権令や参事ら――すなわち新政府に対する人々の不満と憎悪が籠められている。

江戸時代に定着した御家流の排除、替わって日常に溢れ出した四角な文字――楷書体と片仮名、及び活字なるものは、上から一方的に行われた日本近代化の象徴でもあった。

だが「よめない」と嘆いていても仕方がない。もはや「政府《おかみ》」がそうする以上、「読まずばなるまい」なのである。

†女性名の片仮名化と識字率

当時の識字層、特に戸長らは「学問」を身に付けている者も多かったから、次第にこれに順応した。彼らは明治五年頃までに、自らも布告に倣《なら》った楷書風の書体と片仮名を用い、公用文を作成するようになる。例えば第五章で扱った明治一〇年代の種痘名簿にも、楷書風の角ばった書体を書き、女性名もすべて片仮名で表記したものが多くみられる。

戸籍簿を含む明治期の公文書では、仮名は平仮名ではなく片仮名を用いた。そのため女性名もトメ、キクなどと片仮名で表記するのが当然となっていく。もちろんそれは公文書を作成する戸長らが一律にそう処理した結果であり、平仮名・片仮名を区別した名付けが個々人で行われたわけではない。明治初期は誰もが読み書きできた時代ではなく、とりわけ多く女性たちは、自分の名前さえ文字で認識していなかったことを忘れてはならない（第三章）。

しかしそんな識字の常識も明治末期までに覆っていく。教育政策は明治五年の学制に始まり、一二年の教育令以降本格化した。尋常小学校への就学率は明治一三年には約四一％（男五九％、女二二％）であったが、徐々に上昇して二八年には約六一％（男七七％、女四四％）となった。日清・日露戦争の行われた二〇年代末から三〇年代末にかけては、小学校の授業料無償化（三三年）などもあって急上昇し、三八年には約九六％（男九八％、女九三％）、四五年（大正元年）以降は男女とも約九八〜九九％に達した（『学制百年史』）。

初等教育の普及はすなわち識字者の増加であった。これを背景として、女性の名を漢字で名付ける傾向も増加してゆく。柴田武氏の調査によると、明治一七〜二一年（一八八四〜八八）頃に生まれた女性の名は九割が仮名表記であったが、大正三〜七年（一九一四〜一八）頃には漢字・仮名の割合がほぼ半々となって以後逆転し、昭和四〜七年（一九二九〜三二）年では漢字の女性名が七割弱を占めるようになる（岩淵ほか一九六四）。

つまり二〇世紀初頭までに、女性名には仮名（平仮名・片仮名）か漢字か、個人ごとに特定の表記が設定されるようになった。「ユキ」と「ゆき」と「雪」を区別する——それは多くの人が文字を知って初めて成立する、江戸時代にはありえない状況だったのである。

†片仮名先習と「変体仮名」の誕生

なお明治初期、活版印刷は新聞など民間の出版物にも急速に広がり、そこでは漢字と平仮名の活字が主に用いられた。そのため初等教育では、先《ま》ず片仮名、次いで平仮名、そして漢字の楷書体という順で学習させる片仮名先習・楷書体先習の方針が採られるようになる。明治一九

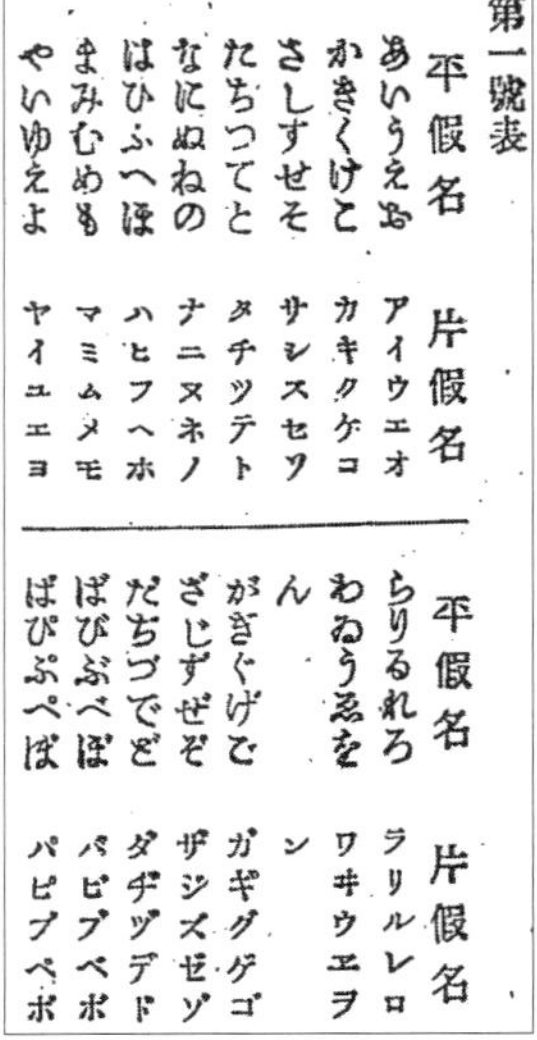

第一號表

平假名	片假名
あいうえお	アイウエオ
かきくけこ	カキクケコ
さしすせそ	サシスセソ
たちつてと	タチツテト
なにぬねの	ナニヌネノ
はひふへほ	ハヒフヘホ
まみむめも	マミムメモ
やいゆえよ	ヤイユエヨ

平假名	片假名
らりるれろ	ラリルレロ
わゐうゑを	ワヰウヱヲ
ん	ン
がぎぐげご	ガギグゲゴ
ざじずぜぞ	ザジズゼゾ
だぢづでど	ダヂヅデド
ばびぶべぼ	バビブベボ
ぱぴぷぺぽ	パピプペポ

写真7-4　小学校令施行規則の平仮名・片仮名

出典：『法令全書』。ただし一部余白を加工した（圧縮）。

年、政府は小中学校と師範学校の教科書を検定制とし、三七年からは国定教科書を採用したが、いずれの国語教科書も片仮名を教える内容から始まっている。

かくして明治以降、片仮名は日本語表記の最も平易な文字へとその役割を変えた。女性名に限らず、明治から昭和二〇年までの日本語がやたら片仮名だらけなのは、以上の経緯による特徴である。また教科書の漢字は四角い楷書の活字体であるから、それを文字の標準字形と認識する全く新たな常識も、教育によって普及していった。

明治三三年八月二一日には小学校令施行規則が公布され、学校で教える平仮名・片仮名の字形が各一種に制限された（写真7-4。翌年四月一日より実施）。以降学校で教えない形の平仮名を「変体仮名」と呼ぶ区別が生まれ、片仮名も江戸時代に用いた「子《ね》」や「せ」（平仮名と同形）などがこの時排除された（江戸時代 ne の片仮名は「子」が圧倒的な主流派で、明治一九年文部省編纂の教科書『読書《よみかき》入門』でも「子」は「ネ」とともに片仮名として教えていた）。この規則以降、新聞など民間印刷物でも、同規則が提示した字形の仮名活字のみを使用するようになっていく。

なお明治三六年刊行の第一期国定教科書『尋常小学読本』は、イ、エ、ス、シ、という片仮名から始まることから「イエスシ読本」とも呼ばれる。これは発音が混同されがちな「イ」と「エ」、「ス」と「シ」、「シ」と「ヒ」などの区別を教えることを目的としていた。教科書は全国共通の発音や仮名遣いを教えて、統一された〝国語〟を創り出していった。

小学校で「石」は「イシ」、「蝶」は「てふ」が正しく、「エシ」や「ちやふ」と書くのは間違いだ、などと〝正しい仮名遣い〟を学習する。それは従来「てい」でも「てえ」でも許容していた女性名の仮名表記にも、当然影響を与えたと考えられる。

†執着は排他の兆し

文字や言葉を慣習に任せず、国家が〝正しい〟字形や仮名遣いなどを設定して国民を画一的に教育する。こうした近代に始まる国語政策は国語改革などとも呼ばれ、紆余曲折を経て現代まで続いている。政府による日本語統制は、現代社会では必要なものと捉えられているが、前近代にはなかったことである。

明治以降、国家による国民の統合と画一化が推し進められた。特に明治二七年の日清戦争以降、対外戦争に対処する挙国一致や国家の利益が優先され、国民もこれに順応していく。明治三七年の日露戦争後は、政府に国民生活本位の政治を求める大正デモクラシーの気運も高揚するが、それは「国民」意識が定着してきた証でもあった。

明治三三年における仮名の字形統一は、江戸時代の多表記通行――文字の形や表記には複数の正解が慣例的に通用し、人々はそれに不便を感じていない――という慣習の一部を上から否定した一つの画期であった。いくつもの正解が問題なく並行している現状に対し、国家権力が一つだけを正当なものと決定すれば、それ以外は〝不正解〟ないし〝正解とは違うもの〟として区別される。それは同時に唯一の正解への執着と、それ以外を絶対に認めまいとする妥協のない窮屈さ、強い排他意識をも生み出さざるを得ない。

近代における唯一の〝正しさ〟は「国家」が「国民」に示すことで登場し、やがて日常生活にも浸透していく。「国家」が管理・統制する上で〝正しいもの〟は一つだけの方がよい――そういう唯一性の志向が、文字や言葉、やがて人名表記にも及んだ時、近代氏名には新たな問題が兆《きざ》し始めていく。

†実印は一代限り

その問題を述べる前に、近代化が実印に及ぼした変化にも触れておきたい。実印に氏名の文字が彫ってあるという常識も、概ね明治末期頃までに一般化してくる。

明治政府は実印を代々継承するものから、個人一代限りのものへと転換させた。まず明治五年七月一〇日、政府は太政官布告で「人民実印ノ儀ハ、諸事証拠ニ相成《あいなる》大切ノ品」だと述べて他人に預けることを禁止した。従来実印は村役人らがまとめて管理することもあったが、戸主の権利に関わるものとして、戸主個人による管理を求めたのである。

次いで六年五月三一日には、女子が家を相続した場合、公私とも他日証拠となすべきものには「自印」を用いよと命じた。これは亡夫・亡父の実印を継承する襲印慣行禁止の一動向であるらしく、政府は同年六月一九日の新治《にいはり》県からの伺いに対し、商業者に襲名を許可しても、実印は先代と紛らわしくないものを彫刻させよと指示している（「公文録」明治六年・第二二六巻）。政府は実印を代々継承（襲用）する慣習を除去し、本人一代限りで使用されるべき、個人の「証拠」という用途に限ろうとしたのである。

さらに同年七月五日、「人民相互ノ諸証書面」には「必ス実印」を使用せよ、「爪印或《あるい》ハ花押等」は今後裁判で証拠として採用しないと布告し、個人の意思表示を「実印」に限ることを定めた。その後政府は、西洋式に自署のみを求める動きもみせ、遂に明治三二年の商法において、諸証書で効力を持つのは「署名」（自署）が原則と定めた。しかし現実を無視した決定ゆえに国会で反対意見が出され、翌年には「記名捺印ヲ以テ署名ニ代フルコトヲ得《う》」、つまり自署の代わりに非自署の記名に実印を捺すのも可とされた。そのため一般には従来の慣習通り、自署ではなく記名捺印がその後も普通であり続けた。

名を刻む朱色の実印

実印が本人一代限りとされ始めた頃から、戸長や識字層を先頭にして氏名を彫った実印が出現する（図表7-1）。

明治一〇年頃には「彦右衛門」「謙造」など個人名のみの印文もあったが、明治三〇年代までに増加する主な形式は、「小島柳助」「速水治郎兵衛」「大谷庄平」など氏名のすべてを彫ったものと、氏名から一字ずつ採り「浅銀」（浅野銀太郎）、「澤勘」（澤村勘平）などと彫ったものである。女性の戸主が「宮澤け《け》さ」と彫った実印も確認される（明治三四年に家督相続した女性）。「小池」など苗字のみもあるが、この頃の実印としては少数派である。印文は主に篆書体であるが、記名と照らし合わせるといずれも判読は難しくない。

ただし氏名と関係ない印文を持つ昔ながらの実印——第二章で例示した江戸時代式の実印も依然多く用いられており、明治末期になっても、記名捺印には新旧の実印が混在していた。しかし氏名を彫った実印が明治末期までに漸次増加し、昭和前期までに主流を占めるようになる。識字人口の増加に伴い、判読不能のものや名前と無関係な印文は次第に敬遠されたのであろう。かくして実印―個人―氏名と結びつき、実印は記名の下に捺す代々のシルシから、氏名を負った国民個人を体現する「証拠」という性格に変化していった。

なお明治初年から公印に朱肉が用いられ始めた影響か、戸長などの実印には朱肉を使ったものも出現する。明治末期には一般にも朱肉が多数派となるが、多数連名の捺印では依然黒と朱が混在する状況が続いている。黒の捺印は徐々に減り、大正〜昭和にかけて稀になる傾向がみ

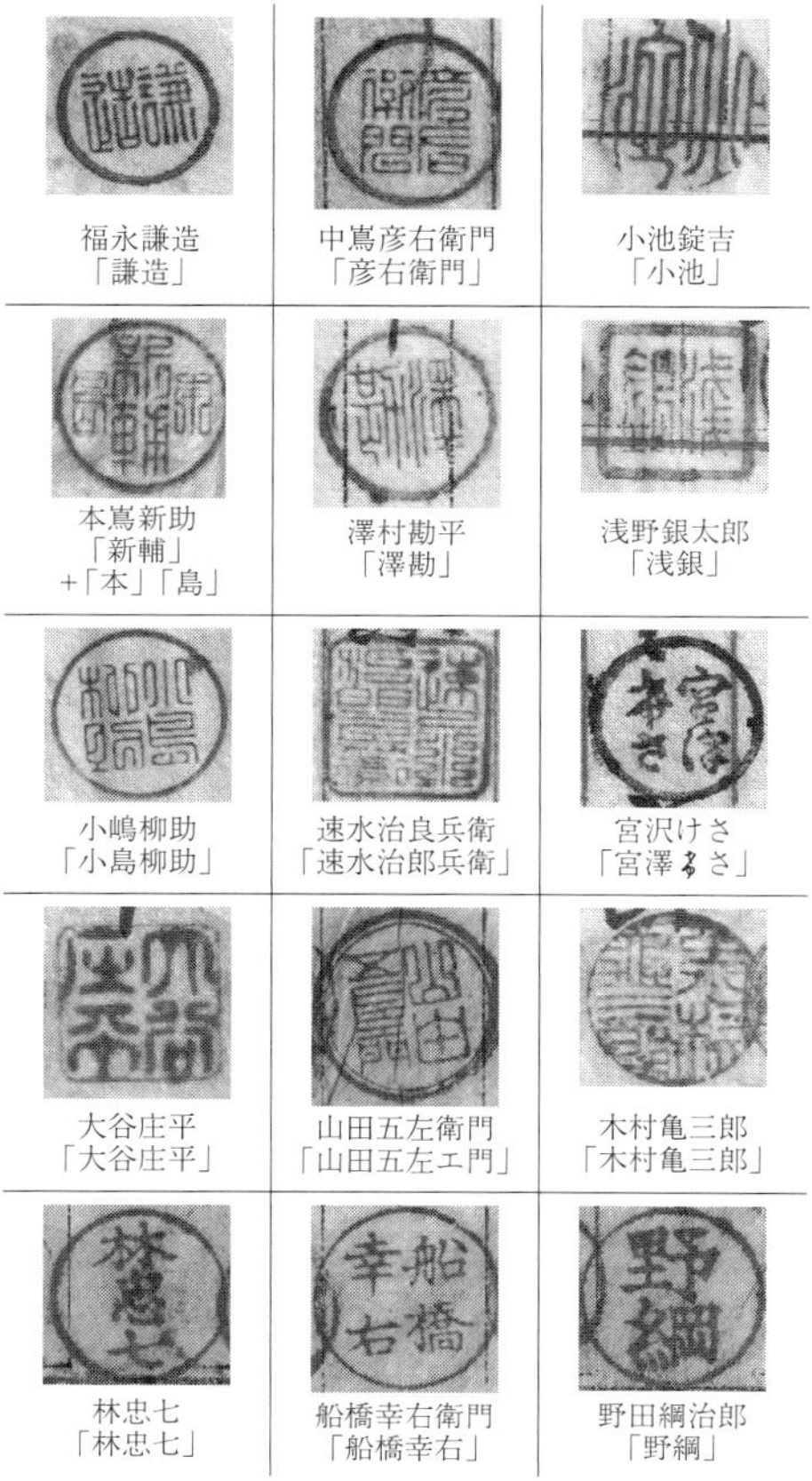

福永謙造「謙造」	中嶌彦右衛門「彦右衛門」	小池錠吉「小池」
本嶌新助「新輔」＋「本」「島」	澤村勘平「澤勘」	浅野銀太郎「浅銀」
小嶋柳助「小島柳助」	速水治良兵衛「速水治郎兵衛」	宮沢けさ「宮澤𛀁さ」
大谷庄平「大谷庄平」	山田五左衛門「山田五左エ門」	木村亀三郎「木村亀三郎」
林忠七「林忠七」	船橋幸右衛門「船橋幸右」	野田綱治郎「野綱」

図表7-1　氏名の文字を彫った実印（明治10〜34年）

註：それぞれ印影・記名・「印文」を挙げた。本表は個人（筆者）蔵の文書群（紀伊・近江・美濃・尾張・信濃）より採集したもの。

えるが、完全に朱一色となるのは、第二次大戦後とみた方がよいと思う。

印章そのものの歴史は古い。朱肉も古代からある。庶民の記名捺印も江戸時代には常識であった。だが実印に氏名の文字を刻んで朱肉で捺す——という現代の常識が出揃うのは、案外古い話ではないのである(ちなみに近代以前から、印文を読むことを前提として単独でも用いる商用印や見留《みとめ》印(認《みとめ》印)も存在する。特に後者は明治初期、主に苗字を楷書体で彫ったものが役所内で使用され始めるが、一般的普及はかなり後とみられる。本題からは外れるが「実印」との混同を避けるために附記しておく)。

2 一定主義の勃興

†異字の通用

第二章で述べた通り、江戸時代には仮名も漢字も多表記通行が常識であった。ゆえに四郎《しろ》右衛門と白《しろ》右衛門、「みよ」と「美代」などと、字は違っても同一人物の人名表記に用いられていた。

これは明治の「氏名」でも変わらない。手紙本文に「澤村佐《さ》介《すけ》」と自署しつつ、その手紙の包紙(封筒)には「澤邨《むら》佐輔《すけ》」と自ら認《したた》める、なんてことも普通にある(写真7-5)。

村と邨、介と輔は漢字としては別の字である（ただし邨は村の本字）。異なる漢字を同じ言葉の表記に通じて用いる、いわば異字の通用は、村・邑《むら》・邨、介・助・輔・祐《すけ》などのほか、太《た》と多《た》、野《の》と埜《の》、川《かわ》と河《かわ》、総《そう》と惣《そう》、庄《しょう》と荘《しょう》、久《きゅう》と休《きゅう》、千と仙、勘と官、儀と義、朝《あさ》と浅《あさ》、音《おと》と乙《おと》、宇《う》と卯《う》、次《じ》と二《じ》、参《さん》と三《さん》、蔵《ぞう》と三《ぞう》と造《ぞう》、情《せい》と精《せい》などなど——枚挙に遑《いとま》がないほど膨大に存在した。このほかくずし字で字形が近似ないし同じになる別の漢字——治《じ》と次、宍と完、勺と夕、管と菅、斎と斉など、結果的に異字の通用となっているものも多く存在する。

これらの異字の通用ゆえに、卯平次と宇平治、お朝とお浅、宍戸《ししど》惣《そう》太と完戸《ししど》総《そう》多、川瀬軍蔵と河瀬郡蔵など、同一氏名の表記に複数の〝正解〟が行われたのである。

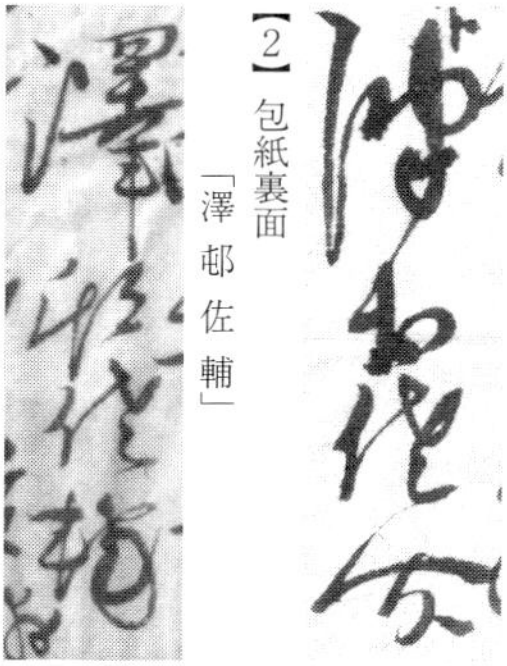

【1】手紙本文「澤村佐介」
【2】包紙裏面「澤邨佐輔」

写真7-5　サワムラサスケの自署
出典：前掲福永謙造家文書。明治11年11月13日、福永謙造宛ての書状とその包紙。

人名以外でも、例えば江戸時代には「百姓」を「百性」と書くのも普通である。なんでも正解を一つにしたがる現代人は「百性」は誤字だと決めつけるが、当時の文字表記では、これらを問題なく通用させるのが常識だったのである。

ただし読みが同じなら何でも通用するわけではない。例えば斑《むら》や叢《むら》を「村」には通用させないし、「丞」は字義から「スケ」とも読み得る字だが、一般人名の源助や新之介などのスケに「丞」の字は用いない。漢字の理屈ではなく、手書きを前提とした慣習的な通用範囲が存在したのである。

†同字の異体

異字の通用とは別に、全く同一の漢字でありながら、手書きでは異なる字形になるものも数多《あまた》通用していた（ただし異字の通用と厳密に区別できないものもある）。

例えば澤を沢、鹽《しお》を塩、與《よ》を与、會を会、來を来、覺を覚、座を坐、郎を良、邊を邉や辺などと画を省略した字形や、高を髙、吉を𠮷、多を夛、留を畄、喜を㐂、走を赱、柳を枊、杉を枚、桑を桒、館を舘、往を徃、勢を勢、能を䏻、橋を槗や槁、濱を濵や浜、丞を亟や烝、崎を﨑・嵜・嵜——など、主にくずし字から生じた字形差をはじめ、同じく草書の筆法によって生じた、土（土）、虫（虫）、助（助）、鬼（鬼）、富（富）、用（用）など一画を加除した字形、苅（刈）、薗（園）、靏（鶴）など偏冠を加えた字形、島・嶋・嶌、峰・峯、松・枩、秋・烁など部首の位置を入れ替えた字形、埶（熱）、奐（魚）などと部首の一部を変形した字形、叓（事）や叵（難）のような慣例的な異体字などなど——実に様々な字形が同じ漢字として問題なく通用した。数を敉、達を逹などと書くのは誤字のようだが、これらもごく普通に用いられた。

これらは介と輔のように、漢字自体が違うわけではない。手書きの慣習によって字形が微妙に、あるいは大きく異なるものの完全に同じ漢字であって、いわば同字の異体である。今日では異体字、俗字、略字などとも呼ぶが、それは一つの〝正体《せいたい》〟を前提とした学者の線引きであり、江戸時代一般の読み書きにそんな区別はない。様々な仮名文字や仮名遣いと同様、漢字にも異字の通用、同字の異体を当然とする多表記通行が常識であり、それは近代にもすぐには変わらなかったのである。

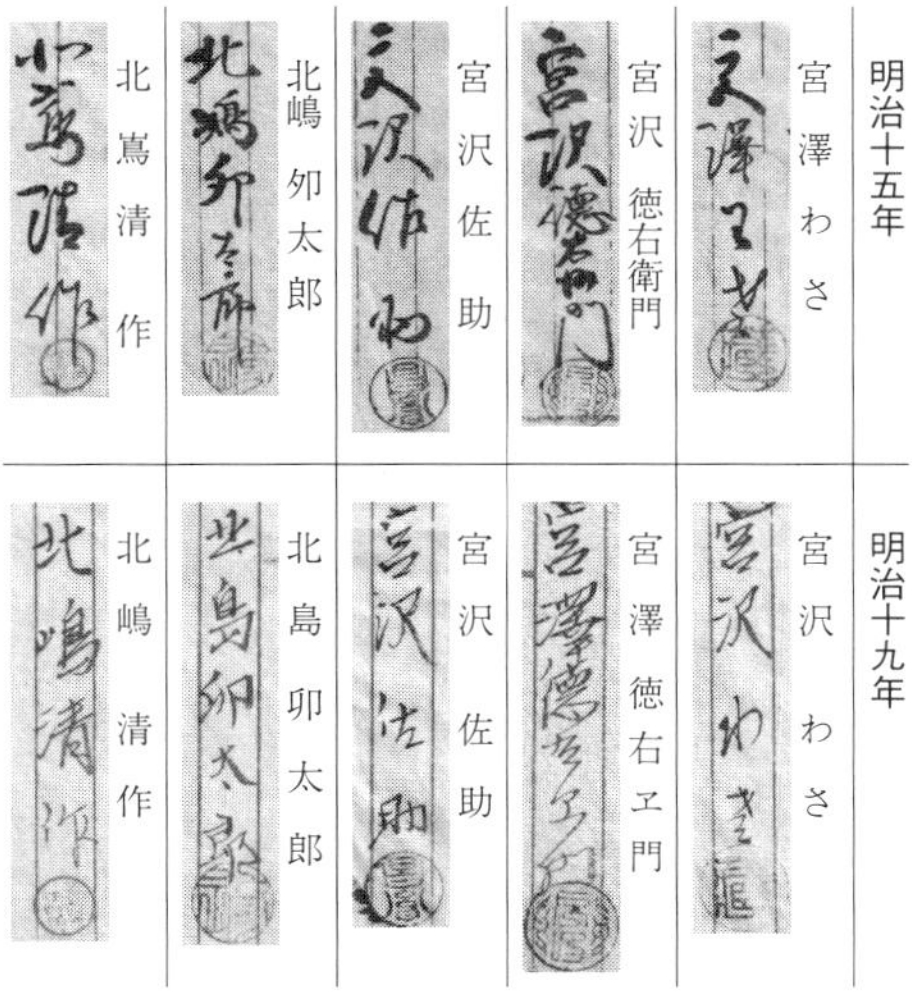

写真7-6　長野県綿内村の記名捺印（一部）

出典：明治15年12月「新田規定証」、明治19年12月「新田規定証」（前掲北山新田文書）。綿内村東西古屋五十二名共有地（字上外新田）に関する史料。両年とも、実印は全員同じである。なお「宮」や「北」の字形は、いずれもくずし字としてはごくありふれたもの。

†澤も沢も同じ

明治期の氏名表記においても、崎と﨑、島と嶋のような同字の異体は、全く区別することなく同じ漢字として使用された。人に伝わるのならどの形でも自分の書きやすいように、あるいは気分によってどう書いても構わなかったのである。

明治一〇年代後半の実例を見よう。明治一五年、長野県高井郡綿内《わたうち》村の共有地をめぐる契約証に五二名の記名捺印がある（写真7-6）。むろんこれらの記名は自署ではなく、契約証を作成した一人の人物による筆跡だが、「宮澤わさ」「宮沢徳右衛門」「宮沢佐助」「北嶋夘太郎」「北嶌清作」など、村内の同じ苗字をいろいろな字形で書いている。

これは宮澤わさが「宮澤」で、宮沢徳右衛門は「宮沢」だ、などと書き分けているのではない。四年後の明治一九年、右の新契約による記名捺印をみると、こちらは「宮沢わさ」「宮澤徳右ヱ門」「宮沢佐助」「北島卯太郎」「北嶋清作」などと、澤や島などの字形は、四年前と一致しない方が多く、以前と同じ字形で書こうという意思が認められない。

なお宮澤わさの「わ」は一五年が「𛁈」（字母「王」）、一九年は「わ」（字母「和」）で、女性名の平仮名表記も相変わらずの多表記通行である。写真7-6をよくみれば「宮」や「北」の文字にも、二、三種のくずし字体が無秩序に使用されていることがわかるだろう。

しかし本人たちは、北嶋卯太郎でも北島卯太郎でも、どんな字形でも記名の下に同じ実印を捺している。楷書体の日常使用が広がっても、多表記通行の常識は変わっていない。逆に明治時代の手書きの記名で、多表記通行ではない事例を見つける方が困難である。

戸籍が「北島」だから「北嶋」は許されない――というような執着はこの時期にはまだない。そもそも戸籍簿を含む公文書が、多表記通行の常識を持つ人間の手書きで作成されており、島・嶋・嶌などの字形は、筆記者の気分や癖で揺れ動く。この段階では「崎」と「﨑」の如き同字の異体を、区別すべき別の字とみる発想自体があり得ない。

仮名の字形は明治三三年小学校令施行規則で制限されたが、それも日常的な仮名の多表記通行に直ちには影響していない。明治三二〜三四年、あの福永謙造の娘とみられる福永のぶ（明治二〇年生まれ）が受け取った小学校・高等小学校の修業証書をみると、その名は三二年が「のぶ」（字母「乃不」）なのに、三四年は「れぬ《のぶ》」（字母「能婦」）である（写真7-7）。学校が出す修業証書ですら、これでよかった時代なのである。

活版印刷、あるいは大正前期から官公庁で使用された和文タイプライターで文字を打ち出す場合、手書き原稿の沢・澤、嶋・嶌などは、活字の「澤」「島」に置換されるが、むろん誰も問題にはしない。多表記通行の常識がある限り、活字も数ある字形の一つに過ぎないからである。そこには「私は宮沢ではなく、宮澤じゃなきゃいやだ」とか、特定の字形に対する執着なぞ、生まれるはずがなかったのである。

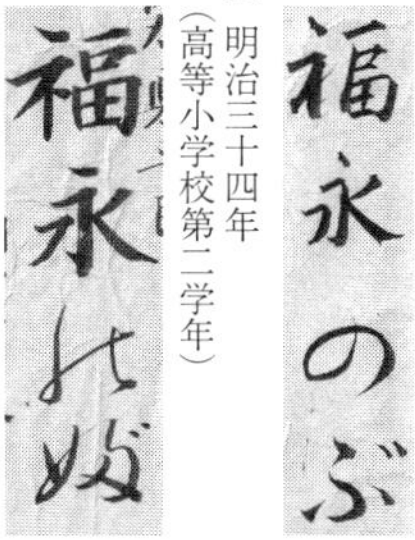

【1】明治三十二年（尋常小学校補習科第一学年）
【2】明治三十四年（高等小学校第二学年）

写真 7-7　修業証書の福永のぶ
出典：【1】明治32年「修業証書（角井尋常小学校補習科第一学年）」、【2】明治34年「修業証書（八日市町立高等小学校第二学年）」（前掲福永謙造家文書）。記名部分のみ抜粋。当時の修業証書は学年末ごとに交付される。

†迷惑な一定主義

明治三九年一一月二日、大阪朝日新聞に「婦女の名の文字」と題する社説が掲載された。ここには人名表記をめぐる、重大な変化の兆しが言及されている。

社説は話の前提として、女性名は仮名が基本だが、その仮名はどんな字形でも、また漢字に変換した表記でも随意に使用して支障がなかった――という多表記通行の慣習に触れた上で、近年これが認められなくなってきたことを次のように述べている。

> 近年法律論の喧《やかま》しくなりて、同名異人の混雑を防ぐ為、戸籍役場、日本銀行其《そ》の他に於ては、次第に署名一定主義を取るの傾向を生じ来りしが、学校に於ても家庭に於ても、曾《かつ》て其の事を教へられざる婦女子等《ら》は、之《これ》が為に迷惑すること一方《ひとかた》ならず、殊に戸籍役場は例の筆法にて此《こ》の主義を実行し、如何なる書類にても其の戸籍簿に記載せる文字以外の文字を用ひたる署名は不法のものとして受附けざるが故に、何《なん》にも知らぬ婦女等は素《もと》より、男子も亦《また》十中八九まで此の規定を知らずして幾多《いくた》の時間と手数とを費し、尚《なお》其の所要を弁ずる能はざるもの全国中日々幾十萬を以て数ふべし、是豈《これあに》大なる不経済に非ずや。

つまり役場や銀行では、「同名異人」による混乱を避けるため、署名の文字が戸籍簿や事前に届け出られている氏名と同一でないと認めない、「署名一定主義」の方針を採り始めたという。そのため戸籍名「キク」という女性が「菊」や「きく」などと書けば書類を受理されず、男も戸籍名「惣次郎」が「総二郎」と書けば、やはり同じく「不法」とされてしまう。そんな「迷惑」な事態が明治末期には起き始めたのである。

どうしてこんなことになったのか――。そこには明治中期以降における、都市人口の増加、工業国化の進展など、社会や経済の急速な資本主義化に一つの原因があろう。明治二〇年前後から、都市部などでは会社を設立して新事業を開始する者も増え（企業勃興）、銀行や株式市場の制度が出現する。自由競争に基づく景気動向が人々の暮らしを大きく左右する、資本主義経済が進展し始めていたのである。

もはや合併により市町村の規模は大きくなり、銀行などの商取引も範囲は広がって多数の顧客を抱えた。そこにはかつての庄屋と百姓、あるいは小さな商店主と顧客の関係のような、普段から相互を知る人対人の関係はない。あるのは管理する大きな組織と、管理される個々の国民ないし顧客という、情誼《じょうぎ》なき関係だけである。

人口の多い都市部などにおいて、顔も知らない多数の人間を管理・識別する場合、個人の符号である氏名に拠らざるを得ない。ゆえに戸籍名を唯一の〝正しい〟氏名表記としてそれが常に「一定」でないと困る。そう望む管理者たちが増加し始めた結果が、この「一定主義」の方針であったといえよう。

なお農村から都市への人口移動や、市制を施行する町はその後も増え続けた。明治三三年に全人口の一四%程度だった都市人口は、大正九年には一八%、昭和一〇年には三三%と徐々に上昇した。氏名表記における「一定」の必要性は、時代とともに高まっていったのである。

†女性の「苦痛」

明治三〇年代における女性名の表記には、漢字、片仮名、そして平仮名に数多の字形がある。おまけに前述した「子」の作法もあったから、原則漢字だけだった男性名よりも格段に表記が一定しない。右の社説は女性の方が「一定主義」で迷惑を被《こうむ》る可能性が高いと危惧して、「問題解決の一案」としての次のような「婦女の名の統一」を説いた。

婦女子も亦《また》男子と同じく其の署名に用ふる文字を一定し、小学校よりして正式に署名する場合には、必ず其の字を用ひしむることとなり(中略)尤も詩歌文章の如き文学上の著作を筆する場合などは、風流なる漢字、※万葉仮名又は其の草体などを用ふるも自由自在にして咎《とが》む可《べ》からざること勿論《もちろん》なれども、学校の答案其の他正式に自己の名前を署する場合には必ず、右の一定したる文字、即ち戸籍面に現れたるものを使用せしむることゝせば、漸次今日現に見るが如き混雑と不経済とを一掃するを得べし、世の教育家願くは此の事に留意し、一日も早く婦女の苦痛と其の財産の危険を除くに尽力せんことを。（※この社説は「万葉仮名」を変体仮名の字母の意味に誤用している——尾脇註）

つまり戸籍名「チヨ」が「ちよ」や「千代子」と署名するのは、文学的表現としてはよい。けれども学校での答案や正式に名前を書くような時には、必ず戸籍通りに「チヨ」書く習慣を身に付けさせよう。そうすれば公的な場面の署名で「苦痛」などを受けずに済むし、人名表記による「混雑と不経済」の問題は解決する——というのである。

しかしその「苦痛」だの「混雑」だの「不経済」だのというのは、管理する側が一方的に「一定主義」を持ち込んだせいではないか。戸籍通りの表記で氏名を書くことになぞ、一般民衆は誰も執着していない。自分の名前をどんな文字や字形で書こうと、慣習の範囲内でなら勝手であったのに、なんでお前らの管理の都合に、こっちが合わせてやらねばならないのか。実にふざけた発想ではないか。

いろいろ思うところはあろう。だが近代国民国家そのものを、もはや否定することはできない現実がある。戸籍に記載された氏名は、国家が国民を管理する符号であり、個人の義務や権利と結びついている。現実に不利益を被らないために、個人は戸籍上の氏名の文字に、どうしてもこだわらねばならなくなってきたのである。唯一性を志向する近代国家の国民統制が、いよいよ「氏名」の文字――それも字形にまで及び始めてきた。

†正太郎は庄太郎にあらず

しかしこの時期の「一定主義」は、まだ多表記通行のすべてを否定してはいない。

戸籍名の表記を一定させよ、という管理側の希望と強制は、右の社説を待つまでもなく明治初期から確認される。例えば明治八年一〇月七日、滋賀県は氏名を書き記す場合、戸籍と異なる文字を使わないよう県下に布達している（『現行滋賀県布令類纂』）。

この布達は「戸籍書載《かきのせ》之本名《ほんみょう》」が荘平なのに宗平や惣平、正造を庄蔵、武次を竹治、あるいは何兵衛を何平、何次郎を何二郎と書く例を挙げて、これでは「戸籍上取調」の際、同一人物か別人かがわからず「上下無益之手数《てかず》ヲ生シ甚《はなはだ》不都合」だから、今後は「戸籍書載《かきのせ》ノ本字之《の》外《ほか》、其音訓等ニ就《つい》テ他《た》ノ区々《まちまち》ノ文字」を使うな、つまり氏名での異字の通用をやめろと厳命したのである。実際明治一〇年代の滋賀県愛知郡の戸長らの自署をみても「速水治良兵衛」と「速水治郎兵衛」などの同字の異体はその後も平然と通用している。

法的効力を持つ記名捺印で異字の通用を不可とする認識は、明治末期までに一般にもみられるようになる。例えば明治三二年一一月一日、大阪府泉南郡東鳥取村大字《おおあざ》桑畑や尾崎など一一大字（四カ村にまたがる）は、同地域の尋常小学校や高等小学校に対し、基本財産として村の共有地（山林）を譲与した。その契約書には村長と各大字の代表ら計四五名の記名捺印があるが、このうち大字「尾嵜」の「石橋庄太郎」は「庄」の字に訂正印（実印）を捺して抹消し、「正」の字に修正している（写真7-8）。これは異字の通用が許容されていた時代なら、絶対にあり得なかった行為である。もはや「庄」と「正」という異字の通用は許容されず、公的には修正されねばならなかったのである。

この契約書は記名・本文とも同一人物の筆跡で、すべての橋を槗、崎を嵜という字形で書いている。明治二九年にも同様の契約書があり、こちらの筆記者は橋・﨑という字形を使っているため、右の人物も大字「尾﨑」の「石橋正太郎」としての記名捺印が確認される。このほかにも、例えば榎・土・藪・浜・甚・吟という字は、三二年の契約書ではすべて榎・圡・籔・濵・甚・吟という字形で書かれているが、二九年の方では榎・土・藪・濵・甚・唫と書かれ、かつ榎も混在している。

つまり異字の通用と違って、同字の異体は問題なく通用しており、修正の対象となっていな

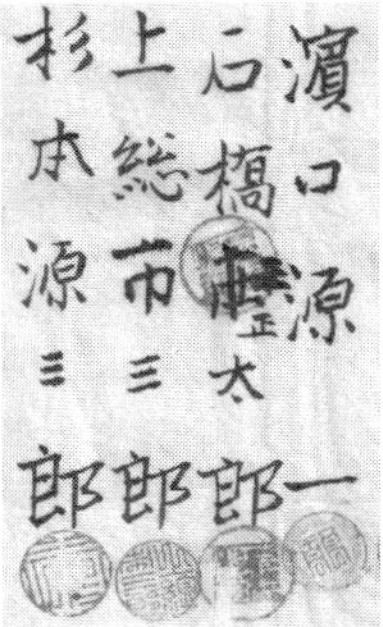

写真7-8　石橋正太郎の訂正

出典：明治32年11月1日「為取替契約書」（紀伊国海部郡西庄村山本善右衛門家文書）部分。

いことがわかる。

†くずし字を書けない若者たち

だが同字の異体までも〝違う字だ〟とみる新常識も徐々に生じてくる。その原因は、多表記通行の常識を持たない若い世代の登場である。

明治以降活字が世に溢れたが、ワープロやパソコンはもちろんない。日常の文字のやりとりは依然手書きが中心である。御家流こそ姿を消したが、効率よく文字を書くためのくずし字は依然広く行われ、手書き（筆記体）と活字の字形は違っているのが当然であった。この時期の私信は郵便葉書、洋紙の便箋、ペンや鉛筆、言文一致体など、近代の新要素も加わってくるが、巻紙《まきがみ》に毛筆・くずし字・候文で認《したた》めるのもまだまだ普通であり続けた。明治から昭和戦前期は、これら新旧が混在した時代なのである。

くずし字を書く大人たちの常識は変わらない。しかし明治末期から大正期、学校教育で楷書体から学習した世代が、一斉に社会に出てくるようになった。そんな若者たちは、大人たちにどう評価されたのだろうか。

大正五年、『文字のくづし方』（博多成象堂）という楷書体からくずし字を知るための字書が出版された。大阪府立市岡中学校教諭前田徳次郎・船越政一郎の共著である。序文を寄せた大阪府立夕陽丘《ゆうひがおか》高等女学校長伊賀駒吉郎は、同書を推薦する前提として、現状の問題を次のように述べている。なお伊賀は明治二年生まれで、当時著名な教育者であった。

漢字は世界で一番画の多い文字であるから、之《こ》れを書写する場合には成《な》る可《べ》く画を畧《りゃく》さなければ速く書くことが出来ぬ。そこで文字のくづしかたは漢字に最も必要である。然《しか》るに小学校の教科書の文字は皆印刷用の楷書ばかりであるから、児童は之れのみを見なれて、自分が書写するに最《もっとも》肝要な行書や草書を一向に知らぬ。ために世間に出ては役に立たぬとの非難を受ける。自分は常に此《この》欠点を遺憾《いかん》に思つて居た。

文章をすらすら書くためにはくずし字が必要である。それなのに楷書体しか書けない、くずした字形を知らないだなんて、「役に立たぬ」若い奴らが増えてきたなァ——というのが、大人たちの率直な感想であったらしい。彼らは若者にも「文字のくづしかた」を身につけさせて、自分たちの常識に順応させることが必要と考えているが、果たしてうまくいっただろうか。

†姓名の字画

近代学校教育を受けても、くずし字は習得できるし、多表記通行に馴れることもできよう。

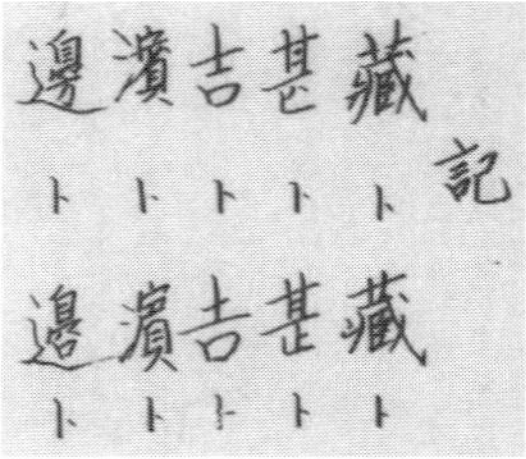

写真7-9　昭和14年賞勲局依頼の「別記」
出典：「昭和十三年七月至昭和十六年六月・共通雑書（二）」（国立公文書館所蔵）所収・勲内発二〇八〇号

だが学校で習った楷書体を標準と考えるから、くずし字から先に学習した世代とは文字認識が決して同じにはならない。昭和前期に幕末生まれの世代の多くが鬼籍に入っていくと、おのずから楷書体標準の常識が優勢となり、くずし字を前提に存在した同字の異体への眼差しに変化が生じるのは必然であった。

昭和一四年、賞勲局《しょうくんきょく》（内閣の部局）には、戦争で授与した年金証書の氏名訂正願いが相次いだ。彼らは証書記載の「姓名ノ字画」が戸籍謄本と「別記ノ程度ニ相違」すること（写真7-9）——例えば吉と𠮷、濱と濵など微妙に違う——を理由に、貯金局から年金支給を拒否されたと申し立てたらしい（貯金局は郵政省の内局。年金・恩給の支給事務を行う）。

同年一二月一二日、賞勲局は貯金局に対し、今後は「誤字ニアラサルモノ」の訂正には応じないので、それを御含みの上、年金を支給するようにと依頼した。つまり同字の異体は「誤字」ではない。吉と𠮷、邊と邉などは書き方の違いで、区別の必要が全くない同じ字だ。そんなもんを気にするな——という、いわば賞勲局から貯金局への苦情であった。

ところが貯金局の方は「既ニ斯種《このしゅ》ノモノハ認容シ、且之《かつこれ》ニ該当スル給与金受領証モ受入ツツ（ママ）

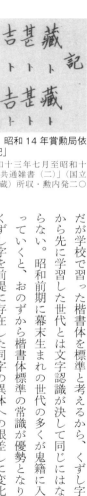

アル実況」であると述べている。いわば吉と𠮷程度に目くじらを立てて支給を拒否した事実はないから、賞勲局からの依頼は各地方局に伝達する必要なしと判断している。

これはどういうことだろうか。訂正願いが賞勲局に多数出されたのは事実らしいが、結局その明確な原因はわからない。だがここでみるべき重要な点は、本来気にも留めなかった同字の異体を「認容」するとかしないとか、そういう見方が出てきたことである。多表記通行が常識であった時代なら、そんな見方自体がありえなかったのである。

年金支給の窓口が若い世代なら、学校で習わない同字の異体を理解できず、「吉と𠮷は字が違うからダメ」などと、過度な「一定主義」を実行することも、この時期には皆無とも言い切れまい。あるいは年金受給者自らが、自分は「濵田」がよくて「濱田」は嫌だなどと、「姓名ノ字画」にこだわり、修正を希望する者が出現し始めたのか――。

昭和一〇年代なら、実は後者も考えられる。何故なら氏名表記の字画へのこだわりは、管理側の「一定主義」のみならず、民間の「姓名判断」からも生じ始めていたからである。

3　姓名判断の大流行

†流行のはじまり

明治末期から大正初頭、姓名判断の大流行が新聞でも報じられ始めた。例えば大正元年（一九一二）一〇月五日の読売新聞は「近頃姓名判断と云ふのが非常に流行して来た」と報じ、ある易者《えきしや》が姓名の字画や読みで禍福《かふく》を判断したことを記事にしている。しかしその記事が「尤《もつと》も戸籍上姓名を改める事は面倒だから、日常《ふだん》の呼名丈《だけ》が変《かわ》るに過ぎない」と報じているように、戸籍名まで変える動きはまだなかった。

名前の占いは江戸時代にもある（第三章）。だがこの頃流行し始めた姓名判断は、彼らが「姓名」と呼ぶ氏＋名の組み合わせから、その人の「運命」がわかる、姓名が人の「運命」を左右すると説き、「姓名学」とも自称した。それは江戸時代にあった五行《ごぎよう》の相性や名《な》乗《のり》・書判《かきはん》（花押）などの占い要素を混淆《こんこう》しつつも、「氏名」の字画（画数）や字義に依拠して、その人の「運命」を「判断」した。そこでは「何山」という苗字なら「綾子《あやこ》」より「絢子《あやこ》」にした方が運勢がよいとか、読みが同じでも漢字や字画の違いで「運命」が変わると説いた。

それは「氏名」という近代の産物に対応した、新種新興の占いであった。しかもその占いは、識字率の上昇により人々が氏名を文字で認識し、かつ楷書体が一般化して字画が身近になったこと、及び「氏名」という人名の形式が自明の前提として定着したこと——そんな近代ならではの状況ゆえに、上手く大衆の耳目を集めることに成功したのである。

この頃から昭和初期にかけての新聞では、「姓名判断」という文字を見ぬ日がないほど頻繁に取り上げられている。姓名判断は名付けを「命名」と表現したが、この用語もその流行以降に広がる。その商業的成功の一端は、早くも大正二年、姓名判断師同士が著作権横領をめぐり訴訟を起こしていることからも窺えよう（大正二年九月一三日「読売新聞」）。

†煩悶と定着

今日における星座占い、血液型占い、おみくじ、種々のゲン担ぎ——科学的には一笑に付される迷信である。だが人は非科学的なものを悉《ことごと》く排して生きているわけではなく、人間の生活や文化において、それらも無用無益とは言い難い。ただし迷信や信仰に入れ込みすぎて、自他の人生に悪影響を及ぼすとなれば問題である。

姓名判断もすぐにそうした害を生んだ。大正三年九月、前途不安を覚えていた二一歳の看護婦が、姓名判断師に「名前が悪いから早く取りかへなさい、若《も》しこのまゝの名前ならば、夫《おっと》を持つて子供が出来ても必ずそれがよくない」といわれ「姓名を取換へて、もし幸福になれるなら、さうしたいと思ひますがいかゞでせう」と、新聞の相談欄に投書している。また大正五年一〇月にも二九歳男性が「近頃姓名学といふものが流行し（中略）様々の判断をして聞《きか》せる姓名学者といふ者」がいるけれども、彼らは信用できるのか。自分はこれを信じている母親から改名を迫られ「一家《いつか》煩悶《はんもん》」している、と投書している。

新聞記者は前者の女性に「姓名《なまへ》が悪いからなといふ《(ママ)》のは迷信に過ぎません。あなたが正しい心掛《こころがけ》さへ持つて居れば、何も怖れる所はありません」と答え、後者の男性には次のように説いた。「貴方のやうな煩悶をしてゐる人が世間には随分あるやうです（中略）未来を知りたいと思ふ心と、未来を不安に感じる心とが誰にもありますが、そこへ附け込んで、様々の道理のない事を言ひ出して人を迷はせる者が出て来るのです。姓名の字画の数、合性《あいしよう》などといふ者は、面白みとして弄《もてあそ》ぶべきもので、信じてかゝるものではありません」。

これらの回答は実に至当なものである。姓名判断は相談や改名の手数料を稼ぐ商売であるから、当然詐欺恐喝に及ぶ者も出た。例えば昭和一〇年八月、東京の姓名判断師が「お前達の姓名には悪事が祟《たた》つてゐる、直してやるから金を出せ」という意味の脅迫文を送りつけて検挙された。これを報じた新聞記事は「自分の姓名はブタ箱に入る運命であつたこともわからなかつたらしい」と結んでいる。当然ながら識者にとって、姓名判断なぞは衆愚《しゆうぐ》の迷信であり、一貫して嘲笑すべき対象でしかなかった。

ところがその一方で、新聞は文壇の著名人の名前を姓名判断の手法で鑑定した「文壇姓名哲学」などという記事を連載したり、姓名判断の書籍や「姓名判断の需《もと》めに応ず」などという広告も掲載し続けた。かくして「姓名判断」、自称「姓名学」は広く認知され、大なり小なり、人々が関心を向けるものとして広がっていった。

「氏名」の字画への執着は、一般に「姓名判断」の流行以降に強くなっていく。識者の冷笑にもかかわらず、大衆には身近な俗信として受容されていったのである。「姓名判断」の是非はさておき、「氏名」と文字の関係に重大な影響を及ぼし、字画にこだわる「命名」という新文化を創出・蔓延させたことは、事実として認めざるを得ないことである。

†私的な通名

姓名判断に凝り出せば、戸籍名まで変えたくなる者が現れてきた。

昭和四年に刊行された中村勝年著『姓名の選み方　名つけ字典』(大東社)には、「戸籍上改名手続法」と題し、戸籍上の「改氏改名」を成功させる手法を解説している。筆者の手元にある同書は、昭和一〇年・一二版とあるから、結構な需要があったとみてよい。

ただし姓名判断による改名の多くは本名をそのままにして、姓名判断で出た名前を私的な通《つう》名《めい》として使うのが一般的だった（この通名のことを「通称」ともいうが、前近代の通称や通り名とは無関係）。そのため普段和子さんと呼ばれている人が、実は戸籍名敬子さんだったりするようになった。この手の通名を持つ人は戦後にもしばしば見られた（岩淵ほか一九六四）。なお国語学者の南不二男氏（昭和二年生まれ）は、「姓名判断などによって別の名前を持つようになった人」とは違う事情の通名もあるようだと述べて、次のような昭和二〇年頃の体験を述べている（同上）。

わたしは終戦の年に三重県北部の山の中の部落に疎開していた。そこの部落には、何人も実際の呼び名と本名とが違う人がいた。
わたしたちのいた家の前の農家のおかみさんは、普通ハルさんだの、ハルエさんだのと人から呼ばれている。ところが、御主人はヨシエと呼んでいる。ハルエが本名で、ヨシエは呼び名なんだそうだ。チエさんという婦人は「きえの」が本名だという。男でも同じようなことがある。サジュ（佐十）さんという人がいた。その佐十というのはその人の父親の名で、本人はほんとうは佐一郎。

こうした通称は、何も姓名判断によるものではなかろう。そして本人が意識的にこう変えるといって変えるのではなく、いつのまにかまわりの人にそう呼ばれていた、というケースが多いのではないかと想像する。ハルエさんの場合は、御主人のおばさんに同名の人がいたので、嫁に来てからヨシエと呼ぶことにしたのだそうだ。

佐一郎を佐十と呼ぶのは、それが家代々の名（家号《やごう》）であることも推測されるし、嫁ぎ先に同名者が居た場合の改名も江戸時代以来ありがちな話である。もっとも「きえの」が「チエ」である理由は、これだけでは何ともわからない。

ここで重要なことは、戦前の農村部では戸籍名に執着せず、日常では様々な通名が通用していた事実である。それは顔も知らない不特定多数の人間を識別するため「一定主義」を必要とした近代都市部と、なおも村共同体が生きていた農村部との差異でもあろう。文献ではなかなか摑めないが、戸籍名に執着せずに暮らすことができた、かつての日常世界の存在も十分承知しておく必要がある。昭和前期の日本でさえ現代とは大きく常識が異なることは、宮本常一の『忘れられた日本人』や『家郷の訓』などを読めばよくわかるであろう。

近代以前の人名は、公儀への届け出や、宗門人別帳への登載で確定するものだったろうか。人名は本来、周囲の人々の認知によって成り立っていたことを思い出す必要がある（第三章）。姓名判断で得た通名に戸籍名も変えたい――という意識は、戸籍に載っていなければ本名ではない、戸籍名が唯一の本名だ、という前提認識に基づいている。戸籍名にこだわる――それは

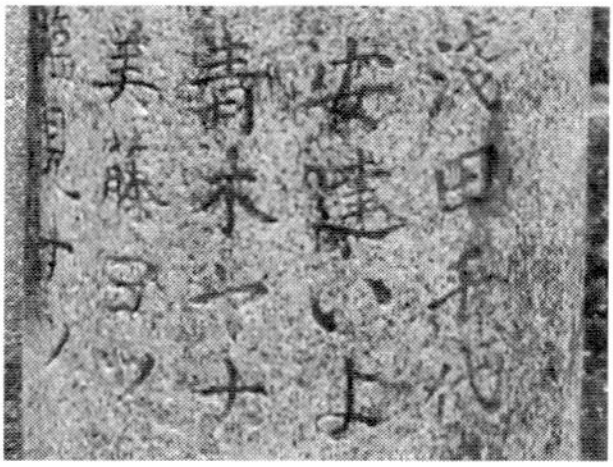

写真7-10　走田神社の鳥居（部分）
（2022年・筆者撮影）

人々が近代「国家」に属する数多の「国民」の一人となったとき、初めて生まれ出てきた近代的な執着なのである。

†近代氏名の人名文化

近代氏名、改姓名の原則禁止、楷書体、片仮名、活字、学校教育、民法——かつてはなかった新要素が、明治以降次々と出現し、近代日本という鍋の中で煮詰められた。そこから一定主義、多表記通行の排除、姓名判断の流行などとともに、「氏名」の文字や字形への執着が生まれ、新たな人名文化を形作っていったのである。

昭和三年一一月、昭和天皇の「御即位大礼記念」として、京都府乙訓《おとくに》郡海印寺《かいいんじ》村走田《はしりた》神社の参道に鳥居が建立《こんりゅう》された。現存するその鳥居の左柱には、建立に関わった女性の「有志者」二〇名の氏名が楷書体で彫られている。その個人名をみると、志那、花、芳枝、八重、千代など漢字が五名、サヨ、ヒサ、タツなど片仮名が一三名、いよ、かよなど平仮名二名が混在している（写真7-10）。

つまりサヨはさよではなく、いよはイヨではなく、千代もチヨやちよではない。そんな人名表記の唯一性が、昭和前期には民間でも浸透していたことがわかる事例である。

昭和一三年二月一五日、岡本かの子は「女児と名——女親の意見を尊重せよ」と題する記事を読売新聞に寄せており、次のような一節がある。

名は一生使ふもので疎《おろそ》かには出来ない。無理に訂《なほ》せば訂せないこともないが、大概は親の付けて呉《く》れた名で通してしまふ。それは記念にもなる。だが、男親が一時の即興で奇抜な名前をつけたために一生、人前で名を告げるとき顔を赭《あか》らめるといふやうなのは女には殊に困る。姓名判断の信不信は別として、感じから言へば、強い名前は気を引立て、優しい名は気をやさしくするぐらゐのことは随分ありさうだ。

「名は一生使ふもの」「親の付けて呉れた（中略）記念」「姓名判断」「優しい名は気をやさしくする」——江戸時代の人間が聞いたら「あんた何をいってんの？」と呆れるような内容である。しかし人名にまつわる常識はここまで大きく変わった。新たな常識に上書きされて、過去の人名文化は消えてしまったのである。

しかしこれでもまだ、現代人の人名常識とは違いがある。名前はその人の個性だ、アイデンティティだ、だから尊重せねばならない——などと現在しばしば耳にする理屈や執着は、この段階でもまだ出てこない。そのこだわりはもっと新しいのである。

かくして本書は、とうとう大日本帝国の崩壊——すなわち敗戦後の世界にまで、足を踏み入れることになる。

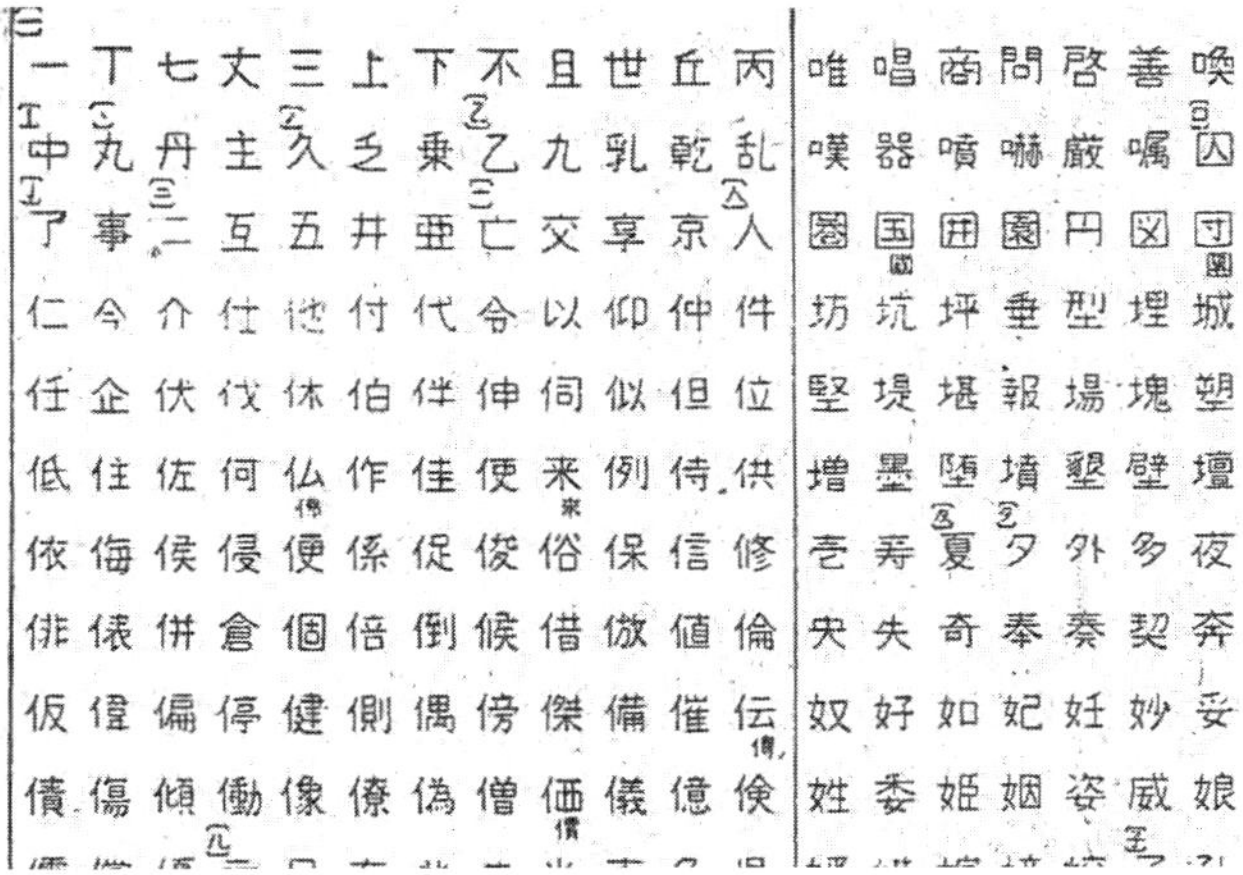

第八章

氏名の現代史

「当用漢字字体表」(『官報』昭和24年4月28日)、部分。

1　変わりゆく漢字

†占領時代と国語改革

日本は明治以降、欧米列強を真似て他国を侵略し、対外戦争を繰り返して植民地を拡大する帝国主義国家へと膨張した。特に昭和六年（一九三一）の満州事変前後から軍部が一段と政治的発言力を強め、軍事体制に「国民」を従属させる軍国主義の道を歩んだ。

やがて昭和一二年に始まった日中戦争は泥沼化し、次第に米英との軋轢《あつれき》が生じた。一四年からは欧州で第二次世界大戦が始まり、一六年日本は米英に宣戦を布告、太平洋戦争へと突入する。しかし戦況は不利となり、一九年頃からは本土空襲が激化、二〇年四月には連合国軍が沖縄本島に上陸、激戦の末に占領され、八月には広島・長崎に原爆が投下された。

かくして八月一五日、日本はポツダム宣言を受諾、九月二日に降伏文書に調印した。この敗戦以降、日本は昭和二七年四月二八日にサンフランシスコ平和条約が発効するまで、連合国軍、実質的にはアメリカ軍による、約六年八カ月の占領時代を経験した。

占領時代は連合国軍最高司令官総司令部（ＧＨＱ）が日本政府を指導する間接統治を行い、

非軍事化と民主化を軸とする戦後改革が矢継ぎ早に実行された。「国民」からすればまたも上から一方的に、かつアメリカ指導の下で、社会の前提が覆される日々がやってきた。

この間における国語改革により、日本語の文字も表記も激変した。それは戦前からある国語審議会という文部大臣の諮問機関が、GHQの思惑とも合致する漢字廃止や日本語のローマ字化を念頭に置いた性急な変革であり、今なお強い批判がある。その経緯については既に詳細な書籍もあるので（丸山一九八三、野村二〇〇六、安田二〇〇七、阿辻二〇一〇など）、本書は氏名に関係する事項に絞ってみていきたい。

氏名は戦後改革以降、さらに大きな変貌を遂げてゆく。

†当用漢字と平仮名先習

昭和二一年四月一七日、政府は憲法改正草案を発表する。それは従来の公用文のような漢字と片仮名による文語体ではなく、難解な字句を避けた漢字と平仮名による口語体で作成されていた。

翌日、内閣書記官長の名で「各官庁における文書の文体等に関する件」という通牒《つうちょう》が各所に出され、「今後各官庁における文書及び新《あらた》に制定（全文改正を含む）する法令の文体、用語、用字、句読点等は、今回発表された憲法改正草案の例にならふこととし、できるだけその平易化に努めること」とされた（国立公文書館所蔵「公文類聚」第七〇編・昭和二一年・第九巻）。つまり今後の公用文には、平仮名を主とした口語体、かつ平易な語を用いることが命じられたのである。漢語を多用し、片仮名を主とした明治以来の文語文や候文は、公用文から瞬く間に排除されていった。

同年一一月三日には日本国憲法が公布され、同一六日には内閣告示・訓令により「現代かなづかい」と「当用漢字表」が公布された。今私たちが使う仮名遣い――戦前なら「きつとしませう」と書いたのを「きっとしましょう」などと表記する――を使うようになったのは、この「現代かなづかい」が起点である（ただし現行の仮名遣いは、これを改訂した昭和六一年七月一日内閣告示・訓令による「現代仮名遣い」である）。

「当用漢字表」は「現代国語を書きあらわすために、日常使用する漢字の範囲」として一八五〇字を示した表である。これは「法令・公用文書・新聞・雑誌及び一般社会で、使用する漢字の範囲を示したもの」と位置づけられ、日常使用する漢字の制限が目的であった。今後は当用漢字以外の漢字を使わないことを目指しており、「この表の漢字で書きあらわせないことばは、別のことばにかえるか、またはかな書きにする」という方針も明記された。警邏を警ら、迂回をう回、などと書くおかしな表記はこの時に始まる。なお当用漢字表以外の漢字のことは、後に「表外字」と呼ばれるようになる。

翌二二年三月三一日、教育基本法と学校教育法の公布により、学校は六・三・三・四制となった。同年発行の小学校用国定教科書『こくご』は、「おはなを　かざる、みんな　いいこ。」という平仮名から学習する平仮名先習となっており、片仮名は外来語やオノマトペ、動植物名などを表記する文字として二年生から教えるものとなった。明治の始まりを告げた片仮名は、大日本帝国の崩壊とともに、速やかに脇役へと追いやられたのである。

†人名の文字制限

「当用漢字表」には「固有名詞については、法規上その他に関係するところが大きいので、別に考えることとした」と明記されており、同表による漢字制限は既存の氏名や地名などには影響しなかった。しかし新たな子供の名付けには、当用漢字表による制限がただちに適用されていく。

昭和二二年一二月二二日、新たに改正・公布された戸籍法において「子の名には、常用平易な文字を用いなければならない」(第五十条第一項)、「常用平易な文字の範囲は、命令でこれを定める」(同第二項)と明記された。

この「命令」とは、同月二九日に定められた戸籍法施行規則(昭和二十二年司法省令第九十四号)の第六十条である。ここで「戸籍法第五十条第二項の常用平易な文字」とは、「昭和二十一年十一月内閣告示第三十二号当用漢字表に掲げる漢字」と「片かな又は平がな（変体がなを除く。）」だと定められ、二三年一月一日から施行された（戸籍法第五十条第二項の「命令」は平成一一年に「総務省令」と改正される）。

当用漢字を定めた内閣訓示・告示は法律ではないが、この制限は法律・命令である。かくして昭和二三年以降に生まれた日本国民は、僅か一八五〇字の当用漢字と、小学校で教えられる平仮名・片仮名だけで名前を決めねばならなくなった。個人名に使用する文字の範囲が法によって設定・制限されたのは、日本史上これが初めてである。

†当用漢字字体の出現

昭和二三年二月一六日には、当用漢字の各音訓を定めた「当用漢字音訓表」、義務教育で教える当用漢字の範囲を定めた「当用漢字別表」が内閣告示・訓令により公布された。翌二四年四月二八日には、常用漢字の「字体の標準」を一覧表として示す「当用漢字字体表」が同じく公布された（本章扉写真参照）。

これまで活字体が「國」や「來」という一種類でも、手書きでは國と国、來と来、實と実、澤と沢など、同じ字に複数の字形が通用していた（同字の異体を許容する多表記通行の慣習）。しかし当用漢字字体表は「印刷字体」（活字）と「筆写字体」（手書き）とを一致させる目的のもと、活字・手書きどちらでも「標準」として機能するただ一つの字形を「当用漢字字体」として制定したのである。

当用漢字字体は、㈠活字に従来用いられてきた形をそのまま用いたもの（乙→乙、俗→俗。つまり戦前と変わらないもの）、㈡活字としても従来二種以上の形があった中から一つを採ったもの（例：姉・姉→姉、島・嶋→島、敍・敘・叙→叙）、㈢従来活字としては普通に用いられていなかったもの（例：靑→青、縣→県、廣→広、郞→郎、默→黙）からなる。

㈢は従来からある手書きの字形を活字にしたもの、といった方がわかりやすい。主に㈢から生まれた印刷字体——国・来・実・沢などを「新字体」、以降学校で教えられなくなった國・來・實・澤などの印刷字体を「旧字体」や「正字体」などと呼ぶようになる。ただしこの処理が行われたのは当用漢字一八五〇字の一部のみであり、すべての漢字に㈢のルールが適用されて、統一的に簡易化されたわけではない。

この表が公布されると、印刷業者は当用漢字字体で活字を造り、一気にこの字体を普及させた。もちろん学校でも当用漢字字体を教えるようになった。

この当用漢字字体の画期性にお気づきだろうか。一つの漢字に字形は一つではなく、手書きと活字の字形は違って当然——という慣習が、突如上から叩き潰されたのである。

†「標準」は誰のため？

戦前には活字体が「櫻」「讀」「變」「廣」でも、手書きでは常にその形だけを書いたわけではなく、「桜」「読」「変」「広」などの字形も全く同じ字としてごく普通に併用していた。一つの文字にはいくつもの書き方や字形があるのが当たり前の慣習だから、それは何にも困る話ではなかった。

そんな世界で断行された当用漢字字体は、むろん一般大衆からの要請ではない。むしろ一般の人々からすれば、「『讀』はやめて「読」に統一しろ、手書きでも活字でも使ってよい正しい字形は「読」だけだ！」と、わけもわからず強要されたに等しい。字形や表記の「一定」志向は管理する側の発想でしかない。

明治以降の近代国家は、国民の統合と画一化を図ってきた。教育によって識字層が増加すれば、当然国家は統治の用具として、文字の画一性も追求し始める。実際漢字制限の議論は既に明治期には見られ、大正八年（一九一九）には文部省が「活字体ト手書体トノ一致ヲ図ル」との目的で「漢字整理案」を発表したり、昭和一七年にも国語審議会が「標準漢字表」を作ったりしている。だがそれらが強制されて、一般に影響を及ぼすことはなかった。

ところが強権的に変革を実行できた占領時代には、ＧＨＱの意向と合致する漢字廃止論者が国語審議会の主導権を握り、当用漢字政策を国民に諮《はか》ることなく断行した。国民からすれば敗戦後間もない時期に、頼みもしない〝合理化〟が押し付けられたのである。

†やむを得ぬ人名用漢字

明治初年以来、民情を無視して慣習を踏みにじる上からの一方的な変革は、人々に苦痛と混乱を与え、全く予期せぬ事態をも引き起こしてきた。戦後の性急な漢字制限や標準字体の実施も、当然その例に漏れなかったのである。

昭和二三年に戸籍法が施行されると、名付けへの漢字制限がたちまち問題化する。当用漢字表は人名への利用を想定して作られておらず、藤、綾、乃、吾、彦、輔、寅、稔など、人名でよく使う漢字が碌《ろく》に入っていなかった。そのため藤子、綾乃、大輔、寅次郎などありきたりな名前も、当用漢字でないという理由から認められなくなった。この理不尽極まりない事態に対し、当然反対論や訴訟が発生、国会でも審議された。

漢字を廃止し、日本語をローマ字にしたい者たちからすれば、人名は「フジコ」でも「Fujiko」でもどうでもよい。だが一定の識字能力を有したこの時期の一般大衆は、その発想に賛同しなかった。「ふじ子」ではなく「藤子」にしたい、「大助」ではなく「大輔」がいい――「命名」の文字にこだわりたいという意識が広く定着していたからである。

かくして二六年五月二五日、右の漢字を含む九二字の「人名用漢字別表」が内閣告示・訓令として公布され、人名に限って使用できる漢字が当用漢字とは別枠で追加された。

この時の国語審議会の建議をみると、漢字制限と相容れない人名用漢字の追加を「社会慣習」などの観点から「やむを得ない」と、しぶしぶ決めたことが窺える（「公文類聚」第七六編・昭和二六年・第七九巻）。民意を「やむを得ない」とは恐れ入った言い草だが、それは彼らが国民や社会慣習を無視し、虎の威を借りて自己とその一派の理想を実現しようとした、身勝手な〝改革者〟に過ぎなかったことをよく表している。

彼らは明治初年、「復古」を大義名分として民間の慣習を踏みにじり、神仏分離・廃仏毀釈を強圧的かつ暴力的に断行しようとした、一部の国学者らの動向とも相通じるものがある。ただし戦後改革は「民主化」をその正当性として標榜する以上、明治初期のように民意を無視することはできなかったのである。

†常用漢字と筆写体

その後高度経済成長期に入ると、社会構造も人々の生活も激変していく（後述）。昭和四〇年代末、国語審議会は従来の漢字制限を行き過ぎとする認識のもと、その改正を審議するようになり、昭和五六年一〇月一日、内閣告示・訓令で「当用漢字表」に九五字を追加した「常用漢字表」一九四五文字が実施された。常用漢字表は「現代の国語を書き表す場合の漢字使用の目安」とされ、当用漢字表による漢字制限路線がここで改められた。

この常用漢字表には「（付）字体についての解説」が二項目にわたり記載された。まず「第一　明朝体のデザインについて」では、「現在、一般に使用されている明朝体の各種書体には、同じ字でありながら、微細なところで形の相違の見られるものがある（中略）それらの相違は、字体の上からは全く問題にする必要のないものである」として、印刷字体の微差を気にし過ぎないよう、例を示して解説した（図表8−1）。

図表8-1　常用漢字表が例示する明朝体のデザイン差（抜粋）
出典：平成22年11月30日内閣告示「常用漢字表」のうち「（付）字体についての解説　第一　明朝体のデザインについて」より抜粋（文化庁HP）。

さらに「第二　明朝体と筆写の楷書との関係について」では「常用漢字表では、個々の漢字の字体（文字の骨組み）を、明朝体のうちの一種を例に用いて示した。このことは、これによって筆写の楷書における書き方の習慣を改めようとするものではない（中略）明朝体の字形と筆写の楷書の字形との間には、いろいろな点で違いがある。それらは、印刷文字と手書き文字におけるそれぞれの習慣の相違に基づく表現の差とみるべきものである」と明記した。

要するに、手書き文字と活字とは違うものだから、手書きまで明朝体活字の通りに書く必要はない。手書きでは同じ漢字にいろいろな字形差が通用していてよいのだよ——と、これまた例を挙げて解説している（図表8-2）。

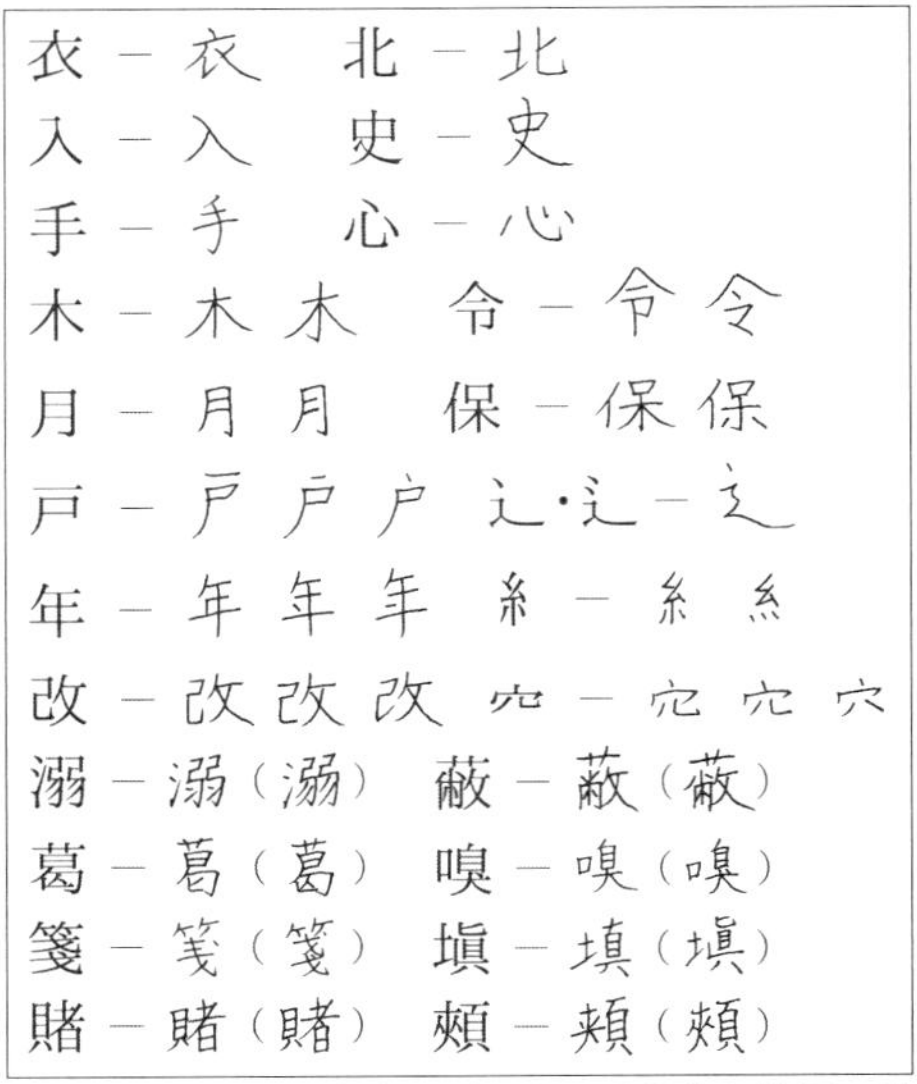

図表8-2　常用漢字表が例示する明朝体と筆写の楷書

出典：平成22年11月30日内閣告示「常用漢字表」のうち「（付）字体についての解説　第二　明朝体と筆写の楷書との関係について」より抜粋（文化庁HP）。

こんなことをわざわざ書かねばならなくなったのは、印刷字体通りに書くのが正しい——という過度な字形への執着が、当用漢字字体の設定以降強くなり、深刻な問題と認識され始めたためである。

しかしその執着は、もはや取り返しが付かないほどに蔓延していた。例えば漢文学者の原田種成《たねしげ》氏（明治四四年生まれ）は、平成七年（一九九五）の著書『私の漢文講義』（大修館書店）のなかで、当用漢字字体表による教育の結果、「活字の字形と筆写の字形とは違う」という従来の常識が欠落したため、今や中学・高校の教師が「「令・北・通」と書いた生徒の字を誤りとして、明朝活字の通りに「令・北・通」と書かせている誤った指導も多く行われている」と述べ、戦後の国語教育を痛烈に批判している。

†情報機器の普及

三〇年以上続いた当用漢字政策は、手書き・活字に共通する唯一絶対の標準字体を、いわば国家が上から設定したため、「手書きを活字の通りに書く」という倒錯した認識とそれへの執着を助長した。しかしそれは楷書体の日常化と学校教育が始まった明治期に胚胎《はいたい》し、次第に成長したものであることも忘れてはならない。なにより印刷字体への執着を一層強固にしたのは、一九七〇代末から始まる情報機器の普及である。

常用漢字表実施の約三年前、すなわち昭和五三年（一九七八）に「日本語ワードプロセッサー」、いわゆるワープロが発売され、一九九〇年代初頭までに官公庁や会社、さらに一般家庭にも急速に普及した。それはキーボードで仮名を入力し、それを漢字に変換して文章を綴れる、極めて画期的な発明であった。一九九〇年半ば頃にはパーソナルコンピューター（パソコン）の普及でワープロは衰退・消滅したが、「仮名漢字変換方式」と呼ばれる上記の日本語入力方式はごく一般的なものとして定着した。

ワープロやパソコンでは表外字も簡単に表示できたため、学校では習わない憂鬱、顰蹙、薔薇などという漢字の使用も日常化した。それは漢字を見直す「漢字ブーム」を起こしたとも評価され、常用漢字の範囲を遥かに超えて、日常的に漢字を多用する傾向さえ生んだ。「情報機器があれば漢字は簡単に表記できる」という革新によって、戦後息巻いていた漢字廃止論や日本語のローマ字化論は、急速にその影を潜めていった。

しかし情報機器は、漢字を「書く」よりも「打つ」もの（手書きではなく入力するもの）として身近にし、情報機器に表示、ないしそこから印字される印刷字体を文字の「標準」字形とみなす認識を高めることになった。

情報機器での漢字規格は、昭和五三年、財団法人日本規格協会が日本工業規格（JIS《ジス》）として制定した「情報交換用漢字符号系」が最初である。これが五八年に大幅に改定された際、表外字の一部に当用漢字字体の省略ルールを適用した字体、いわゆる「拡張新字体」による表示が行われた。そのため書籍などで目にする表外字は鷗、檜、鶯、摑なのに、情報機器では鴎、桧、鴬、掴という拡張新字体で表示・印字される事態が生じた。

かくして情報機器に表示される漢字（日本語用）には、当用漢字字体（新字体）、戦前からある印刷字体（一部の旧字体と表外字）、拡張新字体（工業規格が勝手に作った字体）があり、さらに「畧」

とか「夘」のような、別に活字として表示される必要がないはずの俗字・異体字（同字の異体による字形）の一部までも表示されるようになった。

だが戦後世代は、当用（常用）漢字しか習ってはいない。ゆえに「處」は「処」の旧字体で、「旧」が「舊」の新字体であるとか、そういう関係を正確に把握しておらず、ましてや俗字・異体字、拡張新字体――そういう区別や関係もあまり知らない。だから往・徃、船・舩、焔・焰、験・驗・騐、鼠・鼡、留・畄、崎・﨑……情報機器に表示される膨大な漢字を、異なる文字コードを割り振られた全く別の漢字としか認識できなくなった。例えば「舩」は「船」を手で書いたときの字形差（同字の異体）で、区別の必要のない全く同じ漢字である。しかしパソコン上ではそれぞれ別の文字コードを持っているから、「犬」と「猫」という漢字が違うのと同様、全く無関係な別の漢字とされるほかないのである。

情報機器は漢字を身近にした。だが漢字の字形差への認識を、以前とは全く違うものに変えてしまったのである。やがて氏名も情報機器の中で処理されるようになるのだが、氏の表記に関しては、その前から奇妙な事態が発生していた――。

2　愛着の確立

†法務省の方針

氏（苗字）や昭和二三年以前に付けられた名（個人名）の表記には、舩、嵜、刄、吉、槗のような字形が、過去の戸籍吏が書いた通りに踏襲され続けた。固有名詞の表記は当用漢字表の制約は受けず、そのままとされたからである。

そのため宍戸《ししど》を完戸、辰巳《たつみ》を辰已、菅《すが》を管、斎藤を斉藤と書くような、江戸時代以来くずし字では同字形、ないし近似する形になる別の字を通用させた表記のほか、高田と髙田、山崎と山﨑、澤村と沢村のような同字の異体による字形差、及び安達を安逹、西村を覀村など、手書き文字での慣習的な字形差（いわゆる俗字）はもちろん、戸籍吏が字画を書き間違ったただの書き誤り（誤字とか譌字《かじ》という）までそのままにされた例も多い（厄介なことに、「澤」と「沢」など一部の同字の異体は、当用漢字字体の出現以降、新・旧字体の差にもなっている）。

昭和三、四〇年代に戸籍事務は手書きから和文タイプライターに漸次移行したが、前記の字形は維持された例が多いようである。戦後は同字の異体の常識が次第に失われて、類似した形を持つ別の漢字なのか、同字の異体による字形差なのかも区別できず、現場の戸籍吏が前来の字形を機械的に踏襲した結果であろう。

役所や銀行は戸籍の氏名表記に基づき「一定主義」を履行したが、さらに戦後は過度に字形・字画の微差にこだわり、戸籍が「嶋田」「大塚」なら署名で「島田」「大塚」と書くことさえ許容しなくなっていった。手書きでは「嶋」でも「島」でもどっちでもいいという慣習や、「塚」も「塚」も同じ字だという漢字の正統な理屈よりも、戸籍に登載された字形だけを唯一の正解とする、管理上の一定主義が優先されたのである。

それは「一定」が目的であるため、「吉田」さんが戸籍上も「吉田」に「訂正」した場合、役所も銀行も何の文句もない。実際そういう手続きは大して困難ではないのである。

法務省は「戸籍の氏又は名」が「誤字」で記載されている場合、これを「正字」に「訂正」することを昭和二五年一二月一五日の通達で認めており、二六年四月二一日には「俗字」も誤字に準じて「正字」に「訂正」できるとの判断を示した。また旧字体（假、圓、濱など）から新字体（仮、円、浜など）、変体仮名から平仮名、旧仮名遣いから新仮名遣いへの「更正」も三四年六月四日の通達で認めている（村上一九七九）。これらの訂正・更正は、名の変更のように家庭裁判所の許可は必要なく、本人からの申し出により、市区町村長限りの職権、または監督法務局の長の指示を得て行われた。そのため個別の申請により、「髙田」を「高田」、「大澤」を

「大沢」などと直すことも行われた（現在も可能。ただし俗字（例えば髙）を正字（高）には「訂正」できるが、正字（高）を俗字（髙）にすることはできない）。

†愛着の壁

平成元年（一九八九）三月頃になると、法務省は戸籍事務のコンピューター化を念頭に、本人からの申し出なしで、戸籍における氏名の誤字・俗字を正字（通用する字体）に修正する計画を検討し始めた（「読売新聞」平成元年三月二八日）。執着する必要のない戸籍の誤字や俗字を解消しようという、あまりに遅すぎるが至極もっともな発想であった。もっともそれは、パソコンで表示できない文字の存在が、彼らにとって管理上の障碍になってきたからである。

既に昭和五六年九月一四日、法務省は「氏又は名に用いる文字の取扱いに関する通達などの整理について」という通達を発して過去の方針を整理し、五八年三月二二日には「誤字・俗字一覧表」も作成・通達していたが、平成二年一〇月二〇日にはまた「氏又は名の記載に用いる文字の取扱いに関する通達等の整理について」という通達を発し、同時に「正字・俗字等対照表」も示して、一一月二二日には「誤字俗字・正字一覧表」も通達している。誤字・俗字・正字の判断基準を彼らなりに作成・共有し始めたのである。

この平成二年の通達では、婚姻や転籍による新戸籍編製の場合、本人に通知せず市区町村長の職権で氏名の「誤字又は俗字」を「正字」で記載する——つまり「誤字又は俗字の解消」を実施する方針を明記し、翌年一月一日から実行に移した。舩、高、﨑などよく見られる俗字など一五五字は「氏又は名の記載に用いることのできる」ものとしたが、これ以外の誤字・俗字は「正字」に置き換えた。つまり「𡈽山」は「土山」、「夛田」は「多田」などと、一五五字以外は誤字・俗字として本人の意向と関係なく訂正されることになった。

さらに平成六年一二月一日、コンピューターによる戸籍事務の取り扱いを認めるとした戸籍法の一部改正が施行されると、今度は既存の戸籍の誤字・俗字も、本人へ通知せず市区町村長の職権で書き替えることを目指した。

しかし平成三年以降、本人の意思を無視した職権による訂正に対し反発の声が上がっており、また平成五年末以降、各地方自治体による住民基本台帳のOA化で行われた同様の書き替えに対しても、窓口での押し問答、家庭裁判所への申し立ても発生していた。

当時の新聞をみると、たとえ誤字でも変えたくない、画数が変わると運勢が変わる、親からの授かりものなのに……、などいう人々の反発が報じられている。法務省による一律的「誤字又は俗字の解消」には、氏名の字形に対する人々の「〝愛着〟の壁」（「読売新聞」平成五年一一月二九日）が大きく立ち塞がったのである。

結局、「行政の都合で勝手に名前を変えるのはおかしい」——という反対意見が自民党法務部会などから出されたため、法務省は、誤字は解消すべきとしつつも、「漢和辞典に記載されている俗字」などについては戸籍に残す方針へと転換した。その後「示」・「食」・「辶」「靑」などの構成部分を持つ漢字（祇・飴・辻・瀞など）が、戸籍上「礻」「飠」「辶」「青」となっている字形（祇、飴、辻、瀞など）も、そのまま記載する俗字として認めていく。

法務省は戸籍における「誤字俗字」の一律的解消を「〝愛着〟の壁」の前に完遂できず、なんとも中途半端な形で撤退したのである。

ヘヘン！　行政に名前まで勝手にされてたまるかい。ざまあみろ法務省――と、溜飲が下がる思いかもしれない。しかし、ちょっと立ち止まって過去を回顧してみよう。

――こういう氏名の字形に、そこまでこだわる必要があっただろうか？

†執着から愛着へ

ご先祖様たちからみれば、この「愛着」はわけがわからない。古い戸籍にみられる字形差は、多表記通行の常識のもとで、「その時の戸籍吏の気分や書き癖、時々書き間違えもある」という程度のものでしかない。もっともサカモトという音声を「坂本」「坂元」どんな文字で出力するか――というような書き癖には、その地域の慣習が反映されていることもあるが、嶋・島・嶌、澤と沢、﨑と崎、礒と磯、橋と槗――膨大な種類に上る同字の異体は、かつての多表記通用の常識のもとでは、区別無用の同じ文字でしかなかったではないか。

もとよりくずし字を用いた江戸時代の人々は、自分の名前も苗字もカクカクの楷書体では認識していない。それなのに、何故近代戸籍に記載された字形や字画に固執して踏襲し、あげく愛着までも抱くのか――ご先祖様たちには皆目理解できないはずである。

しかし明治以降、楷書体の浸透、近代氏名、戸籍、教育、一定主義、姓名判断、当用漢字、情報機器――様々な近現代の新要素が、人名やそれを表記する文字への認識を徐々に変えてしまった。殊に管理側の一定主義は、本人の意思よりも戸籍上の文字表記を重視する理不尽を押し付け、さらに戦後の漢字認識の変化により、それは一層過度なものになった。

かくして本人も、氏名の字形に執着せざるを得ない状況に馴れるうち、自らもそれを先祖伝来の伝統の如くに取り扱い、何か意味があるから厳密に保持されるべきものと受け止めるようになった。なかには多数の人とは異なる文字・字形であることに〝誇り〟を感じたり、自家や自分の個性としてこだわる人も生まれた。やむを得ぬ執着が、大切な愛着へと変化したのである。

それは手書き文字の歴史を忘れたおバカな光景――とは言い難い。今も昔も、常識は上書きされてきたではないか。誰も予想しなかった氏名と字形への愛着もまた、無視できない現代日本の新たな文化、新たな常識とさえなりつつある――。

†人名用漢字と手書き

氏は誤字も俗字もそのまま、昭和二三年以前の名もそのまま。そこでは色々な字形が認められていて、パソコンでは漢字が何万字も表示される。しかし新たな子の名には、当用漢字（常用漢字）と人名用漢字、合計二〇〇〇字程度に制限され、名付けたい漢字を見つけても許されない——そこに不満が高まり、漸次人名用漢字が追加されていった。

情報機器が一般化する前の昭和五一年七月、人名用漢字に初めて二八字が追加された。五六年一〇月には常用漢字表とともに公布された「人名用漢字別表」で五四字が追加され、常用漢字となった八字の削除で合計一六六字となった。同年に人名用漢字の所管が文部省から法務省に移ると、一般からの要望に応えるとして、次第に大幅な追加が行われ始めた。

平成二年四月には一一八字、九年一二月に一字、一六年二月〜七月に五字を追加、さらに九月には四八八字を追加して、戸籍法施行規則第六十条に基づく許容字体二〇五字（亞、眞、傳、燈、拔など当用漢字表の旧字体）をも包括、人名用漢字は九八三字に急増する。二一年四月に二字追加、二二年には人名用漢字のうち一二九字が常用漢字となり、以降二九年までに七字の追加を経て、八六三字となって現在（令和四年）に至っている。

当初人名用漢字は一字種一字体——同じ漢字に複数の印刷字体を示さない——が原則であっ

たが、平成一六年の追加からはこの原則を崩し、「この漢字の字形を使いたい」というような要求にも応じ始めた。例えば平成二年に「凜」が追加されていたが、一六年には「凛」という印刷字体がやや異なる同字も追加された。「凜」ではなく「凛」を使いたい――そんな一般の要望を受けたものだったという（阿辻二〇一〇）。

かくして人名用漢字では、萌・萠、遙・遥、禰・祢、巖・巌など字形の異なる「同一の字種」も、それぞれ別の人名用漢字としてカウントされるようになった。情報機器の普及を背景に、人々の関心が漢字ではなく、印刷したときや電子機器の画面に表示される字形そのものに移行しているのは明らかだろう。これらの字形差は人名用漢字として作られた新字体、もともと存在した俗字体、旧字体など関係は様々だが、それを正確に理解している人は少ない。もはやそういうことを抜きにして、特定の字形にこだわる人々が多くなったのである。

†文字コードが違うから

元来「亞」と「亜」、「薰」と「薫」などは、同じ漢字の印刷字体と筆記字体の差異であり、手で書くならどちらも「亜」や「薫」と書くのが普通である。遙と遥、萠と萌なども字形は違うが全く同じ漢字である。しかしこんな印刷字体の差異まで別の字としてカウントして区別し、それぞれ戸籍に登載できるのなら、苗字の「田邊」と「田邉」のように、手書きでも「凜」と

「凛」が書き分けられないと満足できない人々も増加してこないか……?

情報機器の出現以降、「手書きと活字は違う」という常識がますます遠ざかり、印刷字体の僅かな字形差にも執着するようになってきた。いわば氏の誤字・俗字を扱う一定主義的な字形差への執着が、新たな子の名付けにまで及んできたのである。

人名以外の固有名詞も、峯と峰、剣・劍・釼など、江戸時代には通じて用いた単なる同字の異体だったことが忘れられ、特定の字形にこだわる意識が強くなっている。この地名は「剣」ではなく「釼」と書くのに特別な謂《いわ》れがあるとか、近年創られた「由緒」がもっともらしく語られたり、ここでは「峯」が唯一正しい表記で「峰」ではないとか、自らを他と差別化するため強いてこだわる人も多くなった。江戸時代の文字常識(多表記通行)からは考えられなかった状況である。

「凜と凛は文字コードが違うから別の字だ」というのは工業規格の理屈である。手書きを基準とする従来の常識からすれば、凜と凛が区別すべき別の字であるわけがない。この文字に含まれている「禾」と「示」が手書きだと同形にもなることは、くずし字では初歩的な常識なのである。だが楷書しか書かない、あるいはあまり手で文字を書かず、活字(フォント)を標準字形だとみる人たちには、その理屈が全く理解できない――。

現代社会には、相容れない漢字認識を持つ人々が併存する。それぞれが〝正しさ〟を振りかざすことで、そこに深刻な対立も生じている。

†戸籍統一文字

法務省は「愛着」の壁に遮られた後、パソコンで誤字・俗字を表示できるようにする方向へと舵を切り、平成一六年には「戸籍統一文字」約五万六〇〇〇字をデータベース化して処理し始めた。なお総務省も、既に平成一四年から「住基ネット統一文字」約二万一〇〇〇字を独自に選定して処理していた。だがそれらの文字はどの情報機器でも表示できるわけではないし、「戸籍統一文字」と「住基ネット統一文字」には互換性もない。漢字を表示でき過ぎること自体も、様々な電子行政や管理上の障碍になると考えられており、戸籍における氏名の「誤字俗字」問題は、現在もなお根本的な解決をみてはいない。

山崎でも山﨑でも山嵜でも、活字体による表示は「山崎」に統一して、普段は嵜でも﨑でも好きにやろう——ということを受け入れられたら済む話だが、もはや歴史を帯びつつある字形への「愛着」、漢字の字形への認識変化、管理側の一定主義、姓名判断的字画への執着、唯一の〝正しさ〟の存在を前提とした感情的なこだわり、戸籍名がどうしても付いて回る現実——などが絡《から》み合い、それを受け入れにくくしてしまっている。

3 個人の氏へ

†家の廃止と個人の尊重

戦後における氏名への「愛着」には、氏名そのものを「個人」の「個性」――いわゆるアイデンティティと捉える意識も作用している。それは「個人の尊重」を定めた日本国憲法と戦後の社会変化のなかで急速に成長し、現代人の常識となっている意識である。特に戦後すぐに行われた「家」制度の廃止は、その重大な出発点の一つとして見過ごせない。

占領時代の昭和二二年一二月二二日、民法が改正されて近代日本の「家」制度が廃止された。GHQからすれば、「家」は個人の尊重・男女の本質的平等を基本原理とした新憲法に悖《もと》るもの、いわば民主化を妨げる要素とみなされたのである。かくして「家」の名であった「氏」は、法律上「家」が無くなったことで大きく変質した。

戦前の民法では「戸主及ヒ家族ハ其《その》家ノ氏ヲ称ス」という一家同姓が規定されていた。妻が夫と、または婿が妻と同姓になるのは、「妻ハ婚姻ニ因リテ夫ノ家ニ入ル」「入夫及ヒ壻養子ハ妻ノ家ニ入ル」という規定に拠る。彼らは同じ「家」に属する「家族」になるから同じ「氏」

を称するのであり、「婚姻」で氏が変わるという位置づけではない。氏は個人ではなく「家」の名であって、戦前の場合、「氏」は「夫婦」や個人の問題にはなりえない。

しかし改正後の民法（現行法）には「家」がない。「家族」という言葉さえ使用されておらず、第七百五十条として「夫婦は、婚姻の際に定めるところに従い、夫又は妻の氏を称する」という新たな条文が明記された。これにより、「氏」は「家」やその継承を前提としない個人名を構成する一部分として、「婚姻」に際し「夫婦」という二人の個人が選択するものとなった。戦後「氏」は、法律上「個人」に属するものへと変化したのである。

†高度経済成長

昭和二七年に主権を回復した日本は、およそ昭和三〇～四八年の期間、高度経済成長と言われる大きな変化の時代を迎えた。むろん戦前においても、市制施行の都市や都市人口の増加で資本主義化が進んでいたが、高度成長期はいわゆる集団就職に象徴されるように、農村から都市への大規模な人口移動が促進され、産業構造も大きく変化したのである。

昭和三〇年に就業人口の三八％を占めていた農業人口は、四五年には一八％にまで減少、逆に会社などで働く雇用者の就業人口は、三〇年の三九％から、四五年には六四％へと増加した。また高等学校への進学率も、昭和三〇年に五一・五％だったのが、四五年には八二・一％まで上昇し、短大・大学への進学率も、三〇年の一〇・一%から、四五年には二三・六四%となった。これらの数値はその後も上昇が続いていく。

高校や短大・大学を卒業して個人が「仕事」を探し、「会社」などの職場で働く——という人生が高度成長期以降一般化した。それは実家を離れて都市部で暮らす核家族を増加させ、働く夫と主婦という「家庭」における性別の役割分業もこの時期に定着した。

しかし法的な「家」が廃止されても、社会的通念上の慣習的な「家」意識はある。ゆえに婿入りなどを除き、妻が結婚して夫の氏を称するのが普通とされ続けた。

氏は個人名の一部だという戦後の新たな見地に立てば、その慣習は結婚で妻だけが夫の氏に変える、個人の氏を変えられるものとして、否定的に受け止める人が生まれた。さらに個人の尊厳と両性の本質的平等を定めた憲法に反する不当なもの、女性の「個人」「個性」の否定とみなす感情的反発も生じ、現実的支障とともに、特に女性側から「夫婦別姓」を求める声が上がり始める。かくして戦後ならではの、氏に対する新たな問題関心が生まれてきたのである。

†改姓はイヤ

昭和四六年一二月一二日の読売新聞は「改姓はイヤッ」「名前は個性だもんネ」などという見出しを付けて「結婚改姓の制度に挑戦している勇ましい女性たち」を記事にしている。記事では、昭和三〇年代半ばに結婚した女性K氏（大学教授）が、戸籍上は夫の氏にしたが職場では元の氏で通していること、昭和二〇年代末に結婚した女性A氏（労働省の課長）の場合は、夫が譲歩して戸籍上は妻の氏を称し、通名として元の氏を使っている――ということなどが紹介されている。

両氏とも東京大学の法科出身で、K氏は「名前は自分を表わす固有名詞、いわば個性です。自分とは切っても切れない関係にあるものを、そうアッサリ投げうつわけにはいきません」と語っており、氏名が「個性」という戦後ならではの新しい感情がこの行動の理由になっている。A氏の場合は、その結婚が民法改正後まだ間もない「新法の理念の啓も《蒙》う期」であったため、理想主義に燃えて夫と話し合って決めたと語っている。

またこの記事によると、東京大学には女子卒業生の会に「さつき会」というのがあり、「会員には仕事をもっている人が多く、名字の変わる不便さをかこつ声もよく聞かれる。もし夫婦が希望すれば夫婦別姓を法的に認めるような方向に、民法の改正を呼びかけよう、という機運が会員の間で高まっている」と報じている。

つまり「夫婦別姓」を目指すといっても、①氏は「個性」だから変えるのが嫌だという戦後の新しい感情、②戦後新時代の夫婦を目指したいという、主に新憲法支持派の理想、③結婚後も働く女性にとっての「名字の変わる不便さ」という、異なる理由が混在していた。①②は新憲法や改正民法が起点という点で本質的に共通するが、③は結婚後も働く女性による現実的支障が理由であり、①②とはやや事情が異なる。③は戦前にも潜在した意識かもしれないが、戦前には家制度があり、かつ一般職業婦人の九割は未婚者であった（『国史大辞典』「職業婦人」の項）。

「夫婦別姓」の実践や主張はおよそ戦後まもなく、高学歴の女性、特に結婚後も働き続ける女性たちから発生していたが、昭和四五年頃から家族観や男女関係の考えが次第に変容し始めたこと（吉見二〇〇九）に伴い、その問題関心が表面化してきたのである。

†別になんとも

ただし「夫婦別姓」が新聞で頻繁に取り上げられるようになるのは、男女雇用機会均等法が成立した昭和六〇年頃からである。同年一〇月一五日の読売新聞には、昭和五九年に女性弁護士らが立ち上げた「夫婦別姓をすすめる会」（当時の名称）によるアンケート（回答数約一八〇〇）の結果が報じられている。このアンケートは同会が「仲間や各地の女性グループ」を対象に実施しており、同会自らも「対象者にやや偏りがある」と付言しているので注意が必要だが、当時における意識の一端は窺える（以下数値は記事のママ）。

これによると、既婚女性のうち「夫姓に変えた」のは九五・六％で（記事は「日本全体の統計は九八・六%」ともいう)、「姓を変えた時の気持ち」は、①「嫌だと思った」が三八・九%、②「別になんとも」が四四・二%、③「うれしかった」が一六・五%であった。従来の慣習を受け入れる②が最も多く、さらにその慣習に愛着を抱き、夫と同氏になることを喜ぶ③も少なくない。アンケートの回答者は選択的夫婦別姓の支持者が多いと推測されるが、「嫌」とは感じなかった既婚者（②・③）が六〇・七%という結果になっている。妻が夫の氏を称する慣習自体は、通例なんとも思われず定着していたことが知れよう。

しかし「改姓で不都合があったか」の問いには「あった」四九・三%、「なかった」四七・二%で分かれており、同会は、特に職業を持つ女性は無職の女性に比べ不都合を感じる率が高かったと説明している。ちなみに通名として旧姓を使う人は一六・一%で、未婚女性は「婚姻の際、夫婦が同姓・別姓どちらでも選択できるように法律を改正する」という考えに七二%が賛成だったという。世代や環境で意識の差が大きいことも窺える。

結婚後も働く女性が増加すれば、婚姻で氏が変わるのを「不便」と感じる人は多くなるし、個人の氏への愛着が強まれば、「生涯同じ名前で通したい」という「改姓」への抵抗も強まる――という未来は既にこの時点でも予想される。実際に選択的夫婦別姓を求める声は女性の社会進出が進むにつれ、平成に入った一九九〇年代以降特に盛んになっていく。

この問題は、近代氏名の慣習を維持したい人々との間で感情的な対立や、様々な立場に基づく賛否両論を引き起こしており、現在まで訴訟にも発展しながら続いている。

†氏への現代的愛着

戦後も自分の氏に愛着を抱く人は多い。氏を個人の「個性」と見なす愛着は、選択的夫婦別姓を求める声の主要な前提の一つでもある。しかし「家」制度が忘れられ、氏が親子関係でのみ継承されるものになると、氏が昔から血縁関係を示す「姓」だから変えてはいけないのだ――という、事実誤認に基づく愛着も広がっていった。

私たちが氏を随意に変えられないのは、明治政府が国民管理の都合上、その変更を禁じたためである。近代の氏は苗字という家名であって、父系血統を表示する「姓」ではない（第五章）。戦前の民法でも「家」の相続に前戸主との血縁関係は必要条件ではなく、他人が養子縁組などの擬制を介して継承することも普通であった。日本の家系とは必ずしも血の繋がりではないのである。

しかるに戦後の氏のあり方を前提に、大昔から氏の継承や「家」の相続が血統のみでなされてきたとか、血統だけが氏や家の正統な継承資格だったと思い込んだり、挙句《あげく》は近代の氏（苗字）と古代の氏（姓）を混同したりする人さえも多くなっている。

「家」制度なき戦後の氏は個人に属する。だが「家」の先祖――血縁関係の有無は様々である

――と自分をつなげる、歴史的記念であることも事実である。氏そのものの由来は忘れられているのが普通で、後世創られた「由緒」に彩られていることも多いが、受け継がれるかけがえのない「個性」として、大切に思う気持ちはむろん妥当に違いない。

もっとも現代社会においては、先祖や家なんかはどうでもいいが、親子関係を示すものだから大切にしたいとか、家族の証として共有したいとか、自分が何者かを知る手がかりとして、過去とのつながりを失いたくないとか――様々な気持ちがあるだろう。

氏の継承は法で決められているし、ごく当たり前のように受け入れられている。だがその氏への愛着には戦後の新たな価値観も加わり、人それぞれの多様な思いが交錯している。

4　名による個性の顕示

†美の字とミ音（昭和二〇～五六年）

明治以降、名は安易に変更できない。そのため誕生時の名付けで確定する生涯唯一のものとして、名への執着・愛着が徐々に高まっていった。殊に戦後になると、親が子という「個人」に「個性」を与えるものとみなされて多様化が進んだ。なお乳児死亡率は、一九三〇年に一〇〇〇人中一二四・一人であったのが、一九五五年頃から急速に改善し、一九八〇年には七・五人にまで急速に低下していった。かつてのような、大人への成長を祈る名付けは、戦後にはもう想定されなくなっている。

ここからは昭和二〇年以降、令和四年までの個人名について、明治安田生命の調査による「生まれ年別名前ベスト10」（同社HP）から概観してみよう。なお昭和三九年東京オリンピックの頃からテレビが一般に普及し、国民生活に欠かせない媒体へと成長する。そのため名付けにもテレビを介して接する著名人や芸能人、ドラマやアニメの登場人物の名が流行する傾向も顕著になるが、紙幅の都合上それにはあまり触れず、類型と傾向に絞って変遷の概要を把握したい。

女性名は戦後も子の付く名が人気で、ランキングもそれらで占められている（図表8-3）。しかし昭和三二年の九位に明美が登場し、四〇年には一位となって状況は変わっていく。同年は真由美、由美、直美、由美子、久美子もランキングに入っており、四一・四二年は由美子、四三から四五年には直美が一位を占めている。

四〇年代後半から五〇年代には、美穂、美香、美紀など「美」が語頭に進出した名前がランキングに入っており、「美」の字の流行が一層顕著になる。ただし四六〜四九、五三年は陽子《ようこ》、五一、五二、五四年には智子《ともこ》が一位で、子の付く名も依然人気があり、女性名の符号的な役割

	1位	2位	3位	4位	5位	6位	7位	8位	9位	10位	備考
昭和二〇	和子	幸子	洋子	節子	弘子	美智子	勝子	信子	美代子	京子	
昭和三二	恵子	京子	洋子	幸子	和子	久美子	由美子	裕子	明美	美智子	明美初出
昭和四〇	明美	真由美	由美子	恵子	久美子	裕子	智子	由美	幸子	直美	明美初首位
昭和四八	陽子	裕子	真由美	智子	純子	恵美	香織	恵	美穂	美香	恵初出
昭和五六	恵	愛	裕子	香織	恵美	陽子	久美子	智子	絵美	理恵	恵初首位
昭和五八	愛	裕子	麻美	麻衣	恵	香織	明日香	智子	美穂	美香	愛初首位
平成二	愛 彩	—	愛美	千尋	麻衣	舞	美穂	瞳	彩香 沙織	—	
平成三	美咲	愛	美穂	彩	麻衣	彩香	舞	愛美	早紀	千尋	美咲初首位
平成九	明日香	美咲	七海	彩花 優花 楓 萌	—	—	—	未来	愛 彩 葵	—	
平成一五	陽菜	七海	さくら	凛	美咲 葵	—	萌	美月 彩花	—	真央 菜月	陽菜初首位
令和四	陽葵	凛	詩	陽菜 結菜	—	杏	澪	結愛	芽依 莉子 さくら 咲茉	—	

図表 8-3　昭和 20 年～令和 4 年の女性名ランキング（抄）

出典：明治安田生命ホームページ
（https://www.meijiyasuda.co.jp/enjoy/ranking/year_men/girl.html）。昭和 64（1989）年以降は毎年調査。それ以前は昭和 64 年の加入者を対象に調査したもの。

が「子」から「美」に替わったわけではない。

五六年には四八年に八位だった恵《めぐみ》が一位となっている。「美」の字に限らずミ音の名が人気を得て、語尾ミ音の三音節型が典型の一つと化してきた。なお特定の文字の流行や類似した語感の名が派生・増殖していく傾向は、この時期に限らず男女ともに認められる。

†戦後二音節型とエ・ミ・カ・オリ（昭和五七〜平成二年）

昭和五七年の一位は裕子だが、これが子の付く名の最後の首位となった。この年に二位だった愛《あい》が、翌五八年から平成二年まで八年連続で一位を占めた（平成二年は彩《あや》との同列一位）。

愛は昭和五三年に八位で初確認されるが、その順位上昇とともに、昭和六〇年代までに理恵《りえ》、麻《ま》衣《い》、彩、舞《まい》、などの二音節型が徐々にランキングに出現している。ただし二音節型といっても、かつてのように「お」や「子」を付ける文化はなく、表記も漢字が標準である。つまりかつての二音節型とは全く似て非なるものであるから、先行する由美、美紀などとともに、とりあえず戦後二音節型とでも呼んで区別されねばならない。

この間、昭和四八年に七位で初確認される香織が五〇〜六三年まで、五九年を除き毎年一〇位内に入っており、昭和六二〜平成二年（一九九〇）、その語感の派生形らしい沙織がランキング内に入っている。この時期語尾「オリ」ないし「リ」音、語尾か語頭に「香」の字や「カ」

音を持つ三音節型が人気のある典型的女性名として定着してくる。

かくして昭和六〇年代には、恵・美・香などの文字や、エ・ミ・カ・オリの音を持つ二音節・三音節が人気のある女性名の典型となってきた。一方で子の付く名（二音節＋「子」）は、昭和六〇年一〇位の裕子を最後にランキングの常連からは姿を消す。以後は特定の芸能人にあやかった桃子《ももこ》や菜々子《ななこ》が時折ランキングに出現するだけとなっている。

†美咲時代と多様化（平成三〜一四年）

平成三年頃のバブル崩壊、同五年の五五年体制の終焉など奇しくも時を同じくして、女性名も類型に拠らぬ名付けの増加で多様化が進み、従来とは様相が変わっていく。

ランキングは同三年から七年まで美咲《みさき》が一位で、愛《あい》が二位を占め続けた。ただし愛は八年に順位を下げて彩《あや》が二位となる。美咲の連続首位も平成九年に途切れるが、一九年までは一位〜六位以内にあり、二六年までしばしば一〇位以内に入り続けた。美咲は「美」の字人気の流れを汲むが、語尾キ音三音節の語感は従来の型に嵌《はま》らない新種の名でもあった。

平成九年以降首位は一定せず、九年は明日香、一〇年は萌《もえ》、一一年は未来《みらい》、一二年はさくら・優花《ゆか》、一三年はさくら、一四年には再び美咲が葵と同列一位に上がっている。美咲最盛期の平成三年から一四年までを、とりあえず美咲時代とでも呼んで区切っておこう。

この美咲時代において、女性名の種類は多様化が進んだ。この時期には遥《はるか》、彩花《あやか》、菜摘《なつみ》、七《なな》海《み》などが出現し、音声こそ昭和末期以来の型ながら、そこに宛てる漢字が多様になっている。また優花でユカ・ユウカ、未来でミライ・ミクなど、字は同じでも読みが異なる名が増加の一途をたどり始める。そのため本項からは代表的な読みすら複数ある場合、カッコつきでフリガナも付けることにする。

この時期には千尋《ちひろ》、千夏《ちなつ》、茜《あかね》、楓《かえで》、葵《あおい》、未来、さくら、萌《もえ》、凜《りん》、莉子《りこ》、美優《みゆ》、美羽《みう》、結衣《ゆい》など、美咲と同様に類型の枠に嵌《はま》らない、戦後のランキングにもなかった新種の名が出現して、何となく可愛らしいと感じる二音節・三音節を名付ける傾向が顕著になっている。莉子も二音節の語感に基づく名付けであって、従来の子の付く名の範疇ではない。

なお、里奈《りな》・佳奈《かな》・奈々《なな》・玲奈（れいな）、美月《みつき》・菜月《なつき》、琴音《ことね》などがこの時期からランキング入りしており、語尾ナ・キ・ネ音の二音節・三音節の名も人気の典型として定着している。子の付く名のような特定の類型が一強を誇る光景は、この時期に崩壊したといえよう。

†読めない名前の増加（平成一五〜令和四年）

平成一五年、前年までランキングになかった陽菜が首位に出現する。これでヒナ・ハルナなどと読み、以降ランキング上位の常連となって、平成二六年までに計七回首位になっている。

平成二九年から現在（令和四年）までは陽葵（ヒマリ・ヒナタ・ハルキなどと読む）が上位の常連となり、うち令和二・四年には首位となった。この間の上位の名をみると、さくら、美咲、優奈《ゆな》、葵《あおい》、結衣《ゆい》、結愛《ゆあ》、莉子《りこ》、結月《ゆづき》、陽葵《ひまり》、凛《りん》、紬《つむぎ》、詩《うた》、杏《あん》などがある。このほか、ひなた、花音《かのん》、真央《まお》、愛梨《あいり》、杏奈《あんな》、芽依《めい》、咲茉《えま》、美結《みゆ》、心春《こはる》、心愛《ここあ》、心咲《みさき》、心優《みゆ》、花《はな》、澪《みお》など、平成一五年以前のランキングになかった名が数多《あまた》出現して常連となっている。

この時期の特徴は、いわゆる「読めない名前」の急増である。人気の語感で名を付けたいが、文字で他者と差別化したいとか、子の名に個性を与える方法として、文字にこだわることが流行し、これまでとは違う手法による、前例のない異字同音の名が増殖していった。

明治安田生命ＨＰ「名前ランキング」によると、令和四年の読みでのランキング一位は「エマ」であるが、これには咲茉、愛茉、依茉、恵茉、笑茉、愛真、永茉、瑛茉、瑛麻、愛麻、衣舞、瑛愛、英茉、恵麻、咲真、咲舞、笑愛、えま、絵茉、笑舞、衣真、榎真、恵舞、咲愛の二四種の表記があり、二位「ツムギ」も紬、紬葵、紬希、つむぎ、紬生、紡衣、月紬、紬衣、紬麦、紬稀、紬妃、紡、紬凪、紬木、紡希、紡生の一六種の表記があるという。

また「心愛」と書いてココア・ココナ・ミア・コア・ココロ・リズナ・コノア・ミアビなどの読みがあり、「葵」もアオイ・メイ・ヒマリ・アオなどがあるという。漢字をみても読みがわからず、読みだけ聞いても字がわからない。そういう名前がこの時期人気になっている。

文字をみて読みを特定できない原因は、動詞の語幹だけを切り抜いて宛てる（例：「笑む」「咲《え》む」だから「笑」や「咲」だけで「え」に宛てる）、漢字の音訓から一音節ないし二音節を随意に切り抜いて使う（例：心《こころ》をココやコ、彩《さい》をサ、花《はな》をナ、凪《なぎ》をナやギに宛てる）、固有名詞や宛字《あてじ》の特殊な読みを用いる（例：愛媛があるから愛でエと読ませる）、実際には読まない字を付加する（例：心愛でココロ、紬希でツムギ）、誰かが始めた読みへの盲従（例：心をミと読ませる）などの従来普通でなかった手法が無秩序に混在しているほか、名付け親が漢字の音訓を誤って名付けたものや、漢字の字義や現行の音訓を一切無視して名付けに使ったもの（例えば名前の音声を先に決めて、そこに字義音訓の合致しない、単に気に入った漢字をあてはめたもの）などが存在するためである。なかには「一二三」と書いてワルツと読む、一種の判《はん》じ物《もの》に近い名前もあるという（阿辻二〇一〇）。

これらは漢字にどんなに詳しくても、初見で設定通りには「読めない名前」というほかない。戸籍法は名付けを「常用平易な文字」——当用漢字（常用漢字）・人名用漢字の範囲に限っているのだが、その漢字の読みは規定していない。漢字廃止が目論《もくろ》まれていた同法施行時、こんなことは想定外だったのである。

†現代男性名概観

「読めない名前」の増加は、男性名でも同じである。

男性名のランキングを遡ってみると、昭和前期には清《きよし》、勇《いさむ》、茂《しげる》、実《みのる》などの漢字一字三音節が人気であった。この傾向は戦後も続き、特に昭和八年から三四年まで一〇位以内ほぼすべてがこの類型の名が占めている。特に二四年からランキングにみられる誠《まこと》は、三二年から五三年までの長きにわたりほぼ連年首位を占め、まさに戦後を代表する男性名であった（図表8−4）。

	1位	2位	3位	4位	5位	6位	7位	8位	9位	10位	備考
昭和二〇	勝	勇	進	清	勝利	博	勲	弘	稔	修	
昭和三二	誠	隆	茂	博	修	浩	勝	明	勉	豊	誠初首位
昭和三五	浩	浩一	誠	浩二	隆	修	徹	浩之	聡	博	浩初首位
昭和五四	大輔	誠	直樹	亮	剛	大介	学	健一	健	哲也	大輔初首位
昭和六三	翔太	達也	拓也	大輔	健太	和也	亮	竜也	翔	大樹	翔太初首位
平成一〇	大輝	海斗	翔	翔太	大地 大樹 拓海	｜	｜	一輝	涼太	匠 智也	大輝初首位
平成一六	蓮	颯太	翔太 拓海	｜	大翔	颯	翔 優斗 陸	｜	｜	翼	蓮初首位
令和四	蒼 凪	｜	蓮	陽翔 湊 颯真 碧	｜	｜	｜	樹	大和 悠真 暖	｜	

図表8-4　昭和20年～令和4年の男性名ランキング（抄）

出典：明治安田生命ホームページ
（https://www.meijiyasuda.co.jp/enjoy/ranking/year_men/girl.html）。昭和64（1989）年以降は毎年調査。それ以前は昭和64年の加入者を対象に調査したもの。

ただし昭和三五年に一位が浩《ひろし》となり、浩一《こういち》、浩二《こうじ》、浩之《ひろゆき》がランキングに入っている。これは同年に誕生した今上天皇のご称号「浩宮《ひろのみや》」にちなむ一時的ブームであるが、以降四〇年代になると和彦《かずひこ》、達也《たつや》、哲也《てつや》、直樹《なおき》、英樹《ひでき》、健一《けんいち》、健太《けんた》、雄太《ゆうた》、など漢字二字で主に三音節の名が漢字一字三音節と相並び、やがて五六年頃からは二字が多数派となっていく。漢字一字も、亮《りょう》、翔《しょう》など音読みの方が多くなる。なお昭和五四〜六一年のランキング首位は大輔《だいすけ》、六二年は達也で、六三年から平成九年までは翔太がほぼ一位を占めた（一〇年間で三回首位を譲った年がある）。

その後も男性名の三音節人気は変わらない観もあるが、平成九年頃からは陸《りく》、蓮《れん》など、男性名としてあまりなかった二音節がランキングの常連に入ってくる。平成一〇年から一五年は大輝や翔、駿が首位で、その間、拓海《たくみ》、海斗《かいと》、颯太《そうた》など、音声上は従来の男性名でも、あまり使わなかった漢字表記がランキングに入ってくる。一六年からは蓮や大翔《(はると)》が首位を占めることが多く、このほかにも悠真《(ゆうま)》、悠人《(ゆうと)》、陽翔《(はると)》、蒼《(あおい)》、湊《(みなと)》、律《りつ》、凪《(なぎ)》などが上位で令和四年に至っている。

平成一二年、つまり二〇〇〇年代前後から、女性名と同様に漢字の字義や音訓を逸脱・無視した宛字の手法が顕著になる。明治安田生命ＨＰ「名前ランキング」によると、令和四年の読みでのランキング一位「ハルト」には、陽翔・陽仁・春斗・大翔・波瑠人・悠叶・遥士などをはじめ、実に二三一通りもの表記が挙げられているし、同じく四位の「リク」も陸、凌久、凌空、璃空、睦、陸玖、稜久、凛空、莉久、りく、睦空、吏玖、理玖、理功、莉空、理久、理巧、陸空、凌玖、琳久、莉玖、凜空、涼玖、椋久、利來、李空、李琥、理来、璃久、琉空、凜久、颯、三二通りあるという。

また「大翔」と書いてハルト・ヒロト・タイガ・ヤマト・タイシ・ダイト・タイショウ・タイト・マサト・ツバサ・オウカ・ソラ・タイゾウ・ハルマ・ダイキ・ダイショウ・ヒロキ・タイセイなどと読ませ、「蒼」もアオイ・ソウ・アオ・ソラなどの読みが行われているらしい。平成の半ば頃まで考えられなかった状況が、男性名でも続々と生まれている。

†名付け意識の分断

以上はあくまで明治安田生命のランキングを用いた人気の名の傾向である。従来の子の付く名やいえのよを型の女性名、及び通称風・名乗風の男性名なども、依然として親次第で名付けられている。流行の「読めない名前」を素敵だという人もいるが、逆にこの手の名を避け、甚だしく嫌悪する人もいるのである。

二〇〇〇年頃だったろうか、ネットの掲示板などでは、こういう新種の「読めない名前」、特に「騎士《ないと》」みたいな宛字の名を「DQN《どきゅん》ネーム」と蔑称《べっしょう》し、無教養な親が名付けるものとして非難・嘲笑していたのを私も記憶している。「DQN」とは非常識で社会の迷惑を顧みない族《やから》を意味する侮蔑的ネットスラングであるため、当時のマスコミはこの称を憚《はばか》って「キラキラネーム」という造語で報じ、今もその呼称が行われている。

各自が自身の常識で受け入れられない、見慣れないと感じる名を漠然とそう呼ぶに過ぎないから、それに明確な定義などない。だがこういう名を容認できるかできないかで、人々の価値観や意見に対立や分断が生まれてきたのは確かである。

†フリガナ作戦決行前夜

名は戸籍に文字によって登録され、その表記が事実上一生ついて回る。殊に戦後は、名を「個人」の「個性」を顕示するものと捉え、名付けを戦前以上に重視するようになった。親は気に入った音声に当て嵌める漢字を考えたり、先に好みの漢字を決めてその読みを決めたり、平仮名や仮名遣いも含め、名前の文字の視覚や字画にこだわるなど、方法は様々ながらとにかく悩みに悩み抜く。その懊悩《おうのう》が真に子のためか、あるいは親自身の趣味や自己顕示のためかはともかく、今や日常称呼する名の音声のみならず、戸籍名とその特定の文字表記に無頓着ではいられない現実社会が、名付けにこだわる前提となっている。

だが平成中期以降、「個性」を追求する余り、前記のような無秩序な宛字手法が広く持ち込まれ、「姫」でヒナ、「睦」でリクという、初見では読めない名前が増加した。こうした名の流行は、他者から「読めなくて困る」とか、本人も「正しく読んでもらえない」「恥ずかしい」

と感じるなど、切実な支障をきたし始め、広く問題とみなされるようになってきた。

こうした状況の下、令和五年六月二日、戸籍法の一部改正を含む「行政手続における特定の個人を識別するための番号の利用等に関する法律等の一部を改正する法律」が成立、九日に公布された。法務省はこの改正法が施行される予定の令和七年五月頃を目途に、戸籍に氏名の振り仮名を記載する制度の開始を予定しているという(法務省HP、令和六年四月現在の情報)。

読めないのなら戸籍に振り仮名を付ければいいじゃない――という、いわば〝フリガナ作戦〟が始まろうとしている。それは行政のデジタル化など、例によって管理する側の都合が第一だが、振り仮名には「氏名として用いられる文字の読み方として一般に認められているものでなければならない」という規律を設け、いわゆるキラキラネームに「認められている」か否かで線引きを行うことも企図されている。これが如何なる結果や影響をもたらすか――もちろん、誰にも正確には予測できないが、新たな火種を孕《はら》んでいることはいうまでもない。

日本における人名文化のやり直し――近代氏名の誕生から、約一五〇年が経過した。だが現代の氏名は、もはや当初のそれではない。氏名は社会の変化とともに、様々な問題を抱え込んでしまったのである。

エピローグ――去る者は日に以て疎く……

†女の名前に氏が付く

本書は江戸時代後期の女性名を出発点として、現代における氏名へのこだわり――執着・愛着が生じるまでの歴史的変遷を追ってきた。その概要を振り返ってみよう。

明治以前の日本では、男女の人名は全く異なるものであった。それは「お」の字や平仮名二音節型などの表面的な差異だけではなく、男女の人名が別々の歴史を歩んだ結果、人名を構成する要素や構造に大きな違いが生まれていたからである。ゆえに江戸時代の女性名に苗字は付かず、男性名のような《名前》と《姓名》の二本立てにもなっていなかった。

前近代の人名や呼称には身分を表示する役割もあったため、女性もその変化に伴って女房・後家などの呼称を人名同様にも用い、あるいは様々な通り名などへの改名も社会的必要が生じた場合に行われた。江戸時代の人名は男女で異なるが、どちらも近世社会の構造や秩序を前提とした、近代氏名とは異なる文化・慣習の産物だったのである。

しかし明治政府は明治三年（一八七〇）に今後平民の苗字公称を許可するとの布告を発し、さらに同五年には男の通称・実名（名乗）を一種類の「名」に統合したことで、男性名には近代氏名が誕生し、それが同八年の苗字強制令で確定する。こうした動向に伴って生じた女性名にも苗字を付けねばならない状況――かつてなき女の氏名誕生は、今に続く男女共通・国民一律の人名方式の幕開《まくあ》きであった。

ところが既婚女性に付ける苗字は、生家・婚家どちらなのか――という問題が明治七年頃から表面化した。ただしそれは女性本人や国民一般の関心事ではなく、近代の「氏」の位置づけ、あるいは「御一新」のあり方をめぐる政府内部の対立によるものであった。

大久保利通らは従来通り苗字を家の名として扱い、現実的な一家同姓（同苗字）の方針を進めようとしたが、苗字を古代律令制以降の「姓《せい》」に見立て、既婚女性には生家の苗字を付けるべきだという「復古」的主張と対立した。明治政府は「王政復古」を自らの政治的正統性として掲げていたため後者を無視できず、一家同姓の本音を持ちつつも当面は復古的「姓」の方針を採用した。だが近代氏名が一般に馴致されるにつれ、復古的「姓」の方針は「家」を基礎とする社会において、非現実的なものとして非難も受けるようになった。

明治三一年、一家同姓の方針を明文化した民法がようやく施行され、近代の「氏」は従来通りの苗字、すなわち家名と決した。ここで近代氏名は国家による近代「家」制度の下、国民を管理する符号として確立したのである。

†氏名へのこだわり

また明治五年における改姓名などの禁止以降、氏名の変更は容易にできなくなり、改名を前提とした江戸時代の人名文化は日常から消えていった。戸籍に登載された名を一生使うという原則は明治政府によって否応なく始められたが、明治末期までには定着し、人々は均しく氏名を持つ日本の「国民」であることを当然の前提とするようになった。

近代以前は人々が画一的に識字能力を持つ社会ではなく、特に女性の多くは自身の名も文字で認識してはいなかった。そのため名前は音声さえ違わなければ、一般に特定唯一の文字表記にもこだわらなかった。しかし近代学校教育の浸透で人々の識字状況が変化した結果、自他の氏名を文字で認識する人々が増加し、女性名も平仮名・片仮名・漢字、様々な表記で設定されるようにもなった。また学校教育では楷書体を標準字体として学習したため、漢字の字画を意識する新たな文字認識も広がっていった。

さらに国家や銀行などは、人を氏名で管理する都合上、戸籍上の氏名表記以外を認めない一定主義を採り始め、さらに字画の知識を前提とした姓名判断が流行したことなどにより、氏名の文字や字形への執着が一般に広がった。また「子」の付く女性名の流行によって、かつて必須だった女性名の「お」の字は「子」に呑み込まれて消えていった。

第二次大戦後、個人の尊重や男女の平等が新憲法に明記され、近代「家」制度が民法から抹消されると、「氏」は「家」制度を前提としない人名の一部へと変質した。さらに高度成長期には慣習的「家」意識や家族の形が変化して個人意識も高まり、「氏」を親子や家族関係の表示とみなし、「名」とともにかけがえのない個性として愛着を抱く人々も現われた。同時に婚姻による一家同姓の方針を、個人の「氏」に変更を強いるものとして抵抗を感じたり、働く女性がそれに現実的な支障を覚えたりするなど、新たな問題関心も生まれた。

また戦後の国語改革や昭和末期以降における情報機器の普及などを通じて、かつての文字の常識——一つの文字に様々な字形が通用するという多表記通行の常識が失われ、印刷字体を基準とする文字認識が広がった。そのため「崎」と「﨑」、「凜」と「凛」など、手書き由来の僅かな字形差すら別の漢字として区別し、これを書き分けねば許容できない人々も増加した。

近年は個性を追求し、漢字の字義や音訓を無視した名付けも急増してきた。文字を前提として氏名を個性と捉える現代特有の人名文化は、「個々を識別・指称するために設けた音声による符号」という人名本来の機能からは一層乖離《かいり》しつつある。

近代氏名は世の推移とともに、日本史上類のないそれへの執着や愛着が生まれた。氏名には特定唯一の音声・文字・字形があり、それが一体となって個人の個性と結びついているから尊重されるべき――という認識が、今や自明の前提と化している。

†同じ呼び名で違うもの

現代から過去を眺めると、日本における人名の歴史はかなり複雑である。なかでも現代人に様々な誤解を生じさせる一因として、「氏」「姓」「名」「氏名」「姓名」などという語が、時代や状況で全く別のものを指すことを挙げられよう。

例えば「改姓」という言葉は古代からある。しかし古代から前近代の朝廷で「改姓」といえば、土師宿禰《はじのすくね》が菅原宿禰《すがわらの》、菅原宿禰が菅原朝臣《すがわらのあそん》などと、氏《うじ》・姓《かばね》のいずれか、ないしその両方が勅許《ちょっきょ》を得て変更されることを指す。ところが江戸時代から戦前まで一般に「改姓」といえば、八木が前川、喜連川《きつれがわ》が足利に改めるなど、苗字の変更のことを指している。

明治八年以降、苗字の変更は原則不可能だが、戦前には由緒ある先祖の苗字に戻す「復姓」、過去に断絶した家を復活させる「絶家《ぜっけ》再興」など、「家」制度に基づき家名が事実上変更される「改姓」があったが、戦後にはむろんない。現代では、婚姻の際に夫婦どちらかの苗字が〝変わる〟と認識して、その変化を「改姓」と表現する人も多い。

言葉は同じ「改姓」でも意味が全く違う。「姓」という言葉の指す人名的要素も、それをめぐる社会的前提も異なる。こういうことを知らずにいると、「夫婦別姓」が昔から日本の「姓名」の伝統だ――などと、奇妙な誤解を真顔で主張してしまう。

過去の言葉を現代の意味で捉えると、わけのわからないことになる。それは人名に関わることだけではない。例えば江戸時代後期に「帯刀《たいとう》」といえば、平時の服装の帯に刀《かたな》・脇差《わきざし》という二本の打刀《うちがたな》を差し込んだ風俗だけをいう。当時の百姓・町人は冠婚葬祭や旅行の際、脇差一本を適宜慣習的に帯びたが、それは「帯刀」とは呼ばれない。身分標識として機能した「二本差し」の風俗だけを、近世社会では「帯刀」といったのである（尾脇二〇一八）。

ところが現代語の「帯刀」は、刀剣類を腰に佩帯《はいたい》すること全般の意味にも用いる。そのため現代人は、古代・中世の庶民が必要に応じ、普段着に刀（腰刀《こしがたな》）を差し込んだ姿も、甲冑《かっちゅう》に太刀《たち》を佩《は》いた武士も、脇差を差した江戸の庶民も、全部「帯刀している」と表現したりする。江戸時代の「帯刀」を理解する場合、これでは話が嚙み合わなくなる。

同じ言葉だが時代によって意味が違う――その違いは、それぞれの時代の社会や文化をも映し出している。「氏」や「姓」といった過去の用語をみる場合も、文字面《づら》だけで現代と同じものだと思い込まないこと――それは歴史と向き合うための第一歩でもある。各時代の歴史的前提をきちんと踏まえないと、重大な誤解や議論の齟齬を招いてしまう。

†符号と個性の苦悩

人名は氏＋名という構造で容易に変えることが許されない――という近代の強制的制限が、氏名を変えてはいけないもの、かけがえのないもの、個人の個性を示すもの――という認識に塗り替わり、特定唯一の音声・文字・字形にこだわりが抱かれるに至った。

しかし現代社会における氏名へのこだわり、あるいは〝正しい〟と考える氏名のあり方は、人それぞれでかなり異なる。ゆえに氏名のあるべき姿をめぐって、様々な啀《いが》み合いも生じるようになっている。今や人間が氏名に振り回されている――といってもよい。

人の指称自体は人称代名詞やあだ名でもよいし、芸名やハンドルネームなどの通名を使っても構わない。日常的な実際の人名は、戸籍上の氏名だけに制限されてはいない。だが不特定多数との交流が拡大している現代社会では、本人確認やその証明の上で、どうしても戸籍名からは離れられないし、戸籍名というういわば国家公認の「本名」に、理屈抜きで愛着を抱く感情も強い。

だが戸籍上の氏名は、国家が個人を把握・管理するための符号である。国民個人にとっても、その権利や財産が国家のもとで守られるために機能しているから、気儘《きまま》な改姓名は符号として不都合である。ところがそこに「氏名は個性なのに、自由にならないのは不当である。法律を変えて対処すべきだ」という不満が向けられると、国家は個人の自由や幸福追求を尊重して、その解決策を講じねばならない。現代の氏名は管理符号と個性という相容れない性格の併存により、大きな苦悩を抱え込んでいる。

一体どうすればよいのだろうか。個人番号を作って氏名は勝手次第とするのか。とりあえず個性としての性格を重んじ、夫婦の氏を選択制にする、戸籍の名に振り仮名をつける——といった表面的弥縫《びほう》で乗り切るべきだろうか。しかし「風が吹けば桶屋が儲かる」の譬《たと》え通り、一つの方針変更は必ず想定外の所にも波及し、予測不能の新たな問題をも引き起こしてきた。いわば眼前の問題に対する一時的部分的な効果の代償に、後から深刻な問題を生み出しかねない劇薬を使うかどうか——。これまた意見が分かれて対立してしまう。

現代社会はあらゆる面で変化が激しいが、その受け止め方は人それぞれである。余計な変化をもたらして欲しくない、今と同じ環境や暮らしを守りたい——という意見も無視されてはなるまい。一部の人間の主張や利害だけで法律や現状が変更され、頼みもしない新たな〝便利さ〟や〝合理性〟が押し付けられている、否応なく一律に付き合わされている——と多数が感じる有様では、却《かえ》って社会の対立や分断を深めてしまう。殊に氏名の抱えている諸問題は社会の様々な事柄と絡み合っているだけに、安易に処置を講じ得ない。今のまま放置すべきではないが、小手先の対応にはどうしても慎重にならざるを得ないのである。

†来る者は日に以て親し

現代人の抱く人名へのこだわりとは、戸籍上の氏名に対する執着や愛着である。だがそれは、そんなに重要なものだろうか。戸籍名が思い通りにならないと生死に関わるのだろうか。本当に戸籍名だけが人名なのだろうか。そもそも人名とは何のためにあるのか。今日における氏名をめぐる過度なこだわりは、社会に様々な対立と分断と、窮屈な現実を生んではいないだろうか。

日本の人名に時代を超えた〝正しい形〟や〝正しい文化〟なぞ存在しない。自分が抱いている氏名へのこだわりとは何なのか――。本書をきっかけに少し疑問を持ってみつめてほしい。するとと現在の氏名をめぐる問題に、何か違った見方もできるのではないか。

どんな過去も上書きされるから、人は「今」の常識からは逃れられない。だが過去の人名に、現代人と同じような常識や愛着があったと思い込むと、とんでもない勘違いを犯してしまう。社会の前提が全く異なる前近代の《姓名》や《名前》、そして形式は同じでも、その見方が徐々に変わってきた近代氏名――それぞれの時代を反映した、人名の文化と形があることを忘れてはならない。

現代の氏名も、いつかは〝昔の人の名前〟になる。本書前半で登場した数多の女性たちも、もはや泉下《せんか》の客《きやく》となって久しい。本書の読者も筆者自身も、いずれはその列に入る。

未来の人々は、令和日本の氏名へのこだわりや、それをめぐる現代人の苦悩や対立の数々をどのように見つめるのだろうか。おそらく私たちが「お」の字の慣習に向けたのと同じように、こう呟《つぶや》くに違いない——。

「昔の人たちは、何故そんなことにこだわっていたのか?」

あとがき

江戸時代の女性名とはどんなものだったのか。それが近代氏名の誕生と定着以降、どのように変化して現代のようになったのか。そして現在男女を問わず、私たちが抱く氏名への愛着はどんな歴史を負っているのか――。本書はそれらの歴史的事実を整理して、一通りの概要を示したつもりである。

本書をお読みいただいた方は、一言では説明できないその複雑さを、嘆息を交えつつ理解されたと思う。時代と社会とともに変化してきた人名の常識を振り返り、現在と未来を考える材料にしていただければ幸甚である。また過去の社会や文化を考察する時、現代の価値観に基づいて善悪を付けるのではなく、その時代に位置付けて総体的に考察する重要性にも気づいてもらえたならありがたい。

本書と前著『氏名の誕生』を読めば、日本の人名史を概観できることを目指した。しかしもとより浅学非才な上に、前近代の女性名は先学も不明としている点が甚だ多い。また通読できる簡便な概要提示を優先したため、種々の例外や脇道に逸れる事柄の多くを割愛した。小著は女性名を主題にした、大雑把でささやかな人名史の見取り図に過ぎないが、今後歴史学的見地に立った実証的人名研究のたたき台となって、内容が訂正・補充されることを希望してやまない。

なお本書は一般書としての性格上、先行研究の多くは巻末で主要なものを示すにとどめた。諸賢の御海容を乞う次第である。

本書の出版には前著に続き、ちくま新書編集部山本拓氏にお世話になった。前著から彼是三年以上が経過してしまったが、なんとか形にすることができた。また本書は内容の都合上、特殊な文字を本文中のあちこちに組み込んだため、印刷上多くの手間をおかけした。末筆ながら関係各位に衷心より謝意を表したい。

令和六年七月

尾脇秀和

参考文献

紙幅の都合上、主要なものに限りテーマごとに挙げた。

人名・氏姓・捺印に関するもの

飯沼賢司「人名小考——中世の身分・イエ・社会をめぐって」（竹内理三先生喜寿記念論文集刊行会編『荘園制と中世社会』、東京堂出版、一九八四年）
石井良助『印判の歴史』（明石書店、一九九一年。『はん』〔学生社、一九六四年〕改題再刊）
板橋春夫「悪名と仮り名の民俗」（『民俗学論叢』一五号、二〇〇〇年）
井戸田博史『「家」に探る苗字となまえ』（雄山閣、一九八六年）
井戸田博史『氏と名と族称』（法律文化社、二〇〇三年）
岩淵悦太郎・柴田武『名づけ』（筑摩書房、一九六四年）
大藤修『日本人の姓・苗字・名前』（吉川弘文館、二〇一二年）
奥富敬之『日本人の名前の歴史』（新人物往来社、一九九九年）
奥富敬之『名字の歴史学』（角川書店、二〇〇四年）
小泉八雲「日本の女性の名」（平井呈一訳『全訳　小泉八雲作品集　第九巻』恒文社、一九六四年）
坂田聡『苗字と名前の歴史』（吉川弘文館、二〇〇六年）

佐久間英『お名前拝見』（早川書房、一九六四年）
佐藤志帆子『近世武家社会における待遇表現体系の研究――桑名藩下級武士による『桑名日記』を例として』（和泉書院、二〇一四年）
佐藤稔『読みにくい名前はなぜ増えたか』（吉川弘文館、二〇〇七年）
神宮司庁蔵版『古事類苑　姓名部（縮刷普及版）』（吉川弘文館、一九九九年）
鈴木棠三編『通名・擬人名辞典』（東京堂出版、一九八五年）
薗部寿樹『日本中世村落内身分の研究』（校倉書房、二〇〇二年）
薗部寿樹「筆印と木印」（『日本歴史』八八四号、二〇二一年）
千葉真由美『近世百姓の印と村社会』（岩田書院、二〇一二年）
角田文衞『日本の女性名』（国書刊行会、二〇〇六年。旧版は教育社、一九八〇～八八年）
豊田国夫『名前の禁忌習俗』（講談社、一九八八年）
豊田武『苗字の歴史』（中央公論社、一九七一年）
豊田武『家系（日本史小百科）』（近藤出版社、一九七八年）
中村友一『日本古代の氏姓制』（八木書店、二〇〇九年）
穂積陳重著・穂積重行校訂『忌み名の研究』（講談社、一九九二年。原典は『実名敬避俗研究』刀江書院、一九二六年）
三浦直人「明治から昭和戦前期における戸籍名の表記と音声」（『風俗史学』第七三号　二〇二一年）

義江明子「古代の氏と出自」（黒木三郎・村武精一・瀬野精一郎編『家の名・族の名・人の名』〈三省堂、一九八八年〉）
吉川敏子『氏と家の古代史』（塙書房、二〇一三年）
吉田孝「古代社会における「ウヂ」」（『日本の社会史　第六巻　社会的諸集団』岩波書店、一九八八年）
渡辺三男『日本の人名』（毎日新聞社、一九七六年）

通史・社会に関わるもの

青山忠正『明治維新の言語と史料』（清文堂出版、二〇〇六年）
青山忠正『明治維新（日本近世の歴史6）』（吉川弘文館、二〇一二年）
朝尾直弘『朝尾直弘著作集　第七巻』（岩波書店、二〇〇四年）
浅古弘・伊藤孝夫・植田信廣・神保文夫編『日本法制史』（青林書院、二〇一〇年）
雨宮昭一『占領と改革（シリーズ日本近現代史⑦）』（岩波書店、二〇〇八年）
石井良助『民法典の編纂』（創文社、一九七九年）
石井良助『吉原　公儀と悪所』（明石書店、二〇一二年）
岩城卓二ほか編『論点・日本史学』（ミネルヴァ書房、二〇二二年）
大口勇次郎『女性のいる近世』（勁草書房、一九九五年）
大藤修『近世農民と家・村・国家』（吉川弘文館、一九九六年）

大藤修『近世村人のライフサイクル』（山川出版社、二〇〇三年）
大藤修『近世庶民社会論』（吉川弘文館、二〇二二年）
大日方純夫『「主権国家」成立の内と外（日本近代の歴史2）』（吉川弘文館、二〇一六年）
尾脇秀和『近世京都近郊の村と百姓』（思文閣出版、二〇一四年）
尾脇秀和『刀の明治維新――「帯刀」は武士の特権か？』（吉川弘文館、二〇一八年）
尾脇秀和『壱人両名――江戸日本の知られざる二重身分』（NHK出版、二〇一九年）
尾脇秀和『近世社会と壱人両名――身分・支配・秩序の特質と構造』（吉川弘文館、二〇二〇年）
尾脇秀和『お白洲から見る江戸時代――「身分の上下」はどう可視化されたか』（NHK出版、二〇二二年）
鹿野政直『日本の現代（日本の歴史9）』（岩波書店、二〇〇〇年）
高度成長期を考える会編『高度成長と日本人　part1〜3』（日本エディタースクール出版部、一九八五〜一九八六年）
鈴木淳『維新の構想と展開（日本の歴史20）』（講談社、二〇〇二年）
高橋博『近世の朝廷と女官制度』（吉川弘文館、二〇〇九年）
竹内誠・深井雅海・松尾美恵子編『徳川「大奥」事典』（東京堂出版、二〇一五年）
竹下喜久男『近世の学びと遊び』（思文閣出版、二〇〇四年）
武田晴人『高度成長（シリーズ日本近現代史⑧）』（岩波書店、二〇〇八年）
塚本学『都会と田舎　日本文化外史』（平凡社、一九九一年）

西山松之助『遊女（日本史小百科）』（東京堂出版、一九九四年）
畑尚子『徳川政権下の大奥と奥女中』（岩波書店、二〇〇九年）
福田千鶴『近世武家社会の奥向構造』（吉川弘文館、二〇一八年）
牧原憲夫『客分と国民のあいだ』（吉川弘文館、一九九八年）
牧原憲夫『民権と憲法（シリーズ日本近現代史②）』（岩波書店、二〇〇六年）
牧原憲夫著・藤野裕子・戸邉秀明編『牧原憲夫著作選集　下巻』（有志舎、二〇一九年）
松沢裕作『町村合併から生まれた日本近代――明治の経験』（講談社、二〇一三年）
松沢裕作『日本近代社会史』（有斐閣、二〇二二年）
水本邦彦『徳川社会論の視座』（敬文舎、二〇一三年）
三田村鳶魚『御殿女中（青蛙選書）』（青蛙房、一九六四年）
安丸良夫『神々の明治維新――神仏分離と廃仏毀釈』（岩波書店、一九七九年）
由井正臣『大日本帝国の時代（日本の歴史８）』（岩波書店、二〇〇〇年）
吉見俊哉『ポスト戦後社会（シリーズ日本近現代史⑨）』（岩波書店、二〇〇九年）
吉村武彦『ヤマト王権　シリーズ日本古代史②』（岩波書店、二〇一〇年）
渡辺尚志『百姓たちの幕末維新』（草思社、二〇一二年）

言語・教育・識字に関するもの

阿辻哲次『戦後日本漢字史』（新潮選書、二〇一〇年。ちくま学芸文庫版二〇二〇年）

大戸安弘・八鍬友広編『識字と学びの社会史』（思文閣出版、二〇一四年）
大野晋『日本語の成立（日本語の世界1）』（中央公論社、一九八〇年）
沖森卓也『日本語全史』（筑摩書房、二〇一七年）
川村肇「明治初年の識字状況――和歌山県の事例を中心として」（前掲『識字と学びの社会史』）
釘貫亨『日本語の発音はどう変わってきたか』（中央公論新社、二〇二三年）
小松英雄『日本語の音韻（日本語の世界7）』（中央公論社、一九八一年）
今野真二『かなづかいの歴史』（中央公論新社、二〇一四年）
今野真二『常用漢字の歴史――教育、国家、日本語』（中央公論新社、二〇一五年）
今野真二『日本語の近代』（筑摩書房、二〇一四年）
築島裕『仮名（日本語の世界5）』（中央公論社、一九八一年）
築島裕『歴史的仮名遣い　その成立と特徴』（中央公論社、一九八六年。再刊吉川弘文館、二〇一四年）
野村敏夫『国語政策の戦後史』（大修館書店、二〇〇六年）
丸山才一『国語改革を批判する（日本語の世界16）』（中央公論社、一九八三年）
文部省『学制百年史』（帝国地方行政学会、一九八一年）
八鍬友広「19世紀末日本における識字率調査」（『新潟大学教育学部紀要　人文・社会科学編』第三二巻第一号、一九九〇年）
八鍬友広「滋賀県伊香郡における1898年の識字率」（『新潟大学教育学部紀要　人文・社会科学

編』第三四巻一号、一九九二年）
八鍬友広「近世社会と識字」（『教育学研究』第七〇巻第四号、二〇〇三年）
八鍬友広「明治期滋賀県における自署率調査」（『東北大学大学院教育学研究科研究年報』第六四集第二号、二〇一六年）
八鍬友広「識字の歴史研究と教育史」（『教育思想』四五号、二〇一八年）
八鍬友広『読み書きの日本史』（岩波書店、二〇二三年）
安田敏朗『国語審議会――迷走の60年』（講談社、二〇〇七年）
屋名池誠「「近世通行仮名表記」――「濫れた表記」の冤を雪ぐ」（金沢裕之・矢島正浩編『近世語研究のパースペクティブ』笠間書院、二〇一一年）

近現代の戸籍に関するもの

戸籍実務研究会編『全訂わかりやすい一表式　誤字俗字・正字一覧』（日本加除出版、二〇一〇年）
新見吉治『壬申戸籍成立に関する研究』（日本学術振興会、一九五九年）
日本加除出版法令編纂室編『平成二五年版　戸籍実務六法』（日本加除出版、二〇一二年）
福島正夫編『戸籍制度と「家」制度』（東京大学出版会、一九五九年）
村上惺編著『最新届書式対照戸籍記載の実務　下』（日本加除出版、一九七七年）
村上惺『詳解戸籍基本先例解説』（日本加除出版、一九七九年）

史料

本書は機関所蔵・個人蔵の未刊行史料を多く利用しているが、ここでは刊行史料の一部を挙げるにとどめた。なお「読売新聞」の記事はヨミダス（同社提供のデータベース）を利用した。

生田精編『全国民事慣例類集』（司法省蔵版、一八八〇年）
石井良助編『御仕置例類集（全一六冊）』（名著出版、一九七一〜一九七四年）
市岡正一『徳川盛世録』（平凡社、一九八九年）
今泉みね『名ごりの夢』（平凡社、一九六三年）
尾張徳川黎明会『徳川礼典録　下』（尾張徳川黎明会、一九四二年）
川合小梅著・志賀裕春・村田静子校注『小梅日記』全三冊（平凡社、一九七四〜一九七六年）
川路聖謨著・藤井貞文・川田貞夫校注『長崎日記・下田日記』（平凡社、一九六八年）
川路聖謨著・川田貞夫校注『東洋金鴻』（平凡社、一九七八年）
旧事諮問会編・進士慶幹校注『旧事諮問録（上）』（岩波書店、一九八六年）
京都冷泉町文書研究会編『京都冷泉町文書　第六巻』（思文閣出版、一九九八年）
近藤喜博編『白川家門人帳』（清文堂出版、一九七二年）
阪本平一郎・宮本又次編『大坂菊屋町宗旨人別帳』全七巻（吉川弘文館、一九七一〜一九七七年）
佐久高士編『越前国宗門人別御改帳』全六巻（吉川弘文館、一九六七〜一九七二年）
沢下春男・沢下能親校訂『桑名日記（全四冊）』（一九八四年）
篠田鉱造『幕末明治　女百話（上・下）』（岩波書店、一九九七年）

下橋敬長著・羽倉敬尚注『幕末の宮廷』(平凡社、一九七九年)
田中圭一編注『柴田収蔵日記』全二冊(平凡社、一九九六年)
田中知邦編『現行滋賀県布令類纂　第一編第三巻』(一八八二年)
チェンバレン著・高梨健吉訳『日本事物誌　2』(平凡社、一九六九年)
内務大臣官房文書課『改姓名ニ関スル例規集』(一九三七年)
平井誠二「『下橋敬長談話筆記』——翻刻と解題(三)」(『大倉山論集』四八号、二〇〇二年)
平井誠二「『下橋敬長講演筆記』——翻刻と解題」(『大倉山論集』五〇号、二〇〇四年)
平井呈一訳『全訳　小泉八雲作品集　第九巻』(恒文社、一九六四年)
宮尾時司・古口文平編『改氏改名法規実例類集』(雄山閣、一九二五年)
森銑三『明治東京逸聞史　2』(平凡社、一九六九年)

ちくま新書
1818

女《おんな》の氏名誕生《しめいたんじょう》
——人名《じんめい》へのこだわりはいかにして生《う》まれたのか

二〇二四年九月一〇日　第一刷発行

著　者　尾脇秀和（おわき・ひでかず）
発行者　増田健史
発行所　株式会社筑摩書房
東京都台東区蔵前二-五-三　郵便番号一一一-八七五五
電話番号〇三-五六八七-二六〇一（代表）
装幀者　間村俊一
印刷・製本　株式会社精興社

ISBN978-4-480-07644-1 C0221

ちくま新書

1567
氏名の誕生
——江戸時代の名前はなぜ消えたのか
尾脇秀和

私たちの「氏名」はいつできたのか？　明治政府が行った改革が、江戸時代の常識を破壊し大混乱を巻き起こす。気鋭の研究者が近世・近代移行期の実像を活写する。

1379
都市空間の明治維新
——江戸から東京への大転換
松山恵

江戸が東京になったとき、どのような変化が起こったのか？　皇居改造、煉瓦街計画、武家地の転用など空間の変容を考察し、その町に暮らした人々の痕跡をたどる。

650
未完の明治維新
坂野潤治

明治維新は〈富国・強兵・立憲主義・議会論〉の四つの目標が交錯した「武士の革命」だった。それは、どう実現されたのだろうか。史料で読みとく明治維新の新たな実像。

1309
勘定奉行の江戸時代
藤田覚

家格によらず能力と実績でトップに立てた勘定所。財政を支える奉行のアイデアとは。年貢増徴策、新財源探し、禁断の貨幣改鋳、財政積極派と緊縮派の対立……。

1693
地形で見る江戸・東京発展史
鈴木浩三

江戸・東京の古今の地図から、自然地形に逆らわない町づくりの工夫が鮮やかに見えてくる。河川・水道・道路・鉄道などのインフラ発展史をビジュアルに読み解く。

1767
仕事と江戸時代
——武士・町人・百姓はどう働いたか
戸森麻衣子

戦国時代の終焉で、劇的な経済発展をした江戸時代。それを支える労働も多様になった。現代の働き方にも結びつくその変化を通して、江戸時代を捉えなおす。

1469
近世史講義
——女性の力を問いなおす
高埜利彦編

第一線の実証史学研究者が最新研究に基づき江戸時代の実像に迫る。特に女性が持った力と果たした役割を多角的に検証。通史としても読める全く新しい形の入門書。